U0514698

南昌大学经管论丛

中国经济高质量发展：
理论阐释与实证分析

聂长飞　著

中国财经出版传媒集团

经济科学出版社

Economic Science Press

图书在版编目（CIP）数据

中国经济高质量发展：理论阐释与实证分析/聂长飞著 . -- 北京：经济科学出版社，2022.11
（南昌大学经管论丛）
ISBN 978 - 7 - 5218 - 4272 - 2

Ⅰ.①中… Ⅱ.①聂… Ⅲ.①中国经济 - 经济发展 - 研究 Ⅳ.①F124

中国版本图书馆 CIP 数据核字（2022）第 253343 号

责任编辑：于 源 侯雅琦
责任校对：齐 杰
责任印制：范 艳

中国经济高质量发展：理论阐释与实证分析

聂长飞 著

经济科学出版社出版、发行 新华书店经销
社址：北京市海淀区阜成路甲 28 号 邮编：100142
总编部电话：010 - 88191217 发行部电话：010 - 88191522
网址：www. esp. com. cn
电子邮箱：esp@ esp. com. cn
天猫网店：经济科学出版社旗舰店
网址：http://jjkxcbs. tmall. com
北京季蜂印刷有限公司印装
710 × 1000 16 开 14.75 印张 224000 字
2022 年 12 月第 1 版 2022 年 12 月第 1 次印刷
ISBN 978 - 7 - 5218 - 4272 - 2 定价：62.00 元
（图书出现印装问题，本社负责调换。电话：010 - 88191510）
（版权所有 侵权必究 打击盗版 举报热线：010 - 88191661
QQ：2242791300 营销中心电话：010 - 88191537
电子邮箱：dbts@ esp. com. cn）

目 录
CONTENTS

第一章

绪 论

第一节 选题背景与研究意义

一、选题背景

谋求经济的发展与繁荣是人类社会的永恒主题。在不同的历史阶段，经济发展面临的主要矛盾、解决的主要问题、追求的主要任务和目标是不同的。改革开放以来的40多年里，中国经济增长取得了举世瞩目的成就，经济总量稳居世界第二，人民生活水平极大改善，完成了人类发展史上最终受益人数最多、规模最大的扶贫、减贫，为世界经济发展做出了巨大贡献。然而，这种增长总体上属于数量追赶、规模扩大、追求速度、以量取胜的增长，主要是通过高投入、高消耗、高排放、高污染的粗放型增长方式实现的，是不可持续的。2010年以来，中国GDP增速连续6年下滑，由2010年的10.6%逐年下滑至2016年的6.7%，年均下降0.65个百分点，虽然2017年小幅反弹至6.9%，但2018年、2019年连续2年下滑，2019年GDP增速跌至6.0%，创1990年以来的历史新低①。可以预见，在国内社会主要矛盾

---

① 资料来源于《中国统计年鉴2020》，2019年资料来源于国家统计局公布的最终核实数据（http://www.stats.gov.cn/tjsj/zxfb/202012/t20201230_1811893.html）。

转变、国际形势不确定性加剧以及新冠肺炎疫情等短期风险和冲击长期存在的新的历史背景下，继续片面强调和追求经济增速的快慢、规模的大小已经不符合中国的长期发展目标。

2017 年 10 月，习近平同志在党的十九大报告中首次明确提出"我国经济已由高速增长阶段转向高质量发展阶段"[①]，为新时代中国经济发展指明了方向。这意味着新时代新阶段打造中国经济发展升级版的首要任务和目标就是促进经济高质量发展水平提升，实现以质取胜的多领域、全方位的发展。2020 年 10 月，中共十九届五中全会提出，"'十四五'时期经济社会发展要以推动高质量发展为主题，这是根据我国发展阶段、发展环境、发展条件变化作出的科学判断"，进一步凸显了经济高质量发展在中国发展进程中全局性、根本性、指导性的地位。

事实上，关于经济高质量发展的重要性，从国务院和各省份政府工作报告中也能找到依据。政府工作报告犹如中央政府和地方政府经济发展的"成绩单"和"计划书"，对新年度经济社会发展工作提出了具体的任务和目标，具有很强的权威性，其中出现的相关词汇频次和比重能够在一定程度上体现政府的政策偏向和关注重点（Chen et al.，2018）。为此，本书手工收集了 39 份政府工作报告，包括 2013 ~ 2020 年连续 8 年的《国务院政府工作报告》和 2020 年 31 个省份的《政府工作报告》，进而利用 python 软件对这 39 份文件的关键词进行了解析。

结果显示，所有 39 份政府工作报告中出现频次最多的词均是"发展"，说明发展问题是中央政府和地方政府最为关切的话题。同时，在《国务院政府工作报告》中，2013 年提到"高质量"一词的次数为 0，2014 ~ 2017 年提到的次数均为 1，而 2018 ~ 2020 年提到的次数依次为 6 次、8 次和 4 次，相较于之前明显增加，体现了中央政府对"高质

---

① 习近平谈治国理政（第三卷）[M]. 外文出版社，2020：237.

量"重视程度的加强①。观察表 1－1 可以看出，在 31 个省份中，有 21 个省份"高质量"出现的频次位于前 20 名之列，且河北、江苏、河南、山东、贵州 5 省在《政府工作报告》中均至少提到了 20 次"高质量"，反映了地方政府推动经济高质量发展的迫切愿望。此外，上述高频词统计结果也在一定程度上说明了不同省份的经济发展重点是有所差别的。例如，有的省份更多地提及"创新""科技"等词，有的省份更多地提及"生态""环境"等词，还有省份更多地提及"旅游""高铁""自贸港"等词。

表 1－1　　2020 年各省份《政府工作报告》排名前 20 的高频词汇总

省份	排名前 20 的高频词	排名	频次
北京	发展、服务、创新、科技、治理、改革、保障、企业、产业、文化、环境、教育、融合、交通、垃圾、健康、开放、高质量、用地、生态	18	9
天津	发展、企业、创新、服务、改革、社会、生态、产业、高质量、农村、智能、环境、治理、帮扶、经济、增长、港口、文化、风险、智慧	9	17
河北	发展、创新、高质量、经济、改革、企业、增长、理念、科技、产业、服务、生态、农村、治理、环境、人民、保障、质量、农业、社会	3	40
山西	发展、改革、产业、企业、创新、服务、旅游、文化、农村、治理、经济、转型、能源、增长、生态、社会、消费、开发区、城乡、环境	—	8
内蒙古	发展、增长、产业、生态、改革、经济、治理、企业、人民、文化、服务、教育、风险、绿色、高铁、保障、就业、扶贫、创新、农村	—	7
辽宁	发展、经济、改革、增长、创新、振兴、产业、企业、农村、环境、治理、风险、高质量、投资、供给、社会、就业、稳定、转型、工业	13	12
吉林	发展、增长、产业、企业、改革、服务、创新、经济、环境、农村、保障、社会、创业、稳定、投资、脱贫、高质量、生态、治理、民生	17	15

①　2020 年提到"高质量"的次数少于前两年，一个客观的原因是《2020 年国务院政府工作报告》是多年以来篇幅最短的，仅 1 万字左右，2018 年、2019 年的报告均为 2 万多字。

续表

省份	排名前20的高频词	排名	频次
黑龙江	发展、改革、企业、经济、投资、产业、增长、旅游、环境、服务、创新、高质量、营商、脱贫、农村、城镇、消费、农业、招商、加工	13	13
上海	发展、服务、经济、增长、创新、改革、治理、企业、环境、开放、人民、人才、垃圾、就业、社会、产业、保障、文化、教育、绿色	—	10
江苏	发展、高质量、创新、经济、企业、产业、农村、增长、改革、安全、社会、治理、文化、人民、服务、环境、生产、社会主义、高水平、生态	2	33
浙江	发展、企业、改革、创新、增长、经济、产业、文化、服务、乡村、治理、风险、生态、数字、铁路、农村、高质量、一体化、投资、社会	17	16
安徽	发展、创新、改革、产业、企业、增长、经济、农村、治理、服务、社会、风险、人民、长三角、高质量、教育、生态、安全、稳定、一体化	15	16
福建	发展、创新、改革、企业、增长、生态、产业、融合、投资、经济、治理、服务、就业、人民、城乡、脱贫、绿色、高质量、农村、安全	18	14
江西	发展、创新、产业、改革、生态、企业、服务、经济、增长、农村、社会、高质量、消费、文化、治理、就业、城镇、攻坚战、旅游、融合	12	15
山东	发展、企业、改革、创新、服务、高质量、产业、增长、经济、安全、农村、高铁、就业、海洋、消费、社会、生态、治理、文化、人才	6	24
河南	发展、创新、企业、改革、增长、高质量、服务、生态、经济、农村、人民、产业、治理、社会、投资、保障、环境、风险、教育、文化	6	28
湖北	发展、创新、产业、经济、改革、企业、农村、生态、增长、人民、就业、保障、稳定、文化、治理、社会、高质量、脱贫、乡村、教育	17	11
湖南	发展、企业、改革、创新、农村、增长、治理、文化、服务、产业、环境、经济、社会、就业、保障、农业、工业、开放、风险、融合	—	12

续表

省份	排名前20的高频词	排名	频次
广东	发展、改革、创新、产业、企业、经济、文化、增长、服务、农村、科技、环境、治理、生态、就业、农业、社会、制造业、教育、人才	—	12
广西	发展、产业、增长、改革、经济、创新、农村、开放、脱贫、企业、健康、社会、旅游、治理、风险、稳定、消费、就业、服务、铁路	—	10
海南	发展、增长、创新、产业、改革、企业、自贸港、社会、经济、服务、农村、生态、旅游、基层、贸易、土地、住房、高质量、就业、基础设施	18	11
重庆	发展、创新、改革、增长、企业、经济、产业、生态、服务、绿色、治理、社会、农村、安全、高质量、生活、物流、农业、协调、工业	15	19
四川	发展、疫情、改革、服务、经济、防控、就业、服务业、生态、社会、群众、创新、企业、产业、增长、治理、保障、生活、消费、农村	—	8
贵州	发展、产业、脱贫、经济、服务、企业、增长、农村、生态、创新、高质量、城镇、风险、人才、治理、就业、帮扶、群众、旅游、工业	11	20
云南	发展、疫情、经济、产业、防控、脱贫、数字、旅游、改革、企业、增长、高质量、基础设施、美丽、农业、社会、保障、投资、创新、稳定	12	15
西藏	发展、生态、增长、产业、教育、群众、保障、就业、社会、服务、改革、社会主义、经济、城镇、安全、健康、治理、企业、小康社会、民生	—	5
陕西	发展、增长、企业、创新、改革、产业、农村、经济、文化、治理、就业、高质量、服务、投资、扶贫、社会、技术、保障、环境、教育	12	12
甘肃	发展、治理、生态、企业、产业、改革、增长、创新、脱贫、服务、经济、旅游、文化、就业、农村、农业、铁路、群众、乡村、高质量	20	12
青海	发展、生态、经济、增长、企业、治理、改革、社会、就业、产业、城镇、文化、稳定、风险、教育、群众、创新、环境、服务、民生	—	6

续表

省份	排名前20的高频词	排名	频次
宁夏	发展、企业、改革、服务、治理、农村、经济、社会、增长、创新、生态、保障、就业、高质量、健康、群众、稳定、收入、投资、产业	14	14
新疆	发展、经济、改革、旅游、产业、社会、增长、就业、稳定、农村、企业、文化、创新、城镇、宗教、农业、脱贫、保障、治理、服务	—	7

注：在统计词频时，本书剔除了诸如"我们""工作"等实际意义不大的词；表中高频词按照出现的次数由多到少依次排序；"排名"和"频次"分别指的是"高质量"一词在各省份《政府工作报告》中出现的次数排名及出现的频次；"—"表示排名未进入前20名。

资料来源：基于各省份2020年《政府工作报告》，利用python软件分词、整理、汇总得到。

由此可见，推动经济高质量发展已成为中央政府和地方政府最为关注的核心问题，是中国经济未来一段时期的主要转型方向和重要发展目标。在此背景下，对中国经济高质量发展问题进行深入研究，进一步梳理经济高质量发展的理论基础和现实动因，进一步明确回答什么是经济高质量发展，进一步科学构建衡量经济高质量发展的指标体系，进一步运用合理正确的现代综合评价方法对中国不同时期、不同地区的经济高质量发展水平进行测度，进一步结合计量方法对中国经济高质量发展的动态演进、区域差异、空间集聚性、收敛性等进行分析，进一步深入探讨经济高质量发展与经济增长数量之间的关系，进一步总结中国经济高质量发展面临的问题并提出相应的政策建议，显得尤为必要。

二、研究意义

对中国经济高质量发展问题进行深入、系统的研究，具有重要的理论意义和现实意义。

从理论意义上讲，对经济高质量发展问题的研究，不仅是对传统经济增长理论的丰富、拓展和完善，还是对马克思主义政治经济学和中国特色社会主义政治经济学经济发展理论的丰富、拓展和完善。一方面，从传统经济增长理论演进的视角看，在经济学发展的200多年历史里，经济学家们更加关注的是经济增长数量问题，创造了一系列优秀的经济增长理论和模型，具体包括哈罗德—多马模型、新古典增长模型、内生增长模型等，同时在实证研究方面成果突出，极大地推动了计量经济学的快速发展。然而，关于经济质量问题，目前尚未形成一个公认、系统的理论体系，在实证研究方面也相对较少，且主要侧重于经济增长质量或经济高质量发展水平的测度方面，总体较为单一。另一方面，经济高质量发展战略思想是习近平经济思想的重要组成部分，是中国特色社会主义政治经济学的最新理论成果之一，继续深入推进经济高质量发展的相关理论研究，有助于更好地坚持和发挥马克思主义在新时代中国经济发展过程的指导地位。

从现实意义上讲，由经济高速增长阶段转向经济高质量发展阶段是当前中国经济发展的基本特征，推动经济高质量发展是中国经济发展的主题。推动经济高质量发展归根结底需要落实在实践，而正确的实践离不开科学的理论指导，深入研究为什么要推动经济高质量发展、经济高质量发展是什么、应如何准确衡量、现状如何、存在什么差距、与经济增长数量的关系是什么、面临的困难和问题是什么、原因何在、应采取哪些政策措施等重要问题，能够为政府部门决策提供依据，从而更好地推动中国经济高质量发展。反之，如果缺乏经济高质量发展的相关研究，地方政府经济高质量发展的实践将会缺乏依据和指导，也就难以有针对性地合理采取措施、真正切实有效地推动经济高质量发展。

综上所述，对经济高质量发展的研究，不但有助于进一步丰富、拓展和完善传统经济增长理论以及马克思主义政治经济学和中国特色社会主义政治经济学发展理论，而且具有极强的应用性，是中国推动经济高质量发展实践的客观需要。

第二节 文献综述

一、国内外相关研究综述

（一）源起：经济增长质量的研究脉络梳理

经济增长是经济学研究的永恒主题，包含经济增长数量和经济增长质量两个维度，是数量和质量的有机统一（朱方明、贺立龙，2014）。然而，在经济学 200 多年的发展历史中，经济学家们更多关注的是经济增长数量问题，却在很大程度上忽略了对经济增长质量的研究。近年来，随着经济增长过程中各种矛盾和问题的不断凸显以及经济增长理论研究的不断深入，经济增长质量逐渐引起了人们的关注，并逐渐形成了一套较为完备的理论体系。

总的来说，人们对经济质量的认识是一个由浅入深、由微观转向宏观、由单维转向多维的动态过程。1951 年，美国质量管理专家朱兰博士在其著作《质量控制手册》中首次提出了质量经济性的概念（朱兰，1987）。所谓质量经济性，即对获得质量所耗费资源的价值量的度量，在质量相同的情况下，耗费资源价值量小的，其经济性就越好，反之就越差。20 世纪 60 年代，美国质量大师阿曼德·费根堡姆在其著作《全面质量管理》中，提出"质量并非意味着最佳，而是客户使用和售价的最佳"这一观点，并主张用系统、全面的方法管理质量，在质量管理过程中要求所有职能部门参与，而不局限于生产部门（费根堡姆，1991）。20 世纪 70 年代，日本学者千住镇雄等在《质量管理的经济计算》一书中，对产品质量与企业经济效益间的相互关系进行了较为系统的研究（千住镇雄，1982）。

在宏观质量问题方面，虽然早期经济学家们主要关注的是经济规模的扩大和经济总量的增加，所考察的核心指标以国内生产总值（Gross Domestic Product，GDP）、财政收入等宏观经济指标为主，但有关经济增长质量的讨论始终存在。例如，著名经济学家多马曾明确指出，广泛的增长理论应当包括物质环境、政治结构、动机、教育方法、法律体制以及对待科学、变动和积累的态度等（多马，1983）。经济学家刘易斯深入探讨了经济增长与收入分配的关系，并明确指出在经济总产出迅速扩张的同时，大部分人可能会变得更穷（Lewis，1955）[①]。苏联经济学家卡马耶夫在《经济增长的速度和质量》一书中，将经济增长定义为"社会经济结构的经济增长"，不仅包括物质资源变化过程中产品数量的增加，还包括产品质量的提高（卡马耶夫，1983）。此外，马克思主义政治经济学、发展经济学等经典经济学理论，从其产生开始就从未停止对经济增长质量问题的探讨（朱方明、贺立龙，2014；谭崇台，2014）。

由于经济增长质量包含了丰富的内涵，越来越多的学者开始尝试从多维角度来界定经济增长质量。托马斯等（Thomas et al.，2000）认为，经济增长质量应至少包含人力投资、维持自然资源、管理风险、改善治理等内容。巴罗（Barro，2002）从健康、生育率、收入分配、政治机构、犯罪和宗教等方面对经济增长质量进行了多维度的考察。萨巴蒂尼（Sabatini，2008）分析了社会资本与经济增长质量之间的关系，并将经济增长质量界定为人类发展、城市生态系统、公共服务、社会保护、性别平等以及劳动力市场六个方面。马丁内兹和姆拉奇拉（Martinez & Mlachila，2013）系统研究了撒哈拉以南非洲在1990~2009年间的经济高速增长现象，发现这些地区的增长加速并没有伴随着与长期增长相关变量（如全要素生产率）的改善，即这种增长是脆弱的，进而将高质量增长定义为"强劲、稳定、可持续的增长"。

国内学者也对经济质量问题进行了较为深入的研究。李骊（1959）从四个方面系统论述了产品质量对经济效果的影响，认为产品质量的提升有助于以尽可能少的劳动消耗，取得尽可能多的使用价值。李周为、钟文余（1999）认为，经济增长质量的内涵可以从国民经济整体经济效益以及影响经济增长方式转变的内在因素两个方面来把握。刘

---

① 原文是：Output may be growing, and yet the mass of the people may be becoming poorer.

树成（2007）认为，经济增长质量主要体现在四个方面，即经济增长的稳定性、可持续性、协调性及和谐性。刘海英、张纯洪（2006）认为，经济增长质量是一个多维的概念，并从投入产出效率、经济增长成本、资源消耗和环境保护等方面对经济增长质量的内涵进行了界定。马建新、申世军（2007）从经济增长数量与经济增长质量的协调性角度出发，将经济增长质量界定为"经济体在经济效益、经济潜力、社会效益等方面的品质表现"。钞小静、惠康（2009），钞小静、任保平（2011）从经济增长的结构、经济增长的稳定性、经济增长的福利变化与成果分配以及资源利用和生态环境代价四个维度阐释了经济增长质量的内涵。程虹、李丹丹（2014）从微观产品的视角出发，认为经济增长质量主要包括增长的可持续性、经济结构的优化、投入产出效率的提高、达到更高标准、社会福利提升五个方面。叶初升、李慧（2014）从发展经济学的角度，将经济增长质量定义为"经济增长过程中所蕴含的发展质变"。

在对经济增长质量内涵研究的基础上，学者们进一步围绕经济增长质量的衡量、影响因素、提升路径等问题展开了丰富的研究。具体而言，关于经济增长质量的衡量，基本形成了单指标评价和多指标评价两种观点，其中又以多指标评价为主；关于经济增长质量的影响因素，学者们从市场、政府、制度、政策等多个方面展开了讨论；关于经济增长质量的提升路径，现有研究从经济增长的动力、结构、资源环境约束等诸多角度提出了具体的政策建议①。

不仅如此，甚至有学者以经济质量为核心，尝试构建"质量经济学"的理论体系。例如，郭克莎（1992）首次较为系统地建立了质量经济学体系，提出质量两重性理论（即质量的社会属性和自然属性），

---

① 由于经济高质量发展这一概念同经济增长质量具有很多相似之处，且目前关于经济高质量发展的研究主要上是沿袭经济增长质量的基本范式，从而在介绍经济高质量发展之前，有必要回顾国内外有关经济增长质量的研究。这里需要说明的是，本书对经济增长质量相关文献进行梳理的主要目的是提供一个有关经济质量研究的发展脉络，而非对其进行系统综述，从而未对经济增长质量的衡量、影响因素、提升路径等内容详细展开论述。此外，关于经济增长质量与经济高质量发展的区别和联系，参见本书第三章第二节。

并深入分析了产品质量与经济增长的关系。任保平等（2017）在《超越数量：质量经济学的范式与标准研究》一书中构建了有关质量经济学的前沿范式和标准，并将质量经济学的范式和标准划分为微观、中观和宏观三个层面，构建了质量经济学三位一体的理论体系。

综合而言，国内外关于经济增长质量的研究已然非常丰富，达成了许多重要共识，并形成了一系列具有实际意义的见解和认识，这对本书关于经济高质量发展研究具有重要的借鉴意义。

（二）经济高质量发展研究综述

2017 年 10 月，习近平同志在党的十九大报告中首次明确提出"我国经济已由高速增长阶段转向高质量发展阶段"[①] 的重要论断，经济高质量发展迅速成为国内经济学研究的热点问题。

为直观地反映有关经济高质量发展研究的全貌，本书利用中国知网（https：//www.cnki.net/）的检索工具进行了简单统计。具体地，本书设定的检索规则是：将"主题"和"关键词"均设定为"高质量发展"，将"检索方式"设定为"精确"，将"文献分类"限定为"哲学与人文科学""社会科学Ⅰ辑""社会科学Ⅱ辑""经济与管理科学"四类，据此统计、汇总、整理出 2012～2020 年每年相关的期刊论文数量。与此同时，考虑到南京大学发布的中国社会科学引文索引（CSSCI）具有较高的权威性和代表性，因此本书也按照上述规则对 CSSCI 期刊文献数量进行了统计。具体统计结果见表 1－2，可以发现，在 2017 年党的十九大召开之前，每年发表的全部期刊文献数量和 CSSCI 期刊文献数量均为个位数甚至为 0。相反，在党的十九大召开之后，相应的文献数量迅速增加，2018～2020 年 3 年间，每年发表的相关期刊文献数量分别达到 4283 篇、8098 篇和 7513 篇，其中，CSSCI 期刊文献数量分别为 304 篇、609 篇和 891 篇，虽然 2020 年全部期刊文献数量略低于 2019 年，但 CSSCI 期刊文献数量相对于 2019 年增加了 282 篇，增幅高达 46.31%。此外，在经济与管理科学的 CSSCI 来源期刊范围

---

① 习近平谈治国理政（第三卷）[M].北京：外文出版社，2020：237.

内，2018 年和 2019 年"高质量发展"作为关键词出现的频次分别为
153 次和 293 次，排名分别为第十八和第五；在《中国人文社会科学期
刊 AMI 综合评价报告（2018 年）》19 种"顶级"和"权威"经济学各
子学科及相关学科的期刊中，"高质量发展"作为关键词出现的频次分
别为 12 次和 22 次，排名分别为第十八和第十（罗润东等，2019；罗
润东等，2020）。可见，高质量发展已成为近年来国内学者研究的新趋
势和新热点。

表 1-2　　　　　历年有关"高质量发展"的相关文献统计　　　单位：篇

年份	全部期刊文献数量	CSSCI 期刊文献数量
2012	7	1
2013	6	0
2014	3	0
2015	2	0
2016	2	0
2017	81	3
2018	4283	304
2019	8098	609
2020	7513	891

　　注：在 2017 年 10 月 18 日（即党的十九大召开）"高质量发展"概念被明确提出之前，
2017 年全部期刊论文数和 CSSCI 期刊论文数分别为 7 和 1，与之前年份并未存在明显差异；
数据统计日期为 2020 年 12 月 31 日，可能存在部分 2020 年已经发表的相关文献暂未被中国知
网收录的情况，从而导致 2020 年的数据统计存在微小误差。
　　资料来源：根据中国知网（https：//www.cnki.net/）检索、整理、汇总得到。

　　在此基础上，本书分别从经济高质量发展的内涵和外延、衡量以
及影响因素三个方面对经济高质量发展的相关研究进行归纳整理和
述评。

1. 经济高质量发展的内涵和外延

　　什么是经济高质量发展？这是推动经济高质量发展必须首先明确
的问题。自从党的十九大报告首次明确提出经济高质量发展的论断以

来，学术界对经济高质量发展的内涵和外延出现了不同的解读。根据界定角度的不同，现有文献大致可以分为四类：第一，从新发展理念的角度；第二，从中国社会主要矛盾的角度；第三，从发展的内容、环节、特征和途径的角度；第四，从微观、中观、宏观三位一体的角度（见表1-3）。

表1-3　　　　　　　　现有文献对经济高质量发展的解读

界定角度	文献	对经济高质量发展的解读
从新发展理念的角度	人民日报社论*	是创新成为第一动力、协调成为内生特点、绿色成为普遍形态、开放成为必由之路、共享成为根本目的的发展
	逄锦聚等（2019）	是创新和效率提高、国民经济比例结构协调、绿色的人与自然和谐相处的、开放的、满足人民美好生活需要的共享的经济发展
	韩君、张慧楠（2019）	是经济全面、高质量发展的一种经济发展模式和质态，是创新成为第一动力、协调成为核心要素、绿色成为主要路径、开放成为外部推力、共享成为根本目标构成的有机体系
	李梦欣、任保平（2019）	是创新动力成为核心依托、协调平衡成为内在要求、绿色发展成为普遍形态、开放合作成为必由之路、共享硕果成为价值导向的发展
从中国社会主要矛盾的角度	龚六堂（2017）	是以新时代全面建设社会主义现代化国家作为增长目标的、着力于新时代社会主要矛盾解决的发展
	金碚（2018）	是能够更好满足人民不断增长的真实需要的经济发展方式、结构和动力状态
	程承坪（2018）	应以是否有利于满足人民日益增长的美好生活需要为根本标准，同时通过识别经济社会发展中的不平衡、不充分发展问题来综合判断是否是高质量发展
	张军扩等（2019）	是以满足人民日益增长的美好生活需要为目标的高效率、公平和绿色可持续的发展

续表

界定角度	文献	对经济高质量发展的解读
从发展的内容、环节、特征和途径的角度	李伟 （2018）	是供给、需求、配置、投入产出、收入分配、经济循环六个环节高质量的经济发展
	任保平、李禹墨 （2018）	是经济发展、改革开放、城乡发展、生态环境、人民生活全方位高质量的发展
	国家发展改革委经济研究所课题组 （2019）	是以高效率高效益生产方式为全社会持续而公平提供高质量产出的经济发展
	马建堂 （2019）	是产品和服务高品质、供给和需求高匹配、资源配置高效率、新动能不断涌现、风险有效防范的经济发展
	周文、李思思 （2019）	是生产力发展与生产关系变革的统一，既要求解决生产力内部要素的矛盾，又要求通过深化改革调整生产关系以适应生产力的发展
	王永昌、尹江燕 （2019）	是中高速趋向、优质化趋向、科技化趋向、金融化趋向、美好生活趋向、包容化趋向、绿色生态趋向、全球化趋向的经济发展
	陈再齐等 （2019）	是保持经济中高速增长、创新驱动、以人民为中心、绿色的经济发展
	曾宪奎 （2019）	是经济发展的集约化、驱动要素的高端化、产业结构的高级化、增长速度的适度化、各领域各方面协调化的经济发展
	李金昌等 （2019）	是国民经济充满活力、以创新为基础、绿色的、人民生活质量不断提高的、人的素养不断提升的经济发展
	马茹等 （2019a）	是更高质量、更具效率、更加稳定、更为开放的经济发展
	杨虎涛 （2020）	是在坚持新发展理念前提下实现生产率、利润与实际工资协同增长的经济发展

续表

界定角度	文献	对经济高质量发展的解读
从微观、中观、宏观三位一体的角度	王一鸣（2018）	是微观层面即产品和服务质量、中观层面即产业和区域发展质量、宏观层面即国民经济整体质量和效益高的经济发展
	钞小静、薛志欣（2018）	是微观层面即产品及其经济活动的使用价值合意于人的物质需要和社会需要、中观层面即经济结构实现平衡、宏观层面即生产力不断提升的经济发展
	赵剑波等（2019）	在宏观层面表现为增长稳定、发展均衡、以创新为动力、绿色的生态的发展、发展成果更多更公平；在产业层面表现为规模壮大、结构优化、创新驱动转型升级、质量效益不断提升等；在企业层面表现为竞争力、品牌影响力的提高，产品质量可靠以及先进质量管理理念等
	张治河等（2019）	在微观视角表现为产品质量的提高、工艺流程的改善、生产效率的提高和整个流程环保水平的提高；在宏观视角表现为有可持续增长动力的经济发展
	张涛（2020）	是企业、行业、区域三个层面全方位高质量的经济发展

注：＊为人民日报社论：牢牢把握高质量发展这个根本要求（http：//theory. peo-ple. com. cn/n1/2017/1221/c40531 – 29719990. html）。

可以看出，虽然界定角度不同并且对内涵和外延具体内容的理解和概括也不一致，但关于经济高质量发展的内涵和外延，学者们达成了一些重要共识，如经济高质量发展是从"有没有"转向"好不好"，是以新发展理念为指导的发展，是结构优化的发展，是能够更好地解决新时代中国社会主要矛盾的发展，意味着发展的创新性、平衡性、协调性、开放性、高效性、持续性、共享性，意味着人民获得感、幸福感、安全感的提高，意味着国民经济运行微观、中观和宏观层面全方位的高质量。

2. 经济高质量发展的衡量

要切实有效推动经济高质量发展，必须科学准确地衡量经济高质量发展水平。总体而言，目前学术界对经济高质量发展的衡量主要沿袭经济增长质量的分析范式，即主要采用单指标评价法和多指标评价法两种方式来衡量。具体地，在单指标评价中，全要素生产率、绿色全要素生产率、增加值率、投资效率等经济效率指标是最被广泛使用的衡量经济增长质量的指标，其背后的逻辑在于，这类指标能够较好地体现一个国家和地区长期增长的潜力（纳鹏杰、纳超洪，2014；林春，2017；范金等，2017；Long & Ji，2019；Xia & Xu，2020）。在多指标评价中，姆拉奇拉等（Mlachila et al.，2017）的研究是一个典型代表，其将经济增长质量定义为"强劲、稳定、可持续的，能够提高生产力、带来社会期望结果的经济增长"，并从经济增长基本面和经济增长的社会成果两个维度构建了经济增长质量指标体系，进而测度了1990～2011年93个国家（地区）的经济增长质量指数。国内研究中，具有代表性的是钞小静、惠康（2009），钞小静、任保平（2011）的研究，主要从经济增长的结构、经济增长的稳定性、经济增长的福利变化与成果分配以及资源利用和生态环境代价四个维度构建了经济增长质量指标体系，并分别对中国国家层面和省际层面的经济增长质量指数进行了测度和分析。

现有关于经济高质量发展水平的衡量主要是基于上述文献的研究基础而来的。接下来，本书将分别从单指标评价法和多指标评价法两个方面对有关经济高质量发展衡量的相关文献进行梳理和介绍。

（1）单指标评价法。

同经济增长质量的衡量方式类似，学者们关于经济高质量发展的单指标衡量普遍采用诸如人均 GDP、全要素生产率、绿色全要素生产率、技术进步贡献率、土地利用效率、福利碳排放强度、劳动生产率、人均实际工资、产城融合以及产能利用率等效率指标（见表 1-4）。可以看出，相比于经济增长质量，经济高质量发展的衡量指标更加多元化。然而，采用单一指标衡量经济高质量发展水平显然具有局限性，因为经济高质量发展是一个多维、复合的概念，任何单一指标都难以全面体现经济高质量发展的内涵和外延。不仅如此，在实际运用过程中，这些指标可能具有不同的变化趋势，从而导致使用不同的单一指标衡量可能得出不完全相同甚至完全相反的结论。例如，中国人均 GDP 和全要素生产率的变动趋势显然是不同的，如果这两个指标都被称为"经济高质量发展水平"，则很容易掩盖对经济高质量发展的正确

认识，也就难以提出行之有效、切合实际的提高经济高质量发展水平
的政策建议。

表 1-4　　　　　　现有文献对经济高质量发展的单指标评价

衡量指标	代表性文献
人均 GDP	陈诗一、陈登科（2018）；张婷婷、张所地（2019）；廖祖君、王理（2019）；高春亮、李善同（2019）；黄永明、姜泽林（2019）
全要素生产率	张月友等（2018）；刘思明等（2019）；李元旭、曾铖（2019）；王小腾、徐璋勇（2019）；何剑等（2020）；刘志彪、凌永辉（2020）；朱光顺等（2020）；惠宁、陈锦强（2020）；詹新宇、苗真子（2019）；郭晨、张卫东（2018）
绿色全要素生产率	余泳泽等（2019a）；上官绪明、葛斌华（2020）
技术进步贡献率	徐现祥等（2018）
土地利用效率	王克强等（2019）
福利碳排放强度	肖周燕（2019）
劳动生产率、人均实际工资	范庆泉等（2020）
产城融合	汪增洋、张学良（2019）
产能利用率	曹献飞、裴平（2019）

（2）多指标评价法。

由于单指标衡量方式存在的天然缺陷，学术界更多采用的是多指标评价法对经济高质量发展水平进行衡量①。所谓多指标评价法，指的是依据对经济高质量发展的认识和解读，从不同维度构建经济高质量发展指标体系，进而采用现代综合评价方法对评价对象的经济高质量发展综合指数进行测度。根据指标体系构建思路的不同，现有文献大致可分为三类。

第一类主要在姆拉奇拉等（2017）关于经济增长质量指数研究的

① 实际上，在地方政府的实践中主要采用的也是多指标评价法。有关这部分内容的介绍，可参见本书第三章第三节。

17

基础上，从经济发展的基本面、经济发展的社会成果、经济发展的生态成果等方面构建经济高质量发展指标体系（如师博、任保平，2018；师博、张冰瑶，2019；徐盈之、顾沛，2020）。这类研究对经济高质量发展的解读可能不够准确，其指标体系与姆拉奇拉等（2017）构建的经济增长质量指标体系本质上并没有太大差异，更多强调的是经济"增长质量"而非"发展质量"。

第二类主要基于"创新、协调、绿色、开放、共享"的新发展理念，构建经济高质量发展指标体系（如史丹、李鹏，2019；徐志向、丁任重，2019；李梦欣、任保平，2019）。这类指标体系从经济高质量发展的指导思想出发，无疑是正确的，但是新发展理念不仅是发展状况的要求（如协调、绿色、共享），还包括发展方式的内容（如创新、开放），而经济高质量发展的指标体系是要衡量发展本身的状况即质量的高低，并不包括如何才能实现经济高质量发展或者说实现经济高质量发展路径的情况（简新华、聂长飞，2019）。高质量发展的状况与高质量发展的方式是两个不同的范畴，是不能混在一起构建指标体系的，否则将无法准确衡量高质量发展的实际状况。不仅如此，创新、协调、绿色、开放、共享属于规范性的价值判断，其自身的内涵和外延就缺乏清晰的界定，如果再用这些内涵和外延尚不明确的维度去界定经济高质量发展，则可能导致对经济高质量发展认识的偏差（郭芸等，2020）。

第三类主要基于对经济高质量发展内涵和外延的界定来构建经济高质量发展指标体系（如魏敏、李书昊，2018；李金昌等，2019；张军扩等，2019）。这类指标体系相对而言更加具体明确，从经济高质量发展的不同方面有针对性地选取指标，也更为科学，但现有研究仍存在着指标体系可操作性不强或研究不够深入等不足。例如，李金昌等（2019）、张军扩等（2019）构建的指标体系中包含"社会不安定指数""社会满意度指数""民生满意度""本地环境质量满意度"等本身就难以测度的指标，也就不易准确测度发展的质量状况。

在构建经济高质量发展指标体系的基础上，现有研究运用现代综合评价方法对考察对象的经济高质量发展水平进行了测度（见表1-5）。

表1-5 现有文献对经济高质量发展的多指标评价

类别	文献	指标体系维度	指标数量(个)	评价对象	评价方法
第一类	师博、任保平(2018)	增长基本面、增长社会成果2个维度	6	中国30个省份1992~2016年	主观赋权法+面板极差标准化法
	师博、张冰瑶(2019)	发展基本面、发展的社会成果、生态成果3个维度	9	中国283个城市2004~2015年	主观赋权法+面板极差标准化法
	徐盈之、童皓月(2019)	经济基本面、经济成果2个维度	8	中国30个省份2007~2016年	组合赋权法+面板极差标准化法
	徐盈之、顾沛(2020)	经济基本面、经济成果2个维度	8	长江经济带108个城市2004~2016年	熵值法+面板极差标准化法
	史丹、李鹏(2019)	创新驱动、协调发展、绿色生态、开放稳定、共享和谐5个维度	62	中国2000~2017年	主成分分析法+正态标准化法
第二类	徐志向、丁任重(2019)	总量、创新、绿色、开放、共享6个维度	16	中国30个省份1999~2016年	熵值法+面板功效系数法
	李子联、王爱民(2019)	创新发展、协调发展、绿色发展、开放发展、共享发展5个维度	39	中国30个省份2003~2016年	主成分分析法+面板极差标准化法
	李梦欣、任保平(2019)	创新发展、协调发展、绿色发展、开放发展、共享发展5个维度	42	中国2000~2017年	组合赋权法+BP神经网络法

续表

类别	文献	指标体系维度	指标数量（个）	评价对象	评价方法
第二类	高志刚、克甜（2020）	创新发展、协调发展、绿色发展、开放发展、共享发展5个维度	33	中国沿边9个省份 2000~2017年	组合赋权法+面板极差标准化法
	陈景华等（2020）	创新性、协调性、开放性、可持续性、共享性5个维度	41	中国30个省份 2004~2017年	熵值法+面板极差标准化法
	杨柳青青、李小平（2020）	创新发展、协调发展、绿色发展、开放发展、共享发展5个维度	37	中国少数民族8个省（区）2004~2015年	主成分分析法+正态标准化法
	孙豪等（2020）	创新发展、协调发展、绿色发展、开放发展、共享发展5个维度	20	中国31个省份2017年	均等权重法+功效系数法
	吕承超、崔悦（2020）	经济活力、创新驱动、协调发展、绿色发展、开放发展、成果共享6个维度	57	中国30个省份 1997~2017年	主成分分析法+面板极差标准化法
	王伟（2020）	创新发展、协调发展、绿色发展、开放发展、共享发展5个维度	42	中国31个省份2017年	层次分析法+功效系数法
	胡雪萍、许佩（2020）	创新发展、协调发展、绿色发展、开放发展、共享发展5个维度	10	中国30个省份 2001~2016年	熵值法+面板极差标准化法
	马海涛、徐楦钫（2020）	创新发展、协调发展、绿色发展、开放发展、共享发展5个维度	25	黄河流域7个城市群62个城市2016年	熵值法+极差标准化法

续表

类别	文献	指标体系维度	指标数量（个）	评价对象	评价方法
第二类	胡晨沛、吕政（2020）	经济实力、创新发展、协调发展、绿色发展、开放发展、共享发展6个维度	30	35个国家 2000~2017年	均等权重法+面板极差标准化法
	刘亚雪等（2020）	创新、协调、绿色、开放、共享、稳定6个维度	32	99个国家 2001~2017年	熵值法+面板极差标准化法
	魏敏、李书昊（2018）	经济结构优化、创新驱动发展、资源配置高效、市场机制完善、经济增长稳定、区域协调共享、产品服务优质、基础设施完善、生态文明建设和经济成果惠民10个维度	53	中国30个省份 2016年	熵值法+极差标准化法
第三类	李金昌等（2019）	经济活力、创新效率、绿色发展、人民生活、社会和谐5个维度	27	—	—
	张震、刘雪梦（2019）	经济发展动力、新型产业结构、交通信息基础设施、经济发展开放性、绿色发展协调性、经济发展共享性7个维度	38	15个副省际城市 2016年	组合赋权法+极差标准化法
	黄庆华等（2019）	经济发展、创新驱动、生态文明、社会民生、基础设施5个维度	20	重庆市 2009~2017年	熵值法+功效系数法
	石华平、易敏利（2020）	提质增效、结构优化、创新发展、绿色低碳、民生保障5个维度	20	中国28个省份 2013~2015年	熵值法+面板极差标准化法

续表

类别	文献	指标体系维度	指标数量（个）	评价对象	评价方法
第三类	郭芸等（2020）	发展动力、发展结构、发展方式、发展成果4个维度	28	中国30个省份2012~2018年	组合赋权法＋面板极差标准化法
	赵洋（2020）	经济建设、政治建设、文化建设、社会建设、生态建设5个维度	17	中国30个省份1952~2017年	熵值法＋可拓综合评价法
	孟祥兰、邢茂源（2019）	经济发展、创新发展、绿色发展、开放发展、民生发展5个维度	25	湖北省16个城市2016年	加权因子分析法＋功效系数法
	马茹等（2019a）	高质量供给、高质量需求、发展效率、经济运行、对外开放5个维度	28	中国30个省份2003~2016年	均等权重法＋线性比例法
	王晓红、冯严超（2019）	经济发展、社会进步、生态环境3个维度	15	中国285个城市2003~2016年	熵值法＋面板极差标准化法
	黄敏、任栋（2019）	收入、健康、教育、科技、环境、民生6个维度	8	中国31个省份2017年	均等权重法＋线性比例法
	郭淑芬等（2019）	动力变革、效率变革、质量变革3个维度	24	山西省2008~2017年	熵值法＋极差标准化法
	杨仁发、杨超（2019）	经济活力、创新效率、绿色发展、人民生活、社会和谐5个维度	20	长江经济带108个城市2007~2016年	熵值法＋面板功效系数法

续表

类别	文献	指标体系维度	指标数量（个）	评价对象	评价方法
	张军扩等（2019）	高效、公平、可持续3个维度	16	—	—
	郭卫军、黄繁华（2019）	经济增长效率、经济增长稳定性、经济结构优化、社会福利、绿色发展5个维度	16	G20国家 2001~2014年	熵值法＋面板功效系数法
	赵涛等（2020）	产业结构、包容性TFP、技术创新、生态环境、居民生活水平	11	中国222个城市 2011~2016年	主成分分析法＋正态标准化法
第三类	涂建军等（2020）	经济发展、社会发展、生态环境3个维度	16	成渝城市群36个市（区、县）2017年	熵值法＋极差标准化法
	唐晓彬等（2020）	经济稳定发展、创新驱动水平、协调发展、生态环境水平、对外开放水平、社会发展水平6个维度	33	中国30个省份 2013~2018年	组合赋权法＋正态标准化法
	滕磊、马德功（2020）	产业体系、市场体系、分配体系、发展体系、生态体系、开放体系6个维度	22	中国30个省份 2012~2017年	熵值法＋面板极差标准化法
	张旭等（2020）	创新驱动、发展规模、发展质量3个维度	22	中国33个国家创新型县（市）2016年	熵值法＋极差标准化法

注：评价方法应包含三个步骤，由于绝大多数文献在第三步（即综合指数合成）采用的方法为线性加权法，因此表1-5未将第三步方法列出。具体地，黄敏、任栎（2019）第三步采用的是非线性加权法；魏敏、李书昊（2018），郭淑芬等（2019）第三步采用的是理想点法，其余文献均采用的是线性加权法。

在指标数量上，不同文献差异较大，少则个位数，多则高达62。在评价对象上，现有研究多集中在考察中国省际或地级市层面，少数文献将研究对象设定在国际层面（如郭卫军、黄繁华，2019；胡晨沛、吕政，2020；刘亚雪等，2020）、全国层面（如史丹、李鹏，2019；李梦欣、任保平，2019）、特定地区（如杨柳青青、李小平，2020）、特定省份（如黄庆华等，2019；孟祥兰、邢茂源，2019）以及县域层面（如涂建军等，2020；张旭等，2020）等。在评价方法上，不同文献也有所不同，但总的来说，在指标权重确定方面，多以客观赋权法为主；在指标数据标准化处理方面，多以极差标准化法为主；在综合指数合成方面，多以线性加权法为主①。

3. 经济高质量发展的影响因素

探究经济高质量发展的影响因素，有助于针对性地制定相关政策措施，切实有效提高经济高质量发展水平。学术界围绕这个方向，进行了大量的研究。基于对现有文献的梳理，本书将经济高质量发展的影响因素概括为以下七类：人口因素，资源与环境因素，经济结构，金融发展，技术创新，对外开放以及政府性、制度性因素。

（1）人口因素与经济高质量发展。

人口是影响经济发展水平的重要因素。关于人口因素对经济高质量发展水平的影响，现有文献主要从人口结构和人口质量两个方面进行了考察。人口结构方面，何冬梅、刘鹏（2020）基于2000~2017年中国省际面板数据，运用两阶段系统GMM模型，研究发现人口老龄化对经济高质量发展水平有着显著的负向作用。与之相反的是，刘成坤、林明裕（2020）认为，人口老龄化虽然对经济发展存在一定的负向作用，但人口老龄化程度的加剧，在供给端有利于倒逼企业和产业进行技术创新，在需求端能够助推消费升级，所以对经济发展质量的影响总体是正向的，并进一步运用中介效应模型验证了上述假说。人口质量方面，吕祥伟、辛波（2020）采用2007~2017年中国省际面板数据，运用空间计量模型考察了人力资本对经济高质量发展水平的影响，

---

① 关于测度方法的详细介绍以及不同测度方法的比较，可参见本书第四章第一节。

发现人均受教育年限的提高会通过技术创新渠道提升经济发展质量，且这种影响存在地区异质性。景维民等（2019）在构建人力资本高级化指标的基础上，进一步考察了人力资本高级化水平与经济高质量发展之间的关系，结果显示人力资本高级化对经济发展质量的影响显著为正。马茹等（2019b）测度了中国 2001～2015 年各省份科技人才资本，进而采用系统 GMM 模型和固定效应模型检验了科技人才资本对经济高质量发展的影响，结果表明科技人才资本每增加 1 个百分点，将导致全要素生产率提高 0.0534 个百分点，意味着当前科技人才资本对全要素生产率的整体促进作用相对较小。吴婷、易明（2019）通过实证研究发现，在中国当前经济转型的背景下，技能人才比学历人才更能有效提高经济发展质量。

（2）资源与环境因素与经济高质量发展。

资源与环境因素是经济发展过程中面临的约束性条件，从而会对经济高质量发展产生重要影响。资源因素方面，现有研究着重于考察资源配置效率与经济发展质量之间的关系。李勇刚（2019）基于 2002～2016 年中国 35 个大中城市的面板数据，运用系统 GMM 模型检验了土地资源错配与经济高质量发展水平之间的关系，结果显示土地资源错配会通过抑制产业结构升级、增加环境污染和加速房价上涨等途径抑制经济发展质量的提升。环境因素方面，现有研究主要考察了环境污染、环境规制等与经济高质量发展之间的关系。陈诗一、陈登科（2018）基于 2004～2013 年中国 286 个城市面板数据，采用固定效应模型和工具变量估计等方法，研究发现雾霾污染对经济高质量发展水平的影响显著为负。王晓红、冯严超（2019）运用空间滞后模型，研究发现雾霾污染与经济发展质量之间呈"N"型曲线关系，且这种关系存在明显的区域异质性。周清香、何爱平（2020）在测度 2004～2017 年中国 100 个地级市经济高质量发展指数的基础上，运用系统 GMM 模型，结果显示环境规制对经济发展质量的影响呈倒"U"型变动趋势。

（3）经济结构与经济高质量发展。

经济结构包括产业结构、城乡结构、区域结构等，这些都是影响经济高质量发展水平的重要因素。产业结构方面，范庆泉等（2020）

从理论和实证两个方面系统分析了产业结构升级对经济高质量发展的影响，结果表明产业结构升级与经济发展质量之间呈"U"型的非线性关系，且环境规制强度在其中起着重要的调节作用。刘志彪、凌永辉（2020）运用1960～2014年全球169个国家（地区）的面板数据，研究发现结构转型对经济发展质量的影响呈现出倒"U"型变动趋势，中国的产业结构转换度位于倒"U"型曲线左侧，即对于中国而言，产业结构转型升级对经济高质量发展水平的影响效应是正向的。张月友等（2018）考察了服务业发展与经济发展质量之间的关系，结构显示服务化转型对经济高质量发展水平的影响显著为正。城乡结构方面，郭晨、张卫东（2018）运用PSM－DID模型检验了新型城镇化建设对城市经济发展质量的影响，发现新型城镇化建设能够通过优化公共设施、推动就业结构高级化、健全社会保障体系三条渠道提高城市经济高质量发展水平。区域结构方面，黄文、张羽瑶（2019）基于2007～2016年长江经济带111个城市的面板数据，采用双重差分模型考察了区域一体化与经济高质量发展之间的关系，结果表明区域一体化对经济发展质量的影响效应是显著为正的，且地区生产性服务业集聚水平能够对这种效应起到调节作用。

（4）金融发展与经济高质量发展。

经济是肌体，金融是血脉，两者共生共荣，在中国迈向经济高质量发展的进程中，金融发展对经济发展质量有着重要的影响。总体而言，现有文献主要从金融结构、金融规模、金融资源配置、包容性金融、数字普惠金融等视角考察了二者间的关系。金融结构方面，黄永明、姜泽林（2019）研究发现，金融结构与经济发展质量之间存在着显著的正相关关系，且这种影响存在区域差异。王小腾、徐璋勇（2020）基于2004～2016年中国1793个县的县域面板数据，考察了银行业结构竞争对经济发展质量的影响，结果显示银行业结构竞争能够通过促进资本深化、优化产业结构、改善资源配置效率三条路径推动县域经济高质量发展水平的提升。金融规模方面，沙春枝、李富有（2020）运用2000～2017年中国省际面板数据，研究发现民间金融发展规模的提高能够显著提升地区的经济高质量发展水平。金融资源配置方面，魏蓉蓉（2019）采用空间杜宾模型进行实证研究，结果表明金融资源配置效率的提高能够通过全要素生产率渠道提高经济发展质量。包容性金融发展方面，徐盈之、童皓月（2019）在测度包容性金融指数和经济高质量发展指数的基础上，运用系统 GMM 模型检验了二者间的关系，发现包容性金融是驱动经济高质量发展水平提升的重要因素，且主要是通过改善资本效率实现的。数字普惠金融方面，滕磊、马德功（2020）基于 2012～2017 年中国 30 个省份的面板数据，考察了数字普惠金融与经济高质量发展之间的关系，结果表明数字普惠金融发展水平的提高能够显著促进地区经济发展质量指数的提高。蒋长流、江成涛（2019）运用 2011～2016 年中国地级市面板数据对上述问题进行了检验，得到了一致的研究结论。

（5）技术创新与经济高质量发展。

技术创新是经济高质量发展的动力之源。上官绪明、葛斌华（2020）基于 2007～2016 年中国 278 个地级市的面板数据，采用空间杜宾模型考察了技术创新与经济发展质量之间的关系，结果显示技术创新水平的提高能够显著促进城市经济高质量发展水平的提升，且这种影响存在显著的正向空间溢出效应。刘思明等（2019）运用 2009～2016 年 40 个国家（地区）的面板数据，从技术创新和制度创新两个方面检验了创新与经济高质量发展之间的影响，结果显示技术创新能够显著提升国家经济高质量发展水平。陈晨、张广胜（2020）以中国创新型试点城市建设政策为切入点，运用双重差分模型考察了技术创新与经济高质量发展之间的关系，发现创新型试点城市建设政策能够显著提高城市的经济高质量发展水平，且这种影响效应具有时效性，在试点开展 6 年之后逐渐消失。

（6）对外开放与经济高质量发展。

对外开放是中国经济取得巨大成就的主要原因之一，也是新时代影响经济高质量发展水平的重要因素。已有研究主要从投资、对外贸易等方面探讨了对外开放与经济高质量发展之间的关系。投资方面，李娜娜、杨仁发（2019）基于 2004～2016 年中国省际面板数据，研究发现国际直接投资（Foreign Direct Investment，FDI）对经济发展质量的影响显著为正，且这种影响效应随着经济高质量发展指数的提高呈"V型"变动趋势。胡雪萍、许佩（2020）运用系统 GMM 模型，从 FDI 的盈利能力、管理水平、技术水平、出口能力和规模五个方面探究了 FDI 对经济发展质量的影响，结果显示 FDI 的盈利能力、管理水平、技术水平均能显著提高经济高质量发展水平，FDI 出口能力对经济发展质量的影响不显著，而 FDI 规模则会显著抑制经济高质量发展水平的提升。田素华等（2019）则综合考察了双向直接投资（即外商直接投资与对外直接投资）与经济发展质量之间的关系，估计结果表明两类投资的经济高质量发展效应均显著为正。对外贸易方面，陶爱萍、吴文韬（2020）基于 2008～2017 年中国省际面板数据，系统考察了不同类型进口对经济发展质量的影响，发现高技术产品进口、生活性服务进口以及生产性服务进口的增加能够显著提高地区经济发展质量，而货物进口总量对经济高质量发展水平的影响不显著。

（7）政府性、制度性因素与经济高质量发展。

在中国经济社会发展过程中，政府和制度的作用不容忽视，是影响经济高质量发展的重要因素。总体而言，现有文献主要从政府干预、政府效率、政府官员、地方政府竞争等方面进行了研究。王桂梅等（2019）运用空间计量模型考察了政府干预对经济发展质量的影响，结果显示，从全国层面看，政府干预水平对经济高质量发展指数的影响是正向的，但这一影响效应存在明显的地区异质性。杨志安、邱国庆（2019）运用系统 GMM 方法检验了财政分权与经济发展质量之间的关系，结果表明财政分权与经济高质量发展指数之间表现出显著而稳健的倒"U"型关系。朱光顺等（2020）运用双重差分模型考察了政府效率对经济发展质量的影响，研究发现行政审批改革有助于促进经济发展质量的提升。徐盈之、顾沛（2020）基于 2004～2016 年长江经济带 108 个城市的面板数据，探究了官员晋升激励对经济发展质量的影响，结果表明传统的经济绩效考核模式在一定程度上会加剧要素市场扭曲，进而抑制经济高质量发展水平的提升，而纳入对外开放等指标的"新型"绩效考核模式则有助于提升经济高质量发展水平。詹新宇、曾傅雯（2019）运用系统 GMM 模型，研究发现地方政府竞争的加剧会抑制经济高质量发展水平的提升，且这种抑制效应主要是通过恶化环境导致的。

以上从七个方面对经济高质量发展的影响因素进行了梳理。需要说明的是，在实际经济发展过程中，这些因素并非孤立存在，往往是相互影响、相互作用的。

二、对现有文献的评价

（一）现有研究的不足之处

目前国内关于经济高质量发展的研究总体而言较为丰富，发表了大量相关论著，并取得了丰富的研究成果，为进一步促进经济高质量发展相关研究、推动中国经济高质量发展具有重要的理论和现实意义。总的来说，在经济高质量发展研究方面，目前学术界已经确立起了研究的基本框架和思路，形成了较为完善的经济高质量发展理论体系。同时，在经济高质量发展的指导思想、理论内涵界定等方面达成了一系列重要共识，有助于更好地认识和把握经济高质量发展；在经济高质量发展的实证测度方面，研究对象多样、测度方法丰富，对准确衡量经济高质量发展状况具有重要的借鉴意义；在经济高质量发展的影响因素方面，学者们从不同角度、利用多种计量方法探究了不同因素对经济高质量发展的影响，有助于在实践中更加科学地制定相关的政策措施，切实有效地推动经济高质量发展。

然而，现有研究也存在着一些不足，需要进一步深入研究。

第一，关于经济高质量发展内涵和外延界定的研究相对不足。总体而言，目前学术界关于经济高质量发展的认识和解读存在两种偏差：一是简单地将经济高质量发展等同于经济效率、经济增长质量等，从而采用单一指标或者少数几个指标来刻画经济高质量发展，带有较大的主观随意性。二是把经济高质量发展当作一个"筐"，在界定经济高质量发展时，将所有可能影响经济发展的因素都往里装，甚至将什么是经济高质量发展与如何实现经济高质量发展混为一谈，都作为经济高质量发展的内涵，这将导致难以科学把握经济高质量发展的内涵

（田秋生，2018；逄锦聚等，2019）。例如，一些研究直接将经济高质量发展定义为体现新发展理念的发展，但是由于创新、协调、绿色、开放、共享五大发展理念本身就已经包含了非常丰富的内涵，因此这种解读往往导致经济高质量发展的真实内涵难以被清晰界定。此外，一些研究将"经济高质量发展"简单地等同于"经济增长质量"，是不够准确的。

第二，基础理论研究偏少，实证研究较多但总体相似度较高。总体而言，现有关于经济高质量发展的研究更加偏重实证方法，而忽略了基础理论方面的研究。例如，现有文献对于经济增长质量与经济高质量发展概念的比较研究，对于经济高质量发展的理论基础、现实动因、基本特征、面临的困难和挑战等的研究，以及对于经济高质量发展与经济增长数量之间的互动机制的研究等，相对缺乏。不仅如此，在实证研究方面，一些研究较为雷同，其更加注重研究形式，追求复杂的研究数据和计量方法，却忽略了对经济高质量发展实质内涵的研究和思考。

第三，缺乏对相关政策文件的系统梳理，导致理论研究往往难以指导经济高质量发展的实践。总体而言，现有关于经济高质量发展的研究同相关政策以及经济发展实践存在着一定的脱节。例如，习近平同志早在2017年底的中央经济工作会议中就明确指出，"必须加快形成推动高质量发展的指标体系、政策体系、标准体系、统计体系、绩效评价、政绩考核"，[①] 即明确了经济高质量发展的内涵是多维的，因此衡量也应该采用指标体系的方式，但至今仍然有一些文献采用单指标衡量的方式。同时，在地方政府实践中，中国目前至少已有10多个省份制定了符合自身发展特点和目标的经济高质量发展指标体系，有些省份还公布了详细的指标和综合指数测度方法，这对经济高质量发展的研究具有重要的借鉴意义[②]。然而，在现有的文献中，鲜有研究对地方政府的实践进行系统梳理，从而可能导致得出的研究结论缺乏实

---

① 习近平谈治国理政（第三卷）[M]. 北京：外文出版社，2020.

② 详细参见本书第三章第三节。

际运用价值，无法真正为促进经济高质量发展提供参考和借鉴。

（二）未来进一步研究的方向

针对上述不足，本书认为，未来关于经济高质量发展的研究应注重以下三点。

首先，注重对经济高质量发展内涵和外延的界定。内涵和外延界定是经济高质量发展研究的逻辑起点，如果不能形成对经济高质量发展的科学、准确的认识和把握，则可能导致研究如无本之木、无源之水，研究结论也无法禁得起理论和现实的检验。具体地，应该以马克思主义政治经济学和中国特色社会主义政治经济学为指导，深入学习研究习近平同志重要讲话、中央政府和地方政府相关政策文件精神，同时结合地方政府的经济发展实际以及现有文献的研究基础，尽可能准确、全面地理解经济高质量发展的科学内涵。

其次，正确处理理论研究和实证研究之间的关系，更加注重经济高质量发展的理论研究。科学要以理服人，相比于实证研究，理论研究是根本的、本质的、更加重要的，缺乏理论基础的实证研究往往很难令人信服。这就需要在未来的研究中，如对于经济增长质量与经济高质量发展概念的比较研究，对于经济高质量发展的理论基础、现实动因、基本特征、面临的困难和挑战等的研究，对于经济高质量发展与经济增长数量之间的互动机制的研究等重大理论问题，进行进一步深入研究。此处需要说明的是，注重理论研究并不是不需要实证研究，事实上，实证研究能够为检验理论的正确与否提供客观的经验证据。在一些情况下，精确的、逻辑缜密的计量分析也能够对现有的理论进行补充，从而丰富现有理论。换句话说，未来研究应尽可能改变目前"重实证轻理论"的研究现状，但也应该避免走"唯理论研究"倾向的极端。

最后，注重理论联系实际，努力使研究能够更好地服务于经济高质量发展的实践。未来的研究在条件允许的情况下，应积极采取实地调研、访谈等多种研究方式，以便能够更为准确地了解地区实际经济发展的优势与特色、缺陷与不足、困难与挑战，从而使研究更加贴近经济发展实际，提出更加有针对性的推动经济高质量发展的政策建议。

第三节　研究思路、研究内容与研究方法

一、研究思路与研究内容

本书遵循"问题提出→理论分析→实证分析→进一步分析→政策引申→研究结论"的研究思路。首先，在系统梳理已有相关文献的基础上，分析了中国推动经济高质量发展的现实动因，并结合习近平同志关于经济高质量发展的相关论述以及现有文献的研究基础对经济高质量发展的内涵和外延进行了界定。其次，在此基础上构建了经济高质量发展指标体系，进而采用现代综合评价方法对中国经济高质量发展指数进行了测度和分析。最后，提出实现经济高质量发展的基本路径和政策建议。图1-1描绘了本书研究的技术路线。

具体而言，全书共八章，各章内容简要介绍如下：

第一章是绪论。主要对本书的选题背景、研究意义、相关文献综述、研究思路、研究方法、研究的创新点和难点等进行了介绍。

第二章是经济高质量发展的理论基础与现实动因。这部分归纳了经济高质量发展的理论基础，并从解决新时代社会主要矛盾以及高速增长存在缺陷、难以为继两个方面总结了经济高质量发展的动因。

第三章是经济高质量发展的理论阐释。这部分从五个方面对近年来习近平同志阐释经济高质量发展的相关资料进行了梳理和归纳，进而从经济高质量发展的基本概念出发，将经济高质量发展界定为"四高一好"的发展，即产品和服务质量高、经济效益高、社会效益高、生态效益高以及经济运行状态好的发展。在此基础上，本书构建了中国经济高质量发展指标体系，并对指标体系的维度构成、指标含义等进行了详细介绍。

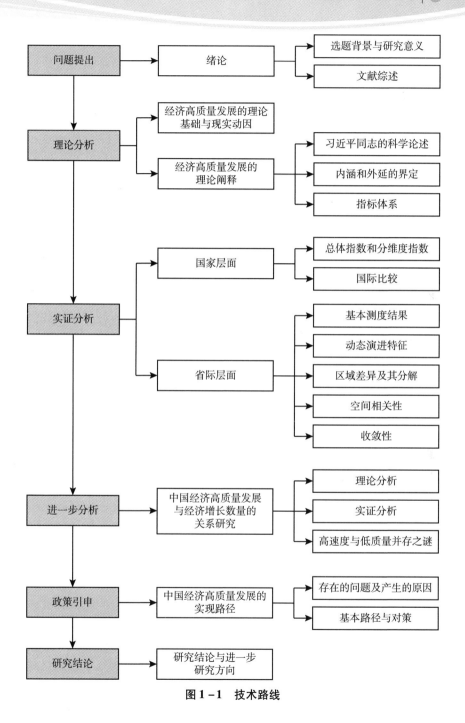

图 1 – 1 技术路线

第四章是中国经济高质量发展的实证分析。首先，对经济高质量发展的测度方法进行了详细介绍；其次，对中国层面经济高质量发展总体指数及其分维度指数的变化趋势进行了分析；最后，在此基础上进一步通过横向的国际比较，对中国同世界典型国家的经济高质量发展水平进行了对比，以期找到中国经济发展过程中的短板和不足。

第五章是中国经济高质量发展的省际比较与分析。首先对中国省际经济高质量发展总体指数及其分维度指数的测度结果进行了分析，其次对中国经济高质量发展指数的动态演进、区域差异、空间特征、收敛性等特征进行了系统分析，最后从两个方面对本书的测度结果进行了稳健性检验，结果显示本书的测度结果是稳健可信的。

第六章是中国经济高质量发展与经济增长数量的关系研究。本部分从"经济总量"和"增长速度"两个角度刻画经济增长数量，分别从理论和实证两个方面分析和论证了经济高质量发展与经济增长数量之间的关系，然后从地方政府目标约束的视角为中国经济发展"高速度"与"低质量"并存之谜提供了一个解释。

第七章是中国经济高质量发展的实现路径。基于前面的理论和实证分析结果，总结了中国经济高质量发展面临的问题及问题产生的原因，进而提出了中国实现经济高质量发展的基本路径。

第八章是研究结论与进一步研究方向。对全书的研究结论进行了总结，指出了本书研究存在的局限，并展望了进一步的研究方向。

二、研究方法

在本书的研究中，主要采用了文献分析法、理论研究与实证分析相结合的方法以及比较分析法等研究方法。

（一）文献分析法

文献分析是本书研究的起点，为本书全面、深入、系统地研究中国经济高质量发展问题奠定了基础。在实际研究过程中，笔者不仅详细阅读了国内外有关经济增长质量和经济高质量发展研究的相关论文、专著等，还学习了习近平同志有关经济高质量发展的科学论述，研究了近年来国家层面和各省份地方政府的《政府工作报告》，梳理了近年来各地方政府在推动辖区经济高质量发展方面所采取的相应政策措施等。本书的研究是在对上述一系列文献资料整理、分析的基础上开展的，由于文献资料来源的多样性，很大程度上能够避免研究的片面性。

（二）理论研究与实证分析相结合的方法

在实际研究过程中，本书采用的最为核心且最重要的研究方法就是理论研究与实证分析相结合的方法。理论研究是后续实证研究设计是否科学合理、结论是否准确可靠的前提和基础；反过来，以定量分析为主的实证研究又能为理论研究提供经验证据，有助于更好地完善理论部分。

在理论研究上，本书在已有各类文献的基础上，归纳总结了经济高质量发展的历史逻辑、理论逻辑和实践逻辑，进而界定了经济高质量发展的内涵和外延，在此基础上，进一步构建了经济高质量发展指标体系。此外，在后续探讨经济高质量发展与经济增长数量关系的研究中，本书首先基于理论研究的方式论证了二者间的关系。

在实证研究上，本书运用现代综合评价方法测度了中国 2002～2018 年 30 个省份的经济高质量发展指数，并在此基础上分别对全国和省际层面经济高质量发展总体指数和分维度指数进行了分析，进而采用核密度曲线、时空分异图、马尔科夫转移概率矩阵、最大序差等方法对中国经济高质量发展指数的动态演进特征进行了研究；采用泰尔指数分解法对中国经济高质量发展指数的区域差异进行了考察，采用莫兰指数和莫兰散点图对中国经济高质量发展指数的空间特征进行了分析，采用 σ 收敛模型、传统 β 收敛模型、空间 β 收敛模型对中国经济高质量发展指数的收敛性进行了检验。此外，在后续探讨经济高质量发展与经济增长数量关系的研究中，本书采用实证研究的方法，对二者间的关系进行了检验，并从地方政府目标约束的视角分析论证了中国经济发展"高速度"与"低质量"并存之谜。

（三）比较分析法

比较分析法是贯穿全书的研究方法。例如，在对于经济高质量发展的界定上，首先需要比较经济增长与经济发展、经济增长质量与经济高质量发展两组概念的异同，只有这样才能更好、更准确地把握经济高质量发展的内涵和外延。在经济高质量发展指数的分析中，本书分别采用了纵向比较和横向比较的研究方法，其中，纵向比较主要是不同时期中国经济高质量发展指数变动趋势的比较，横向比较主要是省际间经济高质量发展指数的比较以及国际相关指标的比较。

第四节　本书可能的创新之处

本书在系统梳理已有文献的基础上，从理论和实证两个方面对中国经济高质量发展问题进行研究，针对现有研究的不足，试图在以下几个方面有所拓展和创新：

第一，提出了经济高质量发展应该是"四高一好"的发展，尽可能全面准确地解读经济高质量发展的内涵、外延和特征。自从 2017 年党的十九大报告首次明确提出"我国经济已由高速增长阶段转向高质量发展阶段"以来，经济高质量发展逐渐成为中国经济学研究的热点问题，涌现了大量相关论著，关于经济高质量发展的内涵、外延和特征，学者们达成了一些重要共识，但是对于经济高质量发展的理解和界定目前依然是众说纷纭，不仅界定的角度不同，而且对内涵和外延的具体内容的理解和概括也不一致，一些研究将发展状况与发展方式混淆起来或者等同起来，把以人民为中心、改革开放的质量、深化供给侧结构性改革、创新、高质量政府等也看成经济高质量发展的内涵，存在不完整、不准确的不足，这种情况不利于正确理解、衡量和把握经济高质量发展，也就难以合理有效推进经济高质量发展。本书力图弥补这个不足，提出经济高质量发展应该是"四高一好"的发展，即产品和服务质量高、经济效益高、社会效益高、生态效益高、经济运行状态好的发展，对经济高质量发展的理解可能更为全面准确。

第二，构建了可能更为科学合理的衡量经济高质量发展的指标体系。现有研究根据各自对经济高质量发展的不同认识而提出的衡量经济高质量发展的指标体系和测度方法很不相同，也存在不完整、不准确的缺陷，造成这种缺陷的主要原因在于对经济高质量发展内涵、外延和特征的理解存在不足。例如，从本书搜集的资料看，截至 2021 年 5 月底，至少已有 10 多个省份的地方政府构建了符合辖区发展特色的经济高质量发展指标体系，这些指标体系所包含的指标数量都在 20 个以上，平均值达到 45 个左右，但目前依然有大量文献采用单一指标或者几个指标对经济高质量发展状况进行刻画，由此测度的经济高质量发展水平存在片面性，得出的研究结论也很难与地方经济发展实际以及地方政府的发展目标相一致，从而难以为实践提供科学的指导。本书根据经济高质量发展应该是"四高一好"发展的新的理解，系统梳理了各地方政府构建的经济高质量发展指标体系，并借鉴《中共中央国务院关于推动高质量发展的意见》等文件精神，提出了新的指标体系，由此测度的经济高质量发展水平可能更加符合中国经济发展的实际。

第三，对中国经济高质量发展的实际状况进行了系统全面的实证分析。本书立足于"四高一好"的经济高质量发展理论框架，运用新构建的衡量经济高质量发展的指标体系，测度了中国 2002～2018 年 30 个省份的经济高质量发展指数，分析了全国层面和省际层面的经济高质量发展指数的变化趋势，更为全面、系统、深入地考察了中国经济高质量发展指数的动态演进、区域差异、空间特征、收敛性等基本特征。通过计量分析的方法，研究了中国当前经济高质量发展面临的困难和问题，并就此提出具有针对性的政策建议。

第四，对经济高质量发展与经济增长数量的关系做了进一步研究。数量与质量是经济发展同一问题的两面，已有文献往往只是针对其中的一个方面进行研究，鲜有研究将二者统一在一个框架内，对二者间的关系进行深入探讨。为弥补上述不足，本书将经济高质量发展与经济增长数量纳入一个统一的分析框架中，分别从理论和实证两个方面深入考察了二者间的关系，并从地方政府目标约束的视角为中国经济发展"高速度"与"低质量"并存之谜提供了一个解释。这不仅从理论上丰富了经济高质量发展的相关研究，而且有助于在未来的经济发展过程中，为地方政府正确处理经济高质量发展与经济增长数量之间的关系、合理制定经济政策提供参考依据。

经济高质量发展的理论基础与现实动因

第一节　经济高质量发展的理论基础

经济高质量发展是习近平新时代中国特色社会主义经济思想的重要组成部分，是中国特色社会主义政治经济学理论的重要创新成果之一，这一理论不是凭空产生的，而是在马克思主义政治经济学的指导下提出的，并同时参考、借鉴了西方经济学和发展经济学的相关理论。

一、马克思主义政治经济学的相关理论

马克思、恩格斯所创立的马克思主义政治经济学虽然没有直接提出"经济高质量发展"的概念，但马克思主义政治经济学理论所关注的诸多要点都与中国推动经济高质量发展紧密相关。

第一，马克思主义政治经济学采用辩证唯物主义和历史唯物主义研究经济问题，强调发展阶段的转变，认为经济发展是一个生产力与生产关系相互作用、相互统一的动态的、历史的过程，为中国经济由高速增长阶段转向高质量发展阶段提供了理论依据。马克思主义政治经济学认为，社会经济形态演进的基本规律是从低级向高级不断发展，正如马克思在《资本论》中所指出的，"新的生产力和生产关系不是从无中发展起来的，也不是从空中，也不是从自己产生自己的那种观念的母胎中发展起来的……而它向总体的发展过程就在于：使社会的一

切要素从属于自己，或者把自己还缺乏的器官从社会中创造出来。有机体制在历史上就是这样向总体发展的"①。推动经济高质量发展的进程实质上就是促使社会经济形态由低级转向高级的历史进程，是生产方式变革、生产力不断提高、生产关系不断调整的动态变化过程（周文、李思思，2019）。

第二，马克思主义政治经济学广泛涉及了有关"质量"的探讨，为准确理解和界定经济高质量发展提供了理论依据和参考借鉴。从微观层面看，马克思主义政治经济学不仅关注商品数量的多少，而且强调商品质量的高低。商品二因素理论认为，商品是用来交换的劳动产品，具有使用价值和价值两种属性，是使用价值和价值的统一体。关于使用价值或者说物的有用性，马克思在《资本论》中指出，"作为使用价值，商品首先有质的差别"②。也就是说，商品的使用价值，实际上是从"质"的角度对商品进行了规定，是一个具有质的差异性的概念（李淑、李松龄，2019），即质量可以被解读为商品能够满足实际需要的使用价值特性（金碚，2018）。

从中观层面看，马克思主义政治经济学强调经济的动态平衡，社会再生产理论深刻揭示了社会再生产的规律和经济持续增长的实现条件。根据生产规模是否扩大，社会再生产可划分为简单再生产和扩大再生产，前者指的是维持原有规模基础的再生产，后者指的是生产在扩大的规模上进行的再生产。马克思在《资本论》中科学论证了社会再生产的实现条件，即无论哪一类生产，其顺利实现的前提条件均在于两大部类所生产的产品必须保持一定的比例关系、生产活动必须相互适应和平衡，需要同时满足总量平衡和结构平衡。

从宏观层面看，马克思主义政治经济学认为，生产力具有质量特质，其大小取决于生产效率的高低（钞小静、薛志欣，2018），而生产效率在很大程度上由生产过程中投入要素的质量所决定。在劳动二重性理论中，马克思强调，"如果物没有用，那么其中包含的劳动也就没

---

① 马克思恩格斯全集（第46卷上）［M］. 北京：人民出版社，2003：235.

② ［德］卡尔·马克思. 资本论（第1卷）［M］. 北京：人民出版社，1975：50.

有用，不能算作劳动"①，事实上隐含了劳动质量的思想，即经济学意义上的劳动应该是有效的、能够创造使用价值的高质量的劳动，无效劳动、重复劳动等低质量劳动则不应被包含在其中。同时，马克思主义政治经济学中的经济增长方式理论和剩余价值理论都强调了经济效率（劳动生产率、要素效率）的重要性，这正是经济高质量发展的题中应有之义。具体而言，马克思主义政治经济学将扩大再生产划分为外延型和内涵型两种方式，内涵型扩大再生产指的是，"如果生产资料效率提高了，就是在内涵上扩大"②。在级差地租的分析中，马克思探讨了粗放耕作和集约耕作两种方式，同样蕴含了集约增长的思想。对于集约型耕作方式，马克思强调，"在经济学上，所谓耕作集约化，无非是指资本集中在同一土地上，而不是分散在若干毗连的土地上"③。在剩余价值理论中，马克思将剩余价值划分为绝对剩余价值和剩余价值两种类型，其中，劳动生产率的提高是相对剩余价值生产的前提条件，因此相对剩余价值在一定程度上带有集约型增长方式的性质（颜鹏飞、李酣，2014）。

　　第三，马克思主义政治经济学强调经济发展的最终目标是实现人的全面自由发展，为经济高质量发展阶段坚持以人民为中心的经济发展思想奠定了坚实的理论基础。关于经济发展的价值取向和最终目标，马克思、恩格斯强调以人的发展为宗旨，指出"生产将以所有人的富裕为目的"④"所有人共同享受大家创造出来的福利"⑤。在《资本论》中，马克思指出，共产主义社会是"以每个人的全面而自由的发展为基本原则的社会形式"⑥。习近平同志提出的以人民为中心的经济发展思想高度契合了上述思想。从根本上讲，经济高质量发展是人的发展，"以人民为中心"是经济高质量发展的核心特征（张平等，2019）。推

---

① ［德］卡尔·马克思. 资本论（第1卷）［M］. 北京：人民出版社，1975：54.

② 马克思恩格斯全集（第6卷）［M］. 北京：人民出版社，2009：192.

③ 马克思恩格斯全集（第7卷）［M］. 北京：人民出版社，2009：760.

④ 马克思恩格斯全集（第46卷下）［M］. 北京：人民出版社，1980：222.

⑤ 马克思恩格斯全集（第1卷）［M］. 北京：人民出版社，2009：689.

⑥ 马克思恩格斯全集（第1卷）［M］. 北京：人民出版社，1972：649.

动经济高质量发展，归根结底是为了解决经济发展过程中不平衡、不充分的问题，满足人民日益增长的美好生活需要，其根本目的在于实现人民对经济发展成果的共享，这充分体现了马克思主义政治经济学的根本立场和基本原则。

二、中国特色社会主义政治经济学的相关理论

中国特色社会主义政治经济学是马克思主义政治经济学与中国特色社会主义实践的结晶，为中国改革开放和经济发展提供了根本性指导，是经济高质量发展理论的重要理论基础。

邓小平在经济发展上坚持实事求是的原则，明确提出"三步走"战略。从温饱型走向小康型，并进一步走向比较富裕型，这种"台阶式"的经济发展思想，不仅包含了量变的过程，也包含了质变的过程，是经济增长数量与质量的有机统一。关于经济增长质量、效益和速度之间的辩证关系，邓小平指出，"一定首先抓好管理和质量，讲究经济效益和总的社会效益，这样的速度才过得硬"[1] "重视提高经济效益，不要片面追求产值、产量的经济增长"[2] "以后要求的速度，数字是扎扎实实的，没有水分的，产品是讲质量的，真正能体现我们生产的发展"[3]。关于经济发展的根本目标，邓小平强调，"走社会主义道路，就是要逐步实现共同富裕"[4] "社会主义的本质，是解放生产力，发展生产力，消灭剥削，消除两极分化，最终达到共同富裕"[5]，这与经济高质量发展思想的根本目标是内在一致的。关于如何发展，邓小平高度重视科技、教育、人才、开放等的作用，提出了"科学技术是第一生产力"著名论断，指出"经济发展得快一点，必须依靠科技和教育"[6] "社会生产力有这样巨大的发展，劳动生产率有这样大幅度的提高，靠

---

① 邓小平文选（第 3 卷）[M]. 北京：人民出版社，1993：143.

② 邓小平文选（第 3 卷）[M]. 北京：人民出版社，1993：22.

③ 邓小平文选（第 3 卷）[M]. 北京：人民出版社，1993：197 – 198.

④⑤ 邓小平文选（第 3 卷）[M]. 北京：人民出版社，1993：373.

⑥ 邓小平文选（第 3 卷）[M]. 北京：人民出版社，1993：377.

的是什么？最主要的是靠科学的力量，技术的力量"①"我们国家，国力强弱、经济发展后劲的大小，越来越取决于劳动者的素质，取决于知识分子的数量和质量"②"总结历史经验，中国长期停滞和落后状态的一个重要原因是闭关自守。经验证明，关起门来搞建设是不能成功的，中国的发展离不开世界"③。此外，邓小平首次提出了社会主义市场经济理论，他强调，"社会主义和市场经济之间不存在根本矛盾。问题是用什么方法才能更有力地发展生产力"④"多年传统的经验表明，要发展生产力，靠过去的经济体制不能解决问题，所以我们要吸收资本主义中一些有用的方法，来发展生产力"⑤ 这为社会主义市场经济体制的建立和完善提供了重要的理论指导。

江泽民在领导中国经济社会发展的实践中，从社会主义初级阶段的基本国情出发，提出了"强国"的经济发展战略。江泽民高度重视经济发展质量，指出"国民经济要保持持续、快速、健康发展，健康这两个字很重要……健康是持续、快速的保证"⑥。在经济发展目标方面，江泽民提出"三个代表"重要思想，将人民的根本利益作为根本出发点和落脚点，指出"中国共产党要始终代表中国最广大人民的根本利益"⑦。在经济体制方面，江泽民高度重视市场机制在经济发展中的重要作用，明确强调"要在更大程度上发挥市场在配置资源中的基础性作用"⑧。在经济发展方式方面，江泽民提出"转变经济增长方式"的战略任务，要求经济增长由粗放型转向集约型，实现国民经济的又好又快发展⑨。在对外经济关系方面，江泽民提出了对外开放"双

① 邓小平文选（第 3 卷）［M］. 北京：人民出版社，1993：377.

② 邓小平文选（第 3 卷）［M］. 北京：人民出版社，1993：143.

③ 邓小平文选（第 3 卷）［M］. 北京：人民出版社，1993：22.

④ 邓小平文选（第 3 卷）［M］. 北京：人民出版社，1993：197 – 198.

⑤ 邓小平文选（第 3 卷）［M］. 北京：人民出版社，1993：149.

⑥ 江泽民. 论社会主义市场经济［M］. 北京：中央文献出版社，2006：203.

⑦ 江泽民. 论"三个代表"［M］. 北京：中央文献出版社，2001：174.

⑧ 全面建设小康社会 开创中国特色社会主义事业新局面［N］. 人民日报，2002 – 11 – 18.

⑨ 中共中央文献研究室科研管理部. 中国共产党 90 年研究文集（下）［M］. 北京：中央文献出版社，2011：1743.

轮驱动"的发展思想，指出"引进来和走出去是对外开放的两个轮子，必须同时转动起来"①。在科技创新方面，江泽民高度重视信息化和科学技术的重要作用，实施科教兴国战略，指出"把经济建设转到依靠科技进步和提高劳动者素质的轨道上来，加速实现国家繁荣强盛"②。在区域发展方面，实施西部大开发战略，鼓励、支持和促进西部落后地区的经济发展。在城乡关系方面，江泽民强调，"要在发展经济的基础上，逐步增加城乡居民收入。同时要把调节个人收入分配、防止两极分化，作为全局性的大事来抓"③。在可持续发展方面，江泽民提出了可持续发展的战略思想，强调"要把控制人口、节约资源、保护环境放到重要位置，使人口增长与社会生产力发展相适应，使经济建设与资源、环境相协调，实现良性循环"④。

胡锦涛根据新的发展要求，在深刻总结、吸收国内外经济发展实践和已有的相关理论成果的基础上，提出了科学发展观。在新世纪、新形势的背景下，中国共产党对经济发展的目标、方式、战略等重大问题有了更加深刻的认识和理解。科学发展观所强调的发展，不是狭义的经济增长、国民生产总值的增加，而是以人为本的，全面、协调、可持续的发展，更加注重经济发展的"质"的方面。落实科学发展观的本质要求是实现国民经济从"又快又好"增长转向"又好又快"发展，其中，"好"字当先强调的就是在经济发展过程中，要优先注重经济发展质量。在经济发展目标上，胡锦涛进一步突出了"以人为本"的核心，在党的十七大报告中指出，"要始终把实现好、维护好、发展好最广大人民的根本利益作为党和国家一切工作的出发点和落脚点"⑤。在经济发展方式上，胡锦涛将"经济增长方式"的提法改为"经济发展方式"，凸显了经济工作目标是追求"发展"而非"增长"，强调要

① 江泽民文选（第3卷）[M]. 北京：人民出版社，2006：457.
② 江泽民文选（第1卷）[M]. 北京：人民出版社，2006：462.
③ 江泽民文选（第1卷）[M]. 北京：人民出版社，2006：470.
④ 江泽民文选（第1卷）[M]. 北京：人民出版社，2006：463.
⑤ 高举中国特色社会主义伟大旗帜　为夺取全面建设小康社会新胜利而奋斗 [N]. 人民日报，2007 – 10 – 15.

"加快转变经济发展方式"①，要摒弃过去主要依靠物质资源消耗的经济增长方式，逐步转向主要由产业结构优化、技术进步、科技创新、劳动者素质提高等驱动的全新发展方式。在经济发展战略上，胡锦涛提出了建设创新型国家的发展战略，将其作为"国家发展战略的核心"和"提高综合国力的关键"（李高东，2013）。在区域发展方面，胡锦涛坚持区域协调发展战略，提出了继续推进西部大开发、振兴东北地区等老工业基地、促进中部地区崛起、鼓励东部地区率先发展新的区域发展战略布局。

习近平在形势更为严峻复杂的新的历史背景下，对中国特色社会主义新阶段的发展理念、战略、目标、动力、政策取向等一系列重大问题进行了深刻的论述，形成了系统全面的经济发展思想，为经济高质量发展理论的提出奠定了基础。在党的十八届五中全会上，习近平首次提出创新、协调、绿色、开放、共享的新发展理念，相比于之前的发展观更加全面、系统、科学、合理，进一步丰富和发展了科学发展观，是中国新阶段经济工作的根本行动纲领和科学指南（简新华，2017）。在经济发展过程中，习近平同志始终将经济发展质量置于一切经济工作的首位，将经济发展"好不好"、质量"高不高"作为判断经济发展成效乃至成败的根本标准。总的来说，习近平有关以人民为中心的论述，有关"两个一百年奋斗目标""中国梦"等发展目标的论述，有关经济发展新常态、社会主要矛盾转变等发展阶段的论述，有关深化供给侧结构性改革、实施创新驱动发展战略、转变发展方式、优化经济结构、转换增长动力、推动经济发展质量变革、效率变革、动力变革等发展动力的论述等，无不体现了"质量第一、效益优先"的核心思想。如今，在新的发展阶段，中国经济发展必须以新发展理念为指导，加快构建新发展格局，助推中国经济高质量发展迈向新的台阶。

---

① 胡锦涛文选（第2卷）[M]. 北京：人民出版社，2016：630.

需要特别说明的是，西方经济学和发展经济学，虽然没有明确提出经济高质量发展的概念，更没有形成系统的经济高质量发展的科学理论，其相关理论也不是指导中国经济发展的根本理论，但中国在改革开放和经济发展过程中的确借鉴、吸收了很多西方经济学和发展经济学中有用的理论和方法（简新华，2018），其对经济高质量发展理论的形成和完善也具有参考价值。

西方经济学家提出的内生增长理论、人力资本理论、"创造性破坏"理论、市场经济理论、宏观经济管理理论、现代企业理论、国际贸易和投资理论等，对改革开放以来中国经济发展实践起到了参考的作用，在当前经济高质量发展阶段仍然具有借鉴价值；同时，西方经济学提出的衡量宏观经济状况的指标体系、全要素生产率、绿色全要素生产率等概念和指标，在目前关于经济高质量发展的中央文献和学者的论著中都被运用，是解读和衡量经济高质量发展的重要指标。

发展经济学从其产生开始就包含经济发展质量的思想（谭崇台，2014），其中有关增长不等于发展的观点、人类发展指数、全面发展观、人资环协调的可持续发展理论、绿色发展理念、循环经济和低碳经济理论、内外向经济发展战略、反贫困理论、人口转型与人口质量的理论、资本积累的理论、技术进步的理论、对外贸易的理论等，均在不同程度上体现了经济发展质量的要求，也是经济高质量发展理论的重要参考理论来源。

第二节　经济高质量发展的现实动因

改革开放以来中国经济实现了世界上罕见的高速增长，新时代新阶段中国经济发展的主要任务不再是增长速度而是发展质量。为了明确为什么要推动经济高质量发展，本书首先回顾高速增长的动因和利弊。

一、高速增长的动因和利弊

（一）高速增长的动因

改革开放开始时，中国社会的主要矛盾是人民日益增长的物质文化需要同落后的社会生产之间的矛盾，发展面临的主要任务是要解决几亿人的温饱问题，即"有没有"的问题，当时还没有条件和可能考虑"好不好"，迫在眉睫、刻不容缓的是要大力发展生产力，想方设法增加工农业生产，尽快把"蛋糕"做大，改变缺衣少食、连火柴肥皂都要凭票供应的短缺经济状况，所以首要的任务是实现高速增长。

1978 年，中国的 GDP 总量是美国 GDP 总量的 6.4%，仅占世界 GDP 总量的 1.8%；中国的人均 GDP 只有 156 美元，在当时 200 多个国家（地区）中排名倒数，是 1978 年美国人均 GDP 的 1.5%，是当年世界平均 GDP 的 7.8%，显然是当时世界上典型的低收入国家[①]。中国当时有 82.1% 的人口生活在农村，根据 1978 年中国政府确定的贫困标准（每人每年 100 元的收入）统计，当年中国不足温饱的贫困人口为 2.5 亿人，贫困发生率为 30.7%，如果用现行农村贫困标准每人每年 2300 元（2010 年不变价）的收入统计，1978 年中国的贫困人口超过了 7.7 亿人，贫困发生率达到了惊人的 97.5%[②]。与此同时，在改革开放之初，中国总体上面临着生产力发展水平低、人民温饱问题没有解决、科技教育落后、社会保障水平低等问题。要解决这些问题，首先就是要通过改革开放，解放和发展社会生产力，改善人民生活。

（二）高速增长的利弊

1. 高速增长的巨大成就

1978～2019 年，中国经济社会发展取得了举世瞩目的成就，实现了 42 年 GDP 年均增长率 9.4% 的高速增长水平，是同期世界 GDP 年均

---

① 资料来源：世界银行数据库。
② 资料来源：《中国统计年鉴 2020》。

增长率2.9%的3.2倍（见图2-1）①，无论是经济高速增长的持续时间，还是GDP年均增长率，都领先于其他经济体的高速增长时期，创造了人类发展史上伟大的"经济奇迹"。

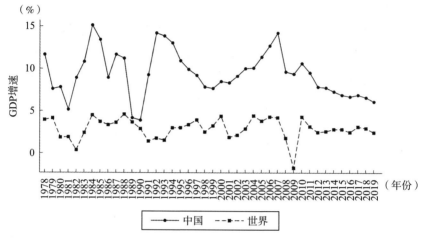

图2-1　1978～2019年中国和世界GDP增速

资料来源：世界银行数据库。

纵观人类社会发展的历史，二战后的联邦德国、20世纪50年代末到1973年间的日本以及20世纪60年代到90年代初的"亚洲四小龙"等国家和地区都发生过"经济奇迹"，回顾和比较这些国家和地区的"经济奇迹"，将有助于更好地认识中国的高速增长。

第二次世界大战后的德国，政治上国家一分为二，经济上千疮百孔。但是在美国的支持下，联邦德国采取了一系列刺激经济复苏和发展的政策，于20世纪50年代创造了联邦德国的"经济奇迹"。从1948年下半年开始，联邦德国经济迅速恢复，到1950年就超过了1936年的经济水平，1951～1960年，联邦德国的GDP年均增长率为8.3%②，1960年，联邦德国也因此超越英、法两国，成为资本主义世界第二大

---

① 资料来源：世界银行数据库。
② 资料来源：Wind数据库。

经济强国。这一阶段，联邦德国 GDP 增长率最高的年份为 1955 年，达
到 12.1%，最低的年份为 1958 年，仅 4.5%（见图 2-2）。

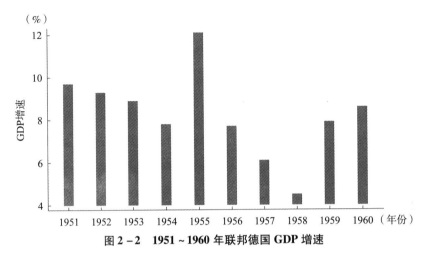

图 2-2　1951～1960 年联邦德国 GDP 增速

资料来源：Wind 数据库。

　　但 1960 年之后，联邦德国经济增长开始放缓，1961～1970 年联邦
德国的 GDP 年均增长率降低至 4.5%，其中 1967 年 GDP 出现首次负增
长（-0.3%）[1]，1968 年被日本超越，退居资本主义世界第三强国，
高速增长没有持续。

　　20 世纪 50 年代末至 1973 年，日本经济迅速崛起。第二次世界大
战后的日本经历了极大的经济衰退与恶性通货膨胀，陷入了极度的危
机状态。1946 年，日本的生产水平仅为 1934～1936 年平均水平的
31%，甚至衰退至战时最高生产水平 1944 年的 20%。随后，依靠解散
财阀、土地改革、将义务教育从 6 年延长至 9 年的教育改革等一系列
措施，以及 1950 年朝鲜战争"特需增大"的客观原因，日本经济开始
逐渐恢复。1955～1973 年日本 GDP 年均增长率高达 9.4%，其中，
1966～1969 年日本连续 4 年的 GDP 增速超过 10%（见图 2-3）[2]，成

---

① 资料来源：Wind 数据库。
② 资料来源：世界银行数据库。

为世界上发展最快的国家，被视为"日本奇迹"。

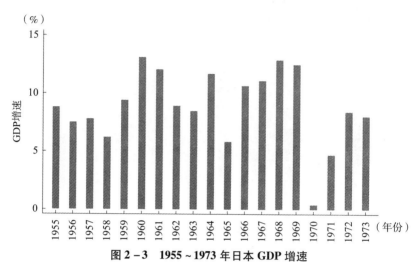

图 2 - 3　1955 ~ 1973 年日本 GDP 增速

资料来源：世界银行数据库。

　　1973 年以后，由于两次石油危机的爆发，日本经济增速开始放缓，1974 年出现负增长（－1.2%）；1974 ~ 1985 年 GDP 年均增长率为 3.7%，经济增长从高速转向中低速；1986 ~ 1991 年是日本泡沫经济由膨胀到破灭的时期，年均增长率为 4.7%；1992 ~ 2011 年随着经济泡沫的破灭，经济平均增速仅为 0.8%；2012 ~ 2019 年经济平均增速略有提升，为 1.1%[①]。

　　"亚洲四小龙"指的是 20 世纪 60 年代开始实现经济快速增长的中国香港、中国台湾、新加坡和韩国。这四个经济体抓住了世界产业转移的机遇，实施出口导向战略，大力发展劳动密集型产业，在很短的时间内实现了经济腾飞，一跃成为除日本以外亚洲最发达的经济体。1961 ~ 1991 年，中国香港、中国台湾、新加坡和韩国的 GDP 年均增长率分别高达 8.1%、9.1%、8.7% 和 9.6%，属于典型的高速增长（见图 2 - 4）。

---

　　① 资料来源：世界银行数据库。

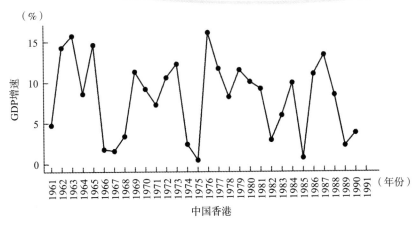

中国香港

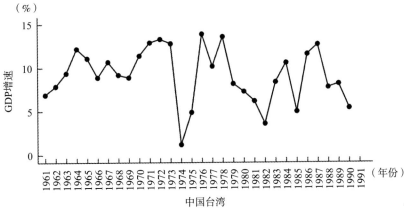

中国台湾

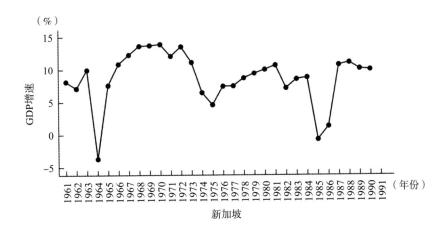

新加坡

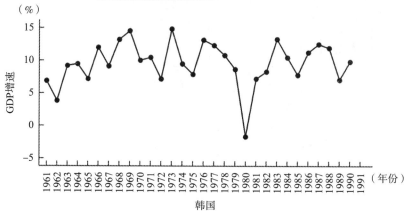

图 2-4　1961~1991 年"亚洲四小龙"GDP 增速

资料来源：世界银行数据库、《中国统计年鉴》。

"经济奇迹"之后的 10 年（1992~2001 年），"亚洲四小龙"的 GDP 年均增长率保持在 3.5%~6.5%（中国香港为 3.5%、中国台湾为 5.5%、新加坡为 6.4%、韩国为 6.4%），经济高速增长不再；2011~2019 年，"亚洲四小龙"的 GDP 增长率进一步降低至 2.5%~3.5% 的水平（中国香港为 2.5%、中国台湾为 3.1%、新加坡为 3.5%、韩国为 2.9%），经济增长转向中低速[①]。

对比中国与上述国家和地区的"经济奇迹"，从持续时间看，联邦德国高速增长仅持续 10 余年、日本高速增长持续近 20 年、"亚洲四小龙"高速增长持续 30 余年，但均无法同中国 42 年持续高速增长的时间相比较。从"经济奇迹"期间的 GDP 年均增长率看，中国 1978~2019 年 GDP 年均增长率为 9.4%，高于联邦德国、中国香港、中国台湾和新加坡，与日本的水平相当，略低于韩国。但考虑到 2012 年中国 GDP 增速出现自 1999 年以来的首次"破 8"，中国经济开始进入"结构性减速"和"新常态"阶段，如果将中国"经济奇迹"时期划定为 1978~2011 年，则无论从持续时间还是 GDP 增速看，中国均毫无争议地领先于其他国家和地区（见表 2-1）。此外，从世界经济发展史看，

---

①　资料来源：世界银行数据库、《中国统计年鉴》。

一个国家连续 5 年 GDP 增速超过 10% 的记录可能只有 3 次，其中，后 2 次均发生在中国（李凌，2018）。因此，相比联邦德国、日本和"亚洲四小龙"的"经济奇迹"，中国自 1978 年改革开放以来的经济持续高速增长创造了人类经济发展史上更大的奇迹，是更惊人、更伟大的"经济奇迹"。

表 2 - 1   "经济奇迹"对比

国家或地区		时期	持续时间（年）	GDP 年均增长率（%）
联邦德国		1951～1960 年	10	8.3
日本		1955～1973 年	19	9.4
"亚洲四小龙"	中国香港	1961～1991 年	31	8.1
	中国台湾	1961～1991 年	31	9.1
	新加坡	1961～1991 年	31	8.7
	韩国	1961～1991 年	31	9.6
中国		1978～2019 年	42	9.4
		其中：1978～2011 年	34	10.0

资料来源：Wind 数据库、世界银行数据库、《中国统计年鉴》。

除了长时间保持经济高速增长，中国在经济社会发展的其他许多重要领域也取得了突出成就。2019 年中国的 GDP 总量排名世界第 2，达到了美国 GDP 总量的 67.1%，占世界 GDP 总量的 16.4%，是世界第二大经济体[①]。2013～2019 年，中国对世界经济增长年均贡献率接近 30%，稳居世界第一[②]。中国人均国民收入（Gross National Income, GNI）从 1978 年的 156 美元上升到 2019 年的 10410 美元，首次"破万"，按照 2020 年世界银行分组标准，中国已经进入中等偏上收入国

---

① 资料来源：世界银行数据库。

② 资料来源：人民日报（http://cpc.people.com.cn/n1/2020/0724/c64102 - 31796253.html）。

家的行列①。以年均 5.5% 的经济增速推测，中国人均国民收入水平将于 2023 年左右超过高收入国家最低标准的 12535 美元；即使按照较低年均增速的 3.5% 进行推测，中国迈入高收入国家行列的时间也仅推迟到 2025 年。同时，2019 年中国恩格尔系数为 28.2%，达到了联合国划分的 20% ~30% 的富足标准②。不仅如此，自改革开放以来，中国经济尽管经历了 1992 年市场经济改革、1997 年亚洲金融危机、2008 年国际金融危机等一系列内生因素及外生冲击的影响，但其在面临各种不确定、波动、冲击和风险的情况下，始终保持稳步发展，表现出强大的"韧性"（冯苑等，2020）。

从贫困发生率来看，如果用贫困标准农村居民每人每年 2300 元（2010 年不变价）的收入统计，中国的贫困发生率从 1978 年的 97.5% 降低至 2019 年的 0.6%，并于 2020 年底如期完成农村贫困人口全部实现脱贫、贫困县全部摘帽的艰巨任务③。自党的十八大以来，经过 8 年的持续奋斗，中国消除了绝对贫困和区域性整体贫困，近 1 亿贫困人口实现脱贫，取得了令全世界刮目相看的重大胜利④。1978 ~2019 年，中国的城镇化水平明显提高，城镇人口比重从 1978 年的 17.9% 上升至 2019 年的 60.6%，首次突破 60%⑤。此外，中国人口的平均预期寿命也有显著提升，由 1978 年的 65.9 岁上升到 2019 年的 77.3 岁⑥。

总之，自 1978 年改革开放以来，中国经济保持了 40 多年的持续高速增长，人民的收入和生活水平得到了显著的提高，经济社会发展取得了巨大的成就，创造了发展中大国罕见的增长奇迹。

2. 高速增长的问题和缺陷

中国改革开放以来的高速增长，是一种采用高投入、高消耗、外

---

① 资料来源：世界银行数据库。根据世界银行 2020 年 7 月 1 日发布的划分标准，人均国民收入不足 1035 美元属于低收入国家，在 1036 ~4045 美元为中等偏下收入国家，在 4046 ~12535 美元为中等偏上收入国家，超过 12535 美元为高收入国家。

② 资料来源：《中国统计年鉴 2020》。恩格尔系数大于 60% 为贫穷；50% ~60% 为温饱；40% ~50% 为小康；30% ~40% 属于相对富裕；20% ~30% 为富足；20% 以下为极其富裕。

③⑤ 资料来源：《中国统计年鉴 2020》。

④ 资料来源：新华网（http://www.xinhuanet.com/politics/leaders/2020 – 12/03/c_1126818856.htm）。

⑥ 资料来源：世界银行数据库、《2019 年我国卫生健康事业发展统计公报》。

延扩大、数量扩张、以量取胜方式的增长，虽然取得了举世公认的惊人成就，但也存在突出的问题和缺陷：消耗大量资源、严重污染环境、一般产能过剩、高端产能不足、处于世界产业价值链低端，城乡差距扩大、地区发展不平衡，财产和收入差距扩大，经济增长动力减弱，经济效益不高、发展不可持续。

从能源产出率看，以 GDP 单位能源消耗指标为例，1990 年中国的 GDP 单位能源消耗的大小是 1.9，是当年世界平均水平 6.0 的 30.9%；2014 年中国的 GDP 单位能源消耗的大小是 5.3，是当年世界平均水平 8.3 的 64.4%[①]。由此可见，虽然我国 GDP 单位能源消耗的大小在不断提高，但与世界平均水平依然存在着不小的差距，与部分发达国家相比差距更大。

从污染排放看，以二氧化碳排放量指标为例，2019 年中国的二氧化碳排放量是 9285.8 百万吨，占世界碳排放总量的 28.8%，排名世界第一，是世界排名第二美国的 1.9 倍，是世界排名第三印度的 3.7 倍[②]。从人均二氧化碳排放量指标来看，1978～2014 年，中国人均二氧化碳排放量提高了 3.9 倍，但世界人均二氧化碳排放量仅提高 15.2%；2014 年中国的人均二氧化碳排放量是世界平均水平的 1.5 倍，远高于世界平均水平[③]。有关研究表明，从"十三五"时期到 2030 年左右，中国主要污染物在 2015 年总量水平上，需要减排 60% 以上，才能实现环境质量的根本性改善（国务院发展研究中心课题组，2017）。

从制造业的结构和水平看，尽管自 2010 年起中国就超越美国成为全球第一制造大国，但中国制造业总体上存在着"大而不强"的特点，在关键装备、核心技术、高端产品、关键材料、高端芯片、高档数控机床、高端装备仪器、运载火箭、大飞机、航空发动机等领域依然严重依赖进口。"中国制造"的产品存在着产品附加值不高、可靠性不

---

①　资料来源：世界银行数据库。GDP 单位能源消耗指的是平均每千克石油当量的能源消耗所产生的 GDP 美元数（按 2011 年不变价购买力平价计算），单位是 2011 年不变价购买力平价美元/千克石油当量，数值越大，每千克石油当量的消耗生产的 GDP 越多。

②　资料来源：《BP 世界能源统计年鉴 2020》。

③　资料来源：世界银行数据库。

足、实用性不强等问题，"假冒伪劣""坑蒙拐骗"等现象也时有发生。根据《2015 年全国制造业质量竞争力指数公报》的数据，中国制造业竞争力指数虽然逐年提高，部分行业产品质量已经接近甚至达到了国际先进水平，但家具制造业、农副食品加工业、文教、工美体育和娱乐用品制造业以及石油加工、炼焦和核燃料业等行业依然属于欠竞争力行业。《关于公布 2018 年国家监督抽查产品质量状况的公告》显示，在 2018 年中国 269 种 25856 家企业生产的 28771 批次产品中，不合格发现率为 10.3%，比 2017 年上升 1.8 个百分点，意味着每 100 件产品中，有 10.3 件不合格产品；其中，与人民生活密切相关的家用电动洗衣机、空气净化器、液晶显示器、电磁灶等产品的不合格发现率均超过 20%[1]。不仅如此，质量问题还将导致资源浪费和经济损失，据统计，中国每年因制造业质量问题产生的直接损失超过 1700 亿元[2]。

从产业价值链看，中国制造业的整体产出效率偏低，许多制造业企业自身的研发设计能力有限，营销渠道和品牌建设滞后，仍然以"代工"为主，自主品牌较少。苏丹妮等（2020）的测度结果显示，中国企业的全球价值链（Global Value Chain，GVC）地位指数在 2000 ~ 2006 年虽然略有提升，但始终为负，表明中国企业在全球价值链的分工体系中依然处于竞争劣势地位。

城乡发展差距在 2013 年以前整体呈现扩大趋势。以城乡居民收入为例，1978 年，中国城镇居民人均可支配收入是农村居民人均纯收入的 2.6 倍；2002 ~ 2012 年这一数值均在 3.1 以上，最高峰达到了 3.3；2013 年之后，这一比率有逐年下降的趋势，但 2019 年这一数值仍然高达 2.6，说明中国城乡居民收入差距偏大的事实尚未得到根本性改善（见图 2 - 5）[3]。此外，在教育、医疗、社会保障、基础设施等方面，农村与城市之间依然存在着巨大的差距，阶层固化的风险正在加大。

---

[1] 资料来源：市场监管总局（http：//gkml. samr. gov. cn/nsjg/zljdj/201904/t20190426_293185. html）。

[2] 资料来源：中国新闻网（https：//www. chinanews. com/cj/2011/09 - 22/3345728. shtml）。

[3] 资料来源：《中国统计年鉴》。

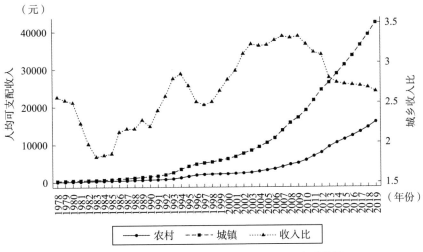

图 2 - 5 1978 ~ 2019 年中国城乡收入差距变动趋势

资料来源:《中国统计年鉴》。

区域发展不平衡,差距较大。2019 年,中国人均 GDP 最高省份
(北京)是最低省份(甘肃)的 5.0 倍(见图 2 - 6)。同时,中国东部
地区与中西部地区之间、南方地区与北方地区之间存在着较大的发展
差距。一方面,目前中西部地区尤其是西部地区的经济发展水平较为
落后。2019 年,东部地区人均 GDP 高达 9.8 万元,远高于中部和西部
地区的 5.4 万元。不仅如此,东、中、西部地区区域内经济发展差距
同样显著,2019 年东、中、西部地区区域内人均 GDP 最高省份分别是
最低省份人均 GDP 的 3.5 倍、2.1 倍和 2.3 倍[①]。另一方面,中国南北
差距不断扩大,自 2015 年起,南方地区人均 GDP 首次超过北方地区,
且二者间的差距呈现出不断上升的趋势(盛来运等,2018)。2019 年,
北方和南方地区人均 GDP 分别为 6.2 万元和 7.6 万元,北方地区人均

---

① 资料来源:《中国统计年鉴》。东部地区包括北京、天津、河北、辽宁、上海、江苏、
浙江、福建、山东、广东、海南 11 个省份;中部地区包括山西、吉林、黑龙江、安徽、江
西、河南、湖北、湖南 8 个省份;西部地区包括内蒙古、广西、四川、重庆、贵州、云南、
西藏、陕西、甘肃、青海、宁夏、新疆 12 个省份。

GDP 仅为南方地区的 82.4%①。

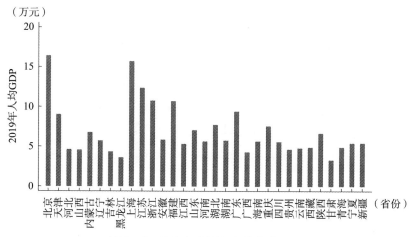

图 2-6　2019 年中国各省份人均 GDP

资料来源：《中国统计年鉴》。

从居民收入差距看，根据《中国住户调查统计年鉴》的数据，自 2003 年以来，中国的基尼系数水平一直在 0.46 以上，远超过国际公认的 0.4 的警戒线水平。其中，2008 年、2009 年中国的基尼系数更是达到了 0.49 以上，收入差距接近悬殊级别，属于收入差距过大的国家。从基尼系数的变化也可以看出，自 2009 年以来，中国的收入分配关系虽然在一定程度上有所改善，但总体来说，中国在收入分配领域依然面临着严峻的挑战，2015~2018 年基尼系数甚至有上升的趋势（从 0.462 分别上升到 0.465、0.467 和 0.468，见图 2-7）②。如果仅考虑财产差距，中国的收入不平等程度则更加惊人，北京大学中

————————

① 资料来源：《中国统计年鉴》。以秦岭—淮河线为划分依据，北方地区包括北京、天津、河北、山东、河南、山西、内蒙古、黑龙江、吉林、辽宁、陕西、甘肃、青海、宁夏、新疆 15 个省份；南方地区包括上海、江苏、浙江、安徽、福建、江西、湖北、湖南、广东、广西、海南、重庆、四川、贵州、云南、西藏 16 个省份。

② 资料来源：《中国统计年鉴》。通常认为，基尼系数小于 0.2 时，居民收入过于平均，基尼系数在 0.2~0.3 时较为平均，基尼系数在 0.3~0.4 时比较合理，基尼系数在 0.4~0.5 时差距过大，基尼系数大于 0.5 时差距悬殊。

国社会科学调查中心发布的《中国民生发展报告2014》显示，中国家庭净财产的基尼系数由1995年的0.45提高到2002年的0.55，并进一步上升至2012年的0.73[①]。居民收入差距大，又会扩大消费需求差距：高收入群体追求高质量的消费品，但目前国内产品质量还无法很好地满足这类需求；中低收入群体虽然存在较高的基本品消费需求，但购买力有限。

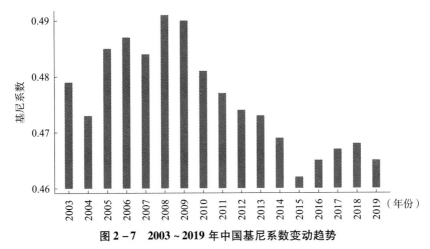

图2-7 2003~2019年中国基尼系数变动趋势

资料来源：《中国统计年鉴》。

全要素生产率往往被用于衡量技术进步带来的经济增长，可以在一定程度上反映经济增长的经济效益水平。以2011年全要素生产率水平等于1为基准，1978~2017年，中国的全要素生产率水平虽然总体有所提升，但增速较慢，尤其是2010年以来中国全要素生产率增速出现了明显的下滑（见图2-8）[②]。

①　资料来源：中国社会科学网（http://www.cssn.cn/zx/yw/201408/t20140805_1279065.shtml）。

②　资料来源：Penn World Table version 9.1。

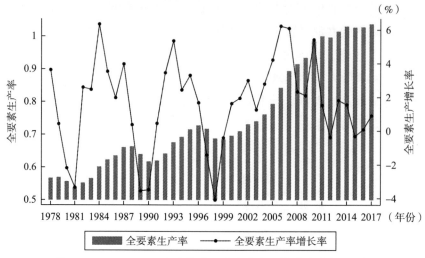

图 2 - 8　1978 ~ 2017 年中国全要素生产率及其增速的变动趋势

资料来源：Penn World Table version 9. 1。

由此可见，一方面，经济高速增长取得的巨大成就为中国经济转向经济高质量发展提供了物质条件和基础，另一方面，高速增长的问题和缺陷已经不符合中国新时代新阶段的发展理念、发展要求和发展目标，迫切需要转变经济发展方式、优化经济结构、培育经济增长新动能，由高速增长阶段转向经济高质量发展阶段。

二、为什么要转向经济高质量发展

（一）解决新时代的社会主要矛盾，要求经济高质量发展

中国特色社会主义进入了新时代，社会主要矛盾已经转化为：人民日益增长的美好生活需要和不平衡不充分的发展之间的矛盾。人民的生活需要总是要不断变化的，要求也会不断提高，老问题解决了，又会出现新问题。由于中国现在已经稳定解决了十几亿人的温饱问题，绝大多数人都过上了丰衣足食的生活，因此无论是生活需要的种类结构还是水平质量都跟着发生了重大变化。

在需求结构上，人民的生活需要日益广泛，不仅对物质文化生活

提出了更高要求，而且在民主、法治、公平、正义、安全、环境等方面的要求日益增长；在生活水平质量上，由衣食无忧的较低水平转向美好生活的高水平、高质量。"有没有"的问题解决了、"好不好"的问题又出来了；数量问题解决了、质量问题又出来了（生活、环境质量）；吃不饱的问题解决了、人们又要求吃好（营养、可口、安全）；穿不暖的问题解决了、人们又要求穿好（舒适、美观、新奇、漂亮）；吃穿的问题解决了、人们又要求解决住用行的问题；物质生活的问题解决了、人们又要求解决精神生活、生存环境、安全保障问题（教育、文化娱乐、医疗卫生、旅游）；经济上的问题解决了、人们又要求解决政治问题（政治平等、民主权利、公平正义）。仅靠高速增长解决不了这些问题，必须主要依靠高质量发展。

与此同时，虽然生产落后的情况已经发生了根本改变，社会生产力水平总体上显著提高，社会生产能力在很多方面进入世界前列，基本上解决了"有没有"的问题，但是发展还不平衡、不充分。发展不平衡的主要表现是，产业结构不合理，产能过剩、库存积压、无效供给太多，有效供给不足、高科技产品和技术以及高端消费品仍然短缺、不少依赖进口、受制于人、可能被别人"卡脖子"，收入差距和城乡、区域发展差距较大；发展不充分的主要表现是，城乡居民的收入水平还不高，生态环境问题突出，就业、住房、医疗、养老、教育、食品安全等多方面的美好生活的需要还不能得到很好的满足。

由于发展还不平衡，因此还不能适应人民生活需要的结构变化和新的要求；由于发展还不充分，因此还不能很好满足人民美好生活的需要。要真正满足人民日益增长的美好生活需要，就必须改变发展不平衡、不充分的状况。发展不协调、不充分虽然包含发展的数量问题、速度问题，但主要还是发展的质量问题。高速增长解决不了发展不平衡、不充分的问题，必须主要依靠高质量发展。因此，要有效解决新时代的社会主要矛盾，做到平衡充分的发展，满足人民美好生活的需要，就必须首先实现经济高质量发展。

（二）高速增长的重大缺陷和发展条件的改变使高速增长难以为继

高速增长是一种消耗大量资源、严重污染环境，造成一般产能过剩、高端产能不足、主要处于世界产业价值链中低端，使城乡差距扩大、地区发展不平衡，财产和收入差距扩大、经济增长动力减弱，经济效益不高、发展不可持续的增长状况，必须改变。在中国特色社会主义的新时代，应当有效解决中国面临的主要矛盾和突出问题，要求经济高质量发展；同时，由于资源短缺更加突出、环境污染严重、劳动力资源环境等要素成本上升、世界经济发展的不确定性因素增加、贸易保护主义加剧、出口增加困难、高精尖的技术难以引进等不利因素的存在，使得原来的高消耗、高污染、低质量、低效益的高速度增长难以为继。经济增速由高速增长逐渐下滑符合经济发展的普遍规律，如联邦德国、日本、"亚洲四小龙"等曾创造过"经济奇迹"的国家和地区，在高速增长之后经济增速均开始回落。事实上，中国经济潜在增长率的下滑是主流的共识，学术界普遍预测中国"十四五"规划期间平均经济增速将进一步降低至6%以下，并且在长期将进一步降低（见表2-2）。

表2-2　　　　　　　　中国经济潜在增长率预测结果

文献	中国潜在经济增速预测结果
陆旸、蔡昉（2014）	2020～2025年为5.95%；2026～2030年为5.47%
徐忠、贾彦东（2019）	2019～2024年为5.50%；2025～2029年为4.60%
刘伟、陈彦斌（2020）	2020～2025年为5.12%；2026～2030年为3.99%；2031～2035年为2.21%
中国社会科学院经济研究所（2020）	2020～2025年为5.51%；2026～2030年为4.92%；2031～2035年为4.48%；2036～2040年为3.96%；2041～2045年为3.58%；2046～2050年为3.35%

注：刘伟、陈彦斌（2020）的预测结果分为"谨慎情形""基准情形""乐观情形"三种，此表仅列出"基准情形"的预测结果。上述预测结果均未考虑新冠肺炎疫情等短期冲击的影响。

　　此外，新技术革命和新产业革命方兴未艾、经济总量位居世界第二、资本相对充足等为实现经济高质量发展提供了有利条件，因此中国必须抓住机遇、转变发展方式、克服不利因素的影响，推动经济高质量发展。

　　总而言之，新时代新阶段中国发展面临的主要任务，已经不是做大"蛋糕"，而是做好、分好"蛋糕"。

第三章

经济高质量发展的理论阐释

第一节 习近平关于经济高质量发展的科学论述

2017 年 10 月 18 日，习近平同志在党的十九大报告中首次明确提出"经济高质量发展"[①] 的重要论断，具有重大的现实意义和深远的历史意义。近年来，习近平同志在相关会议、讲话、活动、考察、会见、出访和函电中多次对经济高质量发展进行阐述，形成了全面、系统的新时代发展观，是马克思主义政治经济学中国化的最新理论成果，是当前和今后一个时期做好经济工作的根本要求。要科学准确把握经济高质量发展的内涵，必须首先深入学习和理解习近平同志关于经济高质量发展的相关论述。为此，本书主要从五个方面对 2017～2020 年习近平阐释经济高质量发展的相关资料进行梳理和归纳。

第一，关于中国经济发展基本特征以及经济高质量发展含义的论述。经济发展特征很大程度上决定了经济发展的主要任务、主要目标、主要方向、着力点以及政策取向等，是中国经济工作开展的重要依据。党的十九大报告提出的"我国经济已由高速增长阶段转向高质量发展

---

① 习近平谈治国理政（第三卷）［M］. 北京：外文出版社，2020：229.

阶段"①，是对新时代中国经济发展特征的高度概括。2017 年 12 月 18 日，习近平同志在中央经济工作会议中进一步指出"中国特色社会主义进入了新时代，我国经济发展也进入了新时代，基本特征就是我国经济已由高速增长阶段转向高质量发展阶段"②。之后，在庆祝海南建省办经济特区 30 周年大会上，习近平同志再次强调，"我国经济已由高速增长阶段转向高质量发展阶段，这是党中央对新时代我国经济发展特征的重大判断"③。关于经济高质量发展的核心含义，习近平同志于 2018 年 4 月 24 日至 28 日在湖北考察时指出"高质量发展就是体现新发展理念的发展，是经济发展从'有没有'转向'好不好'"④。

第二，关于中国经济转向高质量发展必然性的论述。经济高质量发展战略思想不是凭空产生的，是习近平同志在总结新时代以来一系列经济工作新理念、新思想、新战略的基础上提出的。在 2017 年底召开的中央经济工作会议上，习近平同志高屋建瓴地提出三个"必然要求"，即"推动高质量发展，是保持经济持续健康发展的必然要求，是适应我国社会主要矛盾变化和全面建成小康社会、全面建设社会主义现代化国家的必然要求，是遵循经济规律发展的必然要求"⑤，对中国经济转向高质量发展阶段的必然性进行了高度概括。

第三，关于中国经济实现高质量发展有利条件的论述。经济高质量发展的实现是有条件的，只有条件具备才能真正实现经济高质量发展，习近平同志在不同场合多次强调了中国经济实现高质量发展的有利条件，具体包括强大的经济韧性、良好的物质基础、巨大的市场潜力、光明的发展前景、丰富的生产要素、强有力的领导组织等。2018

---

① 中共中央党史和文献研究院. 十九大以来重要文献选编（上）［M］. 北京：中央文献出版社，2019：154.

② 人民日报社经济社会部. 深入学习贯彻中央经济工作会议精神［M］. 北京：人民出版社，2017：8.

③ 习近平. 在庆祝海南建省办经济特区 30 周年大会上的讲话［M］. 北京：人民出版社，2018：18.

④ 《中共中央关于制定国民经济和社会发展第十四个五年规划和二〇三五年远景目标的建议》辅导读本［M］. 北京：人民出版社，2020：185.

⑤ 人民日报社经济社会部. 深入学习贯彻中央经济工作会议精神［M］. 北京：人民出版社，2017：68.

年 11 月 1 日，习近平在民营企业座谈会上指出"我国拥有巨大的发展韧性、潜力和回旋余地，我国有 13 亿多人口的内需市场……城乡区域发展不平衡蕴藏着可观发展空间；我国拥有较好的发展条件和物质基础，拥有全球最完整的产业体系和不断增强的科技创新能力，总储蓄率仍处于较高水平；我国人力资本丰富，劳动力的比较优势仍然明显"①。之后，在首届中国国际进口博览会开幕式上的主旨演讲中，习近平同志进一步指出，"中国经济发展健康稳定的基本面没有改变，支撑高质量发展的生产要素条件没有改变，长期稳中向好的总体势头没有改变"②，三个"没有改变"很好地概括了中国经济转入高质量发展轨道进程中的有利条件。

第四，关于不同地区实现经济高质量发展要求的论述。不同地区在发展条件、发展阶段、资源要素禀赋等方面存在较大的差异，因此在中国统筹推进经济高质量发展进程中扮演的角色地位、采取的发展方式也应有所不同。对此，习近平同志指出，"要支持各地区结合实际积极探索推动高质量发展的途径"③。关于海南，习近平提出"坚决贯彻新发展理念，建设现代化经济体系，在推动经济高质量发展方面走在全国前列"④；关于长江经济带，习近平要求"成为引领我国经济高质量发展的生力军"⑤；关于山东，习近平提出"两只鸟论"，强调"坚持腾笼换鸟、凤凰涅槃的思路，推动产业优化升级，推动创新驱动发展，推动基础设施提升，推动海洋强省建设，推动深化改革开放，推动高质量发展取得有效进展"⑥；关于雄安新区，习近平希望"全面

———————

① 习近平谈治国理政（第三卷）[M]. 北京：外文出版社，2020：263.

② 中共中央党史和文献研究院. 十九大以来重要文献选编（上）[M]. 北京：中央文献出版社，2019：704.

③ 新华月报. 新中国 70 年大事记（1949.10.1—2019.10.1）（下）[M]. 北京：人民出版社，2020：511.

④ 习近平. 在庆祝海南建省办经济特区 30 周年大会上的讲话 [M]. 北京：人民出版社，2018：14.

⑤ 习近平. 在深入推动长江经济带发展座谈会上的讲话 [M]. 北京：人民出版社，2018：13.

⑥ 新华月报. 新中国 70 年大事记（1949.10.1—2019.10.1）（下）[M]. 北京：人民出版社，2020：524.

贯彻新发展理念，坚持高质量发展要求，努力创造新时代高质量发展的标杆"①；关于内蒙古，习近平提出"努力探索出一条符合战略定位、体现内蒙古特色，以生态优先、绿色发展为导向的高质量发展新路子"②；关于江西，习近平提出"加快构建生态文明体系，做好治山理水、显山露水的文章，打造美丽中国'江西样板'"③；关于河南，习近平强调要"抓住促进中部地区崛起战略机遇，立足省情实际、扬长避短，把制造业高质量发展作为主攻方向，把创新摆在发展全局的突出位置，加强重大基础设施建设，坚持以人为核心推进新型城镇化，善于用改革的办法解决经济社会发展中的突出问题，积极融入共建'一带一路'，加快打造内陆开放高地，加快建设现代化经济体系"；关于中国香港、澳门，习近平提出"希望香港、澳门继续带头并带动资本、技术、人才等参与国家经济高质量发展和新一轮高水平开放"④。

第五，关于中国实现经济高质量发展基本路径的论述。推动经济高质量发展之路面临着一系列困难和挑战，不会一帆风顺，需要多举措并举、齐心协力才有可能实现。对此，习近平同志在 2018 年 3 月 7 日参加全国人大会议代表团审议时指出"构建推动经济高质量发展的体制机制是一个系统工程，要通盘考虑、着眼长远，突出重点、抓住关键"⑤。在具体的措施中，习近平强调"必须坚持质量第一、效益优先，以供给侧结构性改革为主线，推动经济发展质量变革、效率变革、动力变革，提高全要素生产率"⑥"要保持战略定力，坚持稳中求进工作总基调，以供给侧结构性改革为主线，全面深化改革开放，下大气力解决存在的突出矛盾和问题"⑦。同时，习近平同志对各领域的发展

---

①　"努力创造新时代高质量发展的标杆"——以习近平同志为核心的党中央关心河北雄安新区规划建设五周年纪实［N］. 人民日报，2020 - 04 - 01.

②　新华网. 图解 2019 全国两会［M］. 北京：人民出版社，2019：125.

③　江西：描绘新时代改革发展新画卷［N］. 新华每日电讯，2022 - 07 - 24.

④　习近平谈治国理政（第三卷）［M］. 北京：外文出版社，2020：400.

⑤　新华网. 图解 2018 全国两会［M］. 北京：人民出版社，2018：132.

⑥　中共中央党校（国家行政学院）. 习近平新时代中国特色社会主义思想基本问题［M］. 北京：人民出版社、中共中央党校出版社，2020：226.

⑦　习近平. 论坚持全面深化改革［M］. 北京：中央文献出版社，2018：485.

提出了具体的要求：关于经济高质量发展背景下的评判体系，习近平同志提出"加快形成推动高质量发展的指标体系、政策体系、标准体系、统计体系、绩效评价、政绩考核，创建和完善制度环境，推动我国经济在实现高质量发展上不断取得新进展"①"要加强顶层设计，抓紧出台推动高质量发展的指标体系、政策体系、标准体系、统计体系、绩效评价、政绩考核办法，使各地区各部门在推动高质量发展上有所遵循"②；关于创新，习近平同志指出"关键核心技术是国之重器，对推动我国经济高质量发展、保障国家安全都具有十分重要的意义"③；关于绿色生态，习近平同志强调"要协同推进经济高质量发展和生态环境高水平保护"④"要坚持山水林田湖草综合治理、系统治理、源头治理，统筹推进各项工作"⑤"践行绿水青山就是金山银山的理念，推动国土绿化高质量发展"⑥；关于对外开放，习近平同志指出"过去40年中国经济发展是在开放条件下取得的，未来中国经济实现高质量发展也必须在更加开放条件下进行"⑦；关于产业结构转型升级，习近平同志提出"制造业特别是装备制造业高质量发展是我国经济高质量发展的重中之重"⑧"要把重点放在推动产业结构转型升级上，把实体经济做实做强做优"⑨"要推动文化产业高质量发展"⑩；关于金融发展，习近平同志要求"抓住完善金融服务、防范金融风险这个重点，推动

———————

① 中共中央宣传部. 习近平新时代中国特色社会主义思想学习纲要［M］. 北京：学习出版社、人民出版社，2019：133.

② 新华月报. 新中国70年大事记（1949.10.1—2019.10.1）（下）［M］. 北京：人民出版社，2020：511.

③ 新华月报. 新中国70年大事记（1949.10.1—2019.10.1）（下）［M］. 北京：人民出版社，2020：534.

④《中共中央关于制定国民经济和社会发展第十四个五年规划和二〇三五年远景目标的建议》辅导读本［M］. 北京：人民出版社，2020：185.

⑤ 习近平谈治国理政（第三卷）［M］. 北京：外文出版社，2020：427.

⑥ 新华月报. 新中国70年大事记（1949.10.1—2019.10.1）（下）［M］. 北京：人民出版社，2020：601.

⑦ 习近平谈治国理政（第三卷）［M］. 北京：外文出版社，2020：194.

⑧ 新华社中央新闻采访中心. 直通两会2019［M］. 北京：人民出版社，2019：5.

⑨ 改革开放与中国城市发展（中卷）［M］. 北京：人民出版社，2018：753.

⑩ 习近平谈治国理政（第三卷）［M］. 北京：外文出版社，2020：313.

金融业高质量发展"①；关于人工智能和数字经济，习近平同志指出"要发展数字经济，加快推动数字产业化，依靠信息技术创新驱动，不断催生新产业新业态新模式，用新动能推动新发展"②。

可以看出，这些论述回答了新时代中国需要什么样的发展，以及怎样实现这样的发展这一时代最迫切需要解决的问题（裴长洪、倪江飞，2019），对全面准确理解、概况经济高质量发展的内涵和外延具有重要的指导和借鉴意义，为构建更加科学合理的经济高质量发展指标体系和更加准确地测度分析中国经济高质量发展状况提供了参考依据。

第二节 经济高质量发展的内涵和外延

科学界定经济高质量发展的内涵和外延，是正确理解、准确把握中国目前经济高质量发展状况的基础，也是后续测度和分析中国经济高质量发展指数的前提。为此，本书在借鉴习近平同志有关高质量发展论述的基础上，同时参考现有相关文献的解读，对经济高质量发展的内涵和外延进行界定。总的来说，学者们对经济高质量发展的认识是一个不断深化的探索过程，可以追溯到"经济增长"与"经济发展"的概念上来（孙祁祥、周新发，2020）。

什么是经济发展？在经济学中，经济发展是相对于经济增长而言的，二者是紧密联系而又有所区别的概念。从内容范畴上看，经济发展的内涵更为丰富，与经济增长是包含与被包含的关系。经济增长指的是一个国家或地区在一定时期内产品和服务的增加，通常采用 GDP 或人均 GDP 等指标来衡量，其主要关注物质方面的进步、产出方面的增长等。与之不同的是，经济发展指的是一个国家或地区按人口平均的实际福利增长过程，它不仅意味着物质财富的增加和扩张，还包含

① 习近平.论把握新发展阶段、贯彻新发展理念、构建新发展格局 [M].北京：中央文献出版社，2021：327.
② 习近平谈治国理政（第三卷）[M].北京：外文出版社，2020：307.

着结构变迁和生活质量的提高等内容（叶初升，2020），即经济增长主要强调以经济活动强度为标志的经济规模的扩大，而经济发展则更加关注社会福利的提高（Long & Ji，2019）。从因果关系上看，经济发展是经济增长的目的，经济增长是经济发展的手段（谭崇台，1991）。经济增长是经济发展的必要和先决条件，然而经济增长并不必然促进经济发展，如产品和服务劣质、经济效率低下、消耗大量资源、带来环境污染、导致分配不公甚至两极分化的经济增长属于"有增长而无发展"或"无发展的经济增长"。

什么是"高质量"？质量主要有两层含义：在物理学中指的是物体所具有的一种物理属性，是描述物质惯性的概念；在经济学中指的是产品和工作等的优劣、好坏程度，是评价产品和工作品质的概念（李辉，2018）。因此，在经济学领域，"高质量"可以理解为产品和工作优良、卓越，"高"体现了产品和工作的性质应该是正面的、合意的。

什么是"经济高质量发展"？经济高质量发展，即"高质量的经济发展"或"经济发展质量高的发展"，其主体在于"经济发展"，性质在于"高质量"，核心要义在于"高"。从这个意义上讲，经济高质量发展可以说就是"好"的经济发展，是协调、平衡、持续、高效、公平、绿色的经济发展。习近平同志曾明确指出："高质量发展就是体现新发展理念的发展，是经济发展从'有没有'转向'好不好'"①，这形象、通俗、准确地说明了经济高质量发展的实质。"有没有"是数量问题（数量、规模、扩大、速度），主要通过经济高速增长解决；"好不好"是质量问题，主要通过经济高质量发展解决。

由此可见，经济高质量发展与"经济增长质量"的概念是不同的，虽然二者都是从"质"的角度对经济成效的品质优劣等级进行揭示（魏敏、李书昊，2018），但由于经济发展包含了比经济增长更加广泛的内涵，因此经济高质量发展比经济增长质量的内涵更加丰富、深刻、广泛，是范围更宽、要求更高的质量状态，不仅局限于经

---

① 《中共中央关于制定国民经济和社会发展第十四个五年规划和二〇三五年远景目标的建议》辅导读本［M］. 北京：人民出版社，2020：185.

济系统，还涉及社会系统、生态系统等（任保平，2018；聂长飞、简新华，2020）。

那么，究竟应该怎样正确认识经济高质量发展的内涵和外延呢？即应该怎样判断衡量经济发展质量高不高（好不好）呢？结合习近平同志的有关论述以及已有文献的相关研究成果，本书认为，主要应该看经济发展五个方面的情况，即"四高一好"。一是产品和服务质量高，即生产的产品和提供的服务性能好、质量可靠、品种齐全、经久耐用、价格合理、品质优良、适销对路、物美价廉，特别是不能质次价高、假冒伪劣。二是经济效益高，即投入和消耗少，成本尽可能低，产出尽可能高，收入更多更合理，投入产出比、劳动生产率、资金利润率、全要素生产率高。三是社会效益高，即养老、医疗、卫生、教育、住房等社会保障健全完善，公共基础设施和公共服务提供良好均等，财产和收入差距较小，发展成果共享，不断走向共同富裕，社会治安状况良好，犯罪率低，能够实现社会公平、和谐、稳定。四是生态效益高，即资源节约高效利用、环境改善优化、生态保持平衡。五是经济运行状态好，即产业结构、地区结构、城乡结构趋向合理优化，地区、城乡、工农差别缩小以致消失，进入世界产业价值链上游，供求、积累（投资）与消费比例协调，财政、信贷、进出口贸易、国际收支基本平衡，基本实现充分就业，物价基本稳定，实体经济与虚拟经济协调兼顾，经济增长冷热适度、速度合理实在，发展可持续，基本没有严重的供给短缺和过剩、经济增长大起大落、通货膨胀和紧缩、虚拟经济膨胀、经济泡沫，以及过多的财政、贸易、国际收支赤字或盈余等问题。

这里需要说明的是，一些文献把经济高质量本身的特征和要求与实现经济高质量发展的方针和路径混为一谈，都作为经济高质量发展本身的内容，比如把以人民为中心、改革开放的质量、深化供给侧结构性改革、创新、高质量政府等也界定为经济高质量发展的内涵，这种情况不利于正确理解和把握经济高质量发展，也就难以合理有效推进经济高质量发展。同时，经济高质量发展应该是描述发展状况的概念，不是发展方式的概念，两者不能混淆。因为发展状况与发展方式是两个不同的概念，实现经济高质量发展需要相应的发展方式，但能够实现经济高质量发展的方式本身并不就是经济高质量发展。

第三节 经济高质量发展的指标体系

"我们衡量什么影响我们做什么"（斯蒂格利茨等，2011）。有效推动经济高质量发展的前提是准确衡量测度经济高质量发展水平，了解经济高质量发展的真实状况，因此必须首先构建科学合理的、能够真正体现经济高质量发展内涵和外延的指标体系。

一、地方政府构建经济高质量发展指标体系的实践

自习近平同志在党的十九大报告中首次明确提出"高质量发展"的概念以来，如何准确衡量经济高质量发展水平就成为学术界和实际部门关注的热点问题。在地方政府实践方面，已有不少地方政府结合对经济高质量发展的理解以及区域发展特色，纷纷构建了经济高质量发展指标体系，以实现对辖区经济高质量发展水平的监测、考核等目标。

为全面了解地方政府构建经济高质量发展指标体系的实践情况，笔者将"高质量发展指标体系""高质量发展考核体系"等关键词同全国 31 个省份名称进行匹配，如搜索"天津 + 高质量发展指标体系"，从而可以检索出不同省份的情况。据此，本书整理出了部分地区构建的经济高质量发展指标体系（见表 3 - 1）①。

总体而言，地方政府构建的经济高质量发展指标体系主要有三个特点。第一，由于各地方政府对经济高质量发展的界定和解读不同，因此其构建的指标体系在构成维度和指标数量等方面差异较大。例如，有的地方政府将经济高质量发展的核心理解为推动"三大变革"，并从质量变革、效益变革、动力变革三个维度构建指标体系；有的地方政

---

① 部分地区未出现在表 3 - 1 中，并非说明该地区未构建经济高质量发展指标体系，还可能是由于部分地区的相关信息未上传网站以及在检索过程中存在遗漏等客观原因导致的。

表3-1　部分地区构建的经济高质量发展指标体系概览

地区	年份	文件	指标体系构成	指标数量（个）	资料来源
天津	2018	—	质量变革、效益变革、动力变革3个维度	20	中国信息报
河北	2019	《关于完善和落实高质量发展统计计指标体系的意见》	—	64	沧州市人民政府
山西	2018	《关于开展质量提升行动的实施意见》	产品质量、工程质量、服务质量、产业质量、区域质量、质量基础设施6个维度	40	山西省人民政府
江苏	2018	《江苏高质量发展监测评价指标体系与实施办法》《设区市高质量发展年度考核指标与实施办法》	"六个高质量"，即高质量经济发展、高质量改革开放、高质量城乡建设、高质量文化建设、高质量生态环境、高质量人民生活6个维度	40	江苏省统计局
浙江	2019	《关于建立新评价体系促进我省经济高质量发展建议（政协提案472号）提案的办意见》	质效提升、结构优化、动能转换、绿色发展、协调共享、风险防范6个维度	66	浙江省统计局
安徽	2020	—	综合质效、创新发展、协调发展、开放发展、共享发展、绿色发展、主观感受7个维度	54	安徽省统计局
湖北	2018	《关于印发湖北省高质量发展评价与考核办法（试行）的通知》	以提高发展的"含金量""含新量""含绿量"为基本框架构建指标体系	22	湖北省人民政府

续表

地区	年份	文件	指标体系构成	指标数量（个）	资料来源
湖南	2019	《关于印发〈湖南省高质量发展监测评价指标体系（试行）〉的通知》	综合质量效益、创新发展、协调发展、绿色发展、开放发展、共享发展6个维度	67/48	湖南省人民政府
广东	2018	《广东高质量发展综合绩效评价体系》（试行）	综合、创新、协调、绿色、开放、共享6个维度	33	广东省发展和改革委员会
海南	2019	《海南省高质量发展指标体系》	经济发展、开放水平、科技教育、营商环境、资源利用、生态环境、民生福祉7个维度	37	海南2020年《政府工作报告》
四川成都	2018	《关于探索建立〈成都市高质量发展评价指标体系〉（试行）的工作方案》	质效提升、结构优化、动能转换、绿色低碳、风险防控、民生改善6个维度	52	成都市统计局
云南昆明	2020	《关于贯彻落实〈推动高质量发展的实施意见〉工作方案》	经济质效、创新发展、协调发展、开放发展、共享发展、绿色发展、主观感受7个维度	50	昆明市委

注：湖南省分别针对全省和省内的14个地区构建了两套指标体系（含67个具体指标），市州指标体系包含24项主要指标（含48个具体指标）；广东省在实际评价过程中，除了33个公有指标外，还针对省内不同城市设置了若干区域特色指标；由于部分地区未公开详细的考核文件，因此部分内容有缺失。

府以新发展理念为主要依据，从创新、协调、绿色、开放、共享等方面构建指标体系；还有地方政府从经济发展的内容、环节、特征和途径等角度构建指标体系。同时，这些指标体系所包含的指标数量在20～67个，平均指标数量为45个左右，差异较大。

第二，突出地方特色和区域特色，更加注重指标体系的实践性。例如，湖南省在《关于印发〈湖南省高质量发展监测评价指标体系（试行）〉的通知》中，分别就全省和省内的14个地区构建了两套不同的高质量发展指标体系；广东省在实际评价过程中，在公有指标的基础上，还设置了若干区域特色指标；江苏省考虑到高质量发展的普遍性要求和各地功能定位的个性差异，在考核中另设了加减分项。

第三，各地方政府的考核要求和力度不同。在构建经济高质量发展指标体系的基础上，部分地区提出将经济高质量发展的评价结果作为官员绩效考核的依据。例如，浙江省提出"高质量发展指标体系将纳入省委组织部对地方各级党政领导班子和领导干部政绩考核的重要组成部分"；湖北省提出"高质量发展评价考核结果作为对各市、州、直管市综合考核的重要部分，作为干部考察使用的重要参考"；湖南省提出"建立相应的奖惩制度，各市州高质量发展评价结果与绩效考核挂钩，作为评价党政领导班子建设、工作绩效的重要依据"；昆明市提出"评价结果将作为地方党政领导班子和领导干部综合考核评价、干部奖惩任免和给予地方相关政策激励的重要依据"。在此基础上，为更好地发挥经济高质量发展"指挥棒"的作用，激励地方官员在经济发展过程中以提高辖区的经济高质量发展水平为核心目标，部分地区在考核过程中引入了"约谈"制度。例如，湖北省明确规定"省人民政府依据高质量发展评价考核结果，对排名靠后的地区进行约谈：对半年考核排名最后三位的市、州、直管市，由常务副省长进行约谈；对年度考核排名最后三位的市、州、直管市，由省长进行约谈"；安徽马鞍山在高质量发展指标考核过程中，对表现一般的干部进行谈话调整[①]。此外，海南

①　资料来源：中组部人事报（http：//www.zuzhirenshi.com/dianzibao/2020－11－13/1/02c32dc4－0aa0－4f98－8844－c0a09d23cbf7.htm）。

省在 2020 年《政府工作报告》中对经济高质量发展水平提出了明确定量要求，即"2020 年指标体系综合结果提升率高于经济增长率，7 类一级指标均好于去年，37 项二级指标在全国领先的比例有所增加"。

总的来说，地方政府构建的指标体系与目前学术界构建的指标体系相比，既存在相同之处，也有不同之处。相同之处在于，绝大多数指标体系都不同程度地体现了经济高质量发展的内涵和外延，如能够较好地体现新发展理念的要求、能够突出社会主要矛盾的转变、能够反映"以人民为中心"的思想等；不同之处在于，地方政府构建的指标体系往往更具针对性、实践性，能够更好地体现区域经济发展特色，同时为了考核标准的统一，地方政府往往在指标体系的时，就已经通过专家打分法等主观赋权法事先确定了指标权重，而学术界则通常采用客观赋权法确定指标权重。就现有的研究来看，绝大多数文献在构建经济高质量发展指标体系时，主要参考的是学术论文，而忽略了对地方政府构建的指标体系的梳理和借鉴，本书则试图综合这两个方面，努力构建较为科学合理的经济高质量发展指标体系。

二、经济高质量发展指标体系的构建

（一）经济高质量发展指标体系构建的基本原则

构建经济高质量发展指标体系是一个综合、复杂的问题，为了避免指标选取过程中的主观性和随意性，必须遵循一定的原则。就本书而言，在指标设计过程中，主要遵循全面性、代表性、可比性以及可操作性四个基本原则。

全面性原则，指的是指标体系必须能够全方位体现经济高质量发展的内涵和外延，从而能够较好地反映经济高质量发展成效。代表性原则，指的是在指标设计过程中，由于不可能穷尽所有指标，因此应主要选取认可度高、具有代表性的指标，在保证关键指标不得缺位的前提下，剔除相关度较高的指标，避免不同指标之间的过度重合。所谓可比性原则，指的是在指标体系构建过程中，为了使测度的经济高质量发展指数在横向和纵向两个维度可比，应综合考虑不同地区和省份在发达程度、人口规模等方面的差异，以比例指标和强度指标为主。所谓可操作性原则，指的是在指标选取过程中要兼顾数据可得性等客观问题，主要选取数据来源可靠、计算方法明确的指标，从而保证构建的指标体系具备有效性和应用性。因此，为了保证原始数据质量和最终测度结果的准确性，对于少量契合高质量发展本质但数据不可得或缺失数据较多的指标，本书暂不考虑，如本书的指标体系不含"消费者满意度""农村贫困发生率"等指标。

需要说明的是，经济高质量发展是一个具有极强动态性的概念，在不同的经济社会发展阶段，经济高质量发展的内涵、外延及其衡量标准等均存在差异，因此与之对应的指标体系也应适应现实进程（金碚，2018；张涛，2020）。也就是说，不同时期经济高质量发展指标体系应该是有所区别的。不仅如此，由于不同省份和地区所处的发展阶段不同、发展的主要目标不同、拥有的资源禀赋也存在差异，因此从理论上讲，不同省份和地区经济高质量发展指标体系也应有所差异[①]。然而，在实际研究过程中，针对不同时期、不同省份分别构建不同的经济高质量发展指标体系的难度较大，不具备可操作性，且难以实现省际经济高质量发展水平的相互比较。同时，虽然不同地区的经济高质量发展存在不同的表现形式，但从根本上来讲，全国和不同地区经济高质量发展的内涵和目标具有一致性（国务院发展研究中心课题组，2019）。因此，从这个意义上讲，采用一个统一的经济高质量发展指标体系对样本期内所有省份进行测度是合理的。

（二）经济高质量发展指标体系的构成

遵循上述指标体系构建的基本原则，依据"四高一好"经济高质量发展的理解，在充分借鉴《关于推动高质量发展的意见》等文件精神以及各地政府构建的经济高质量发展指标体系的基础上，同时参考

[①]　正如前面所言，一些地方政府在设计指标时，对省份和市州分别采用不同的经济高质量发展指标体系，或通过单独设置个性指标、设置加减分项等方式对经济高质量发展水平进行监测。

已有相关研究，本书从产品和服务质量、经济效益、社会效益、生态效益以及经济运行状态五个方面选取代表性的指标，构建由 5 个一级指标、18 个二级指标和 62 个三级指标组成的经济高质量发展指标体系。其中，一级指标按照本书界定的经济高质量发展内涵和外延，划分为产品和服务质量、经济效益、社会效益、生态效益以及经济运行状态五个方面。在此基础上，进一步将上述五个方面细分为不同的二级指标，进而选取能够较好反映二级指标状况的三级指标，对经济高质量发展进行细化、具体化，形成较为科学合理的经济高质量发展指标体系（见表 3 - 2）。

表 3 - 2　　　　　　　　　经济高质量发展指标体系

一级指标	二级指标	三级指标	属性	权重（%）
产品和服务质量	产品质量	优等品率（%）	正	1.78
		质量损失率（%）	逆	2.66
		出入境货物检验检疫合格率（%）	正	2.93
	服务质量	第三产业增加值占 GDP 比重（%）	正	0.89
		生产性服务业就业人员数占总就业人员比重（%）	正	0.45
		服务业劳动生产率（万元/人）	正	1.04
经济效益	宏观经济效益	全员劳动生产率（万元/人）	正	1.03
		资本生产率	正	1.15
		土地产出率（吨/公顷）	正	1.78
		全要素生产率	正	1.16
	微观经济效益	规模以上工业企业成本利润率（%）	正	1.25
		规模以上工业企业流动资产周转率（次）	正	1.45
		规模以上工业企业应收账款占流动资产比重（%）	逆	1.99
		规模以上工业企业资产负债率（%）	逆	1.84

一级指标	二级指标	三级指标	属性	权重（%）
社会效益	人民生活质量	人均 GDP（万元/人）	正	0.95
		社会消费品零售总额占 GDP 比重（%）	正	1.83
		城乡居民恩格尔系数（%）	逆	2.03
		人口死亡率（‰）	逆	1.62
		社会保险覆盖率（%）	正	1.16
		人口总抚养比（%）	逆	1.95
		农村居民家庭人均住房面积（平方米）	正	1.28
		城镇居民住房负担能力	逆	2.57
	基础设施供给状况	等级公路密度（公里/百平方公里）	正	1.37
		每万人普通高等学校数（所）	正	1.03
		每千人口医疗机构床位数（张）	正	1.46
		每万人拥有公共图书馆数量（个）	正	0.76
		互联网普及率（%）	正	1.26
		每万人拥有公共厕所数量（座）	正	1.18
	收入分配关系	劳动者报酬占 GDP 比重（%）	正	1.79
	城乡和区域关系	城乡居民收入差距	逆	2.20
		区域收入共享水平	正	1.00
	社会安全	人口交通事故发生率（起/万人）	逆	2.41
		人口火灾事故发生率（起/万人）	逆	2.63
生态效益	绿色消费和生产	人均能源消费量（吨标准煤/人）	逆	2.45
		人均二氧化碳排放量（吨/人）	逆	2.76
		单位产值能耗（吨标准煤/人）	逆	2.82
		碳排放强度（吨/万元）	逆	2.95

续表

一级指标	二级指标	三级指标	属性	权重（%）
生态效益	生态环境禀赋	颗粒物（PM2.5）年均浓度（微克/立方米）	逆	2.17
		省会城市空气质量好于二级天数（天）	正	2.09
		森林覆盖率（%）	正	1.62
		人均公园绿地面积（平方米）	正	1.56
	环境污染治理	工业污染治理力度（%）	正	1.11
		生活垃圾无害化处理率（%）	正	2.45
		污水处理率（%）	正	2.41
		一般工业固体废物综合利用率（%）	正	1.88
经济运行状态	经济波动和就业	经济波动率（%）	逆	2.44
		通货膨胀率（%）	逆	2.16
		城镇登记失业率（%）	逆	1.35
	产业结构和城乡结构	产业结构高级化指数	正	0.65
		产业结构合理化指数	逆	2.37
		城镇化率（%）	正	1.31
	消费投资结构	最终消费率（%）	正	1.51
		第三产业投资占比（%）	正	1.45
	财税金融状况	一般公共预算收入占 GDP 比重（%）	正	1.10
		税收占地方一般公共预算收入比重（%）	正	1.63
		金融机构存贷款余额占 GDP 比重（%）	正	0.84
	技术水平	人均受教育年限（年）	正	1.37
		R&D 投入强度（%）	正	0.78
		万人 R&D 人员全时当量（人年/万人）	正	0.66
		每万人发明专利授权数（件）	正	0.42
	国际经济关系	外贸依存度（%）	正	0.83
		实际利用外资占投资比重（%）	正	1.01

注："属性"列中的"正"和"逆"分别代表正向指标和逆向指标；指标权重根据纵横向拉开档次法计算，具体方法说明详见第四章第一节。

（三）指标的含义与衡量方式

上述 62 个经济高质量发展三级指标的具体含义是什么？选择依据是什么？具体应该如何衡量？接下来，本书将主要基于经济高质量发展"四高一好"的分析框架依次进行说明（见图 3-1）。

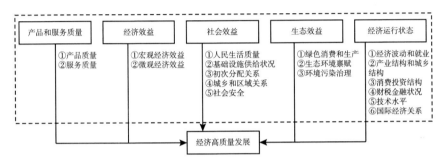

图 3-1　经济高质量发展"四高一好"的分析框架

1. 产品和服务质量

产品和服务质量高是经济高质量发展的微观基础，没有高质量的产品和服务供给，就难以真正实现经济高质量发展（程虹、李丹丹，2014；李辉，2018；高传胜、李善同，2019；孙祁祥、周新发，2020）。该领域主要从产品质量和服务质量两个维度进行刻画。

（1）产品质量。本书选取优等品率、质量损失率和出入境货物检验检疫合格率三个指标衡量。其中，前两个指标是由国家统计局对中国重点工业城市的企业和产品进行抽查汇总后得到的数据，产品类别涵盖食品、日用消费品、轻工产品、机械及安防产品、电子电器等，具有很好的代表性，能够较为全面地反映中国产品质量情况。出入境货物检验检疫合格率的计算公式为：（出入境货物检验检疫合格货值/检验检疫总货值）×100%，其大小反映了各地出入境产品的质量高低。

（2）服务质量。由于难以获得诸如"消费者满意度"等直接反映微观服务质量的指标，本书从服务业发展质量的角度选取衡量指标，这是因为高质量服务业是高质量服务的主要载体，也是微观服务水平质效提升的前提。同时，已有文献也多采用服务收入比重来反映企业服务转型（张峰等，2019）。具体地，本书分别从规模、转型和效率三个维度来综合考察服务业发展质量的高低，对应的衡量指标依次为第三产业增加值占 GDP 比重、生产性服务业就业人员数占总就业人员比重和服务业劳动生产率。需要说明的是，之所以采用生产性服务业发展规模作为服务业发展转型升级的衡量指标，是因为生产性服务业具有较高的技术水平和要素集聚能力，对中国整体经济增长和全要素生产率提升的拉动作用越来越大（李平等，2017），其占比的高低甚至在某种程度上决定着中国能否成功跨过"中等收入陷阱"（张建华、程文，2019）。此外，遵循张虎、韩爱华（2019）的研究，本书将生产性服务业界定为"交通运输、仓储和邮政业""信息传输、计算机服务和软件业""金融业""租赁和商业服务业""科学研究、技术服务和地质勘查业"五大行业。

2. 经济效益

经济效益高是经济高质量发展的必要条件，也是解决中国经济发展不充分问题的重要保障。该领域主要从宏观经济效益和微观经济效益两个维度进行考察。

（1）宏观经济效益。宏观经济效益主要体现在劳动、资本、土地、技术等生产要素利用效率上，据此，本书依次选取全员劳动生产率、资本生产率、土地产出率和全要素生产率进行衡量。其中，全员劳动生产率的计算公式为：GDP/就业人员数；资本生产率的计算公式为：GDP/固定资产投资总额；土地产出率的计算公式为：粮食总产量/粮食作物播种面积；全要素生产率的测度采用索洛余值法，具体假定生产函数为规模报酬不变的 Cobb – Douglas 形式：

$$Y_{it} = A_{it}K_{it}^{\alpha}L_{it}^{1-\alpha} \quad 0 < \alpha < 1 \qquad (3-1)$$

则全要素生产率 A_{it} 可表示为：

$$A_{it} = Y_{it}/K_{it}^{\alpha}L_{it}^{1-\alpha} \qquad (3-2)$$

式（3-2）中，下标 i 和 t 分别表示省份和年份；α 表示资本产出弹性，按照通常的做法，本书将其设定为 0.4（彭国华，2005）；Y 表示总产出，用 2002 年为基期的实际 GDP 表示；L 表示劳动投入量，用各省份就业人员数表示；K 表示资本投入量，用各省份实际资本存量表示。资本存量的估计采用永续盘存法，具体公式为：

$$K_{it} = I_{it} + (1 - \delta)K_{i,t-1} \qquad (3-3)$$

式（3-3）中，I 表示固定资本形成总额，具体运用固定资产投资价格指数平减为 2002 年不变价；K 表示资本存量，期初物质资本存量 K_{i0} 通过公式 $K_{i0} = I_{i0}/(g + \delta)$ 估计获得（Hall & Jones，1999），其中，I_{i0} 表示第 i 个省份期初投资额，δ 表示折旧率，本书将其统一设定为 9.6%（张军等，2004），g 表示各省份固定资本形成总额在 2002 ~ 2018 年的年均增长率。据此，本书根据式（3-2）计算出样本期内各省份全要素生产率的大小。

（2）微观经济效益。微观经济效益通常用企业的经济效益反映，作为经济活动的重要主体，企业经济效益的高低对国民经济整体经济效益的高低具有决定性作用。具体地，本书分别选取规模以上工业企业成本利润率、规模以上工业企业流动资产周转率、规模以上工业企业应收账款占流动资产比重以及规模以上工业企业资产负债率四个指标来衡量微观经济效益，对应的计算公式依次为：（规模以上工业企业利润总额/主营业务成本）×100%、规模以上工业企业主营业务收入/流动资产总额、（规模以上工业企业应收账款/流动资产）×100%以及（规模以上工业企业总负债/总资产）×100%。这里需要说明的是，成本利润率更为准确的计算公式应该是：（利润总额/成本费用）×100%，而成本费用则包括主营业务成本、其他业务成本、营业费用、管理费用和财务费用等，但受限于数据的可得性，本书采用主营业务成本近似代替成本费用以反映规模以上工业企业的盈利能力。

3. 社会效益

社会效益高是推动经济高质量发展的必由之路，也是满足人民美好生活需要的必然选择。该领域主要从人民生活、基础设施供给状况、分配关系、城乡和区域关系以及社会安全五个维度进行表征。

（1）人民生活质量。人民生活质量的高低主要体现在收入、消费、健康状况、社会保障状况、生活负担情况以及住房状况等方面。据此，本书选取人均 GDP、社会消费品零售总额占 GDP 比重、城乡居民恩格尔系数、人口死亡率、社会保险覆盖率、人口总抚养比、农村居民家庭人均住房面积以及城镇居民住房负担能力8个指标对人民生活质量加以衡量。其中，城乡居民恩格尔系数的计算公式为：城镇居民恩格尔系数×城镇化率+农村居民恩格尔系数×（1－城镇人口数量/总人口数）；社会保险覆盖率的计算公式为：（养老保险覆盖率+失业保险覆盖率+医疗保险覆盖率）/3，相应的保险覆盖率依次等于年末参加城镇基本养老保险人数、年末参加失业保险人数、基本医疗保险参保人数与总人口数之比；人口总抚养比的计算公式为：非劳动年龄人口数（即0～14岁及65岁以上）/劳动年龄人口数（即15～64岁）×100%；城镇居民住房负担能力的计算公式为：商品房屋平均销售价格/居民人均可支配收入。

（2）基础设施供给状况。基础设施供给状况主要从道路基础设施、教育设施、医疗设施、文化设施、网络基础设施以及环卫基础设施方面进行反映，对应选取的指标依次是等级公路密度、每万人普通高等学校数、每千人口医疗机构床位数、每万人拥有公共图书馆数量、互联网普及率以及每万人拥有公共厕所数量。其中，等级公路密度的计算公式为：等级公路里程/省份面积（艾小青、张雪薇，2020）；互联网普及率的计算公式为：（当年网民人数/总人口数）×100%。

（3）收入分配关系。劳动者报酬占GDP比重是反映国民经济运行过程中初次分配公平与否的重要指标，该指标值越大，表示劳动者在国民收入初次分配中所获得的比重越大，社会分配关系也越公平，本书主要采用该指标对收入分配关系加以刻画（王阳等，2019）。

（4）城乡和区域关系。城乡和区域关系主要包括城乡关系和区域关系两个方面的内容。城乡关系用城乡居民收入差距指标来衡量，用以反映城乡收入结构和城乡统筹发展的状况，其计算公式为：城镇居民人均可支配收入/农村居民人均可支配收入[1]。区域关系用区域收入共享水平指标来刻画，其计算公式为：各省份人均可支配收入水平/全

---

[1]　由于《中国统计年鉴》统计口径的变化，2013年之前农村居民人均可支配收入用农村居民纯收入代替。

国人均可支配收入水平（魏敏、李书昊，2018）。

（5）社会安全。社会安全主要用事故发生率来反映，限于数据的可得性，本书使用人口交通事故发生率、人口火灾事故发生率两个指标衡量社会安全，对应的计算公式分别为：交通事故发生次数/总人口数、火灾事故发生次数/总人口数。

4. 生态效益

生态效益高是实现经济高质量发展的必要条件和根本之策。该领域主要从绿色消费和生产、生态环境禀赋和环境污染治理三个维度进行反映。

（1）绿色消费和生产。绿色消费和生产主要从能源消费和碳排放两个方面进行考察，据此依次选取人均能源消费量、人均二氧化碳排放量、单位产值能耗以及碳排放强度四个指标进行衡量。其中，单位产值能耗的计算公式为：能源消费总量/GDP，用以反映能源利用率；碳排放强度的计算公式为：二氧化碳排放总量/GDP，用以反映经济发展过程中的减排成效。

（2）生态环境禀赋。生态环境禀赋主要从空气质量、生态建设状况和整体环境水平等方面进行刻画，具体选取细颗粒物（PM2.5）年均浓度、省会城市空气质量好于二级天数、森林覆盖率以及人均公园绿地面积四个指标加以衡量。

（3）环境污染治理。环境污染治理水平的高低主要体现在治理力度和治理成效两个方面，据此，本书选取工业污染治理力度、生活垃圾无害化处理率、污水处理率以及一般工业固体废物综合利用率4个指标进行刻画。其中，工业污染治理力度的计算公式为：（工业污染治理投资额/GDP）×100%；一般工业固体废物综合利用率的计算公式为：（一般工业固体废物综合利用量/产生量）×100%。

5. 经济运行状态

经济运行状态好是经济高质量发展的客观要求和应有之义。该领域主要从经济波动和就业、产业结构和城乡结构、消费投资结构、财税金融状况、技术水平以及国际经济关系六个维度进行衡量。

（1）经济波动和就业。经济波动和就业主要从经济波动、物价水平和就业状况三个方面加以反映，由此分别选取经济波动率、通货膨胀率以及城镇登记失业率三个指标来衡量。其中，经济波动率采用实际 GDP 增长率 5 年滚动标准差表示（林春、孙英杰，2019）；通货膨胀率的计算公式为：居民消费价格指数（上年 = 100）- 100。

（2）产业结构和城乡结构。产业结构主要从高级化和合理化两个角度刻画（干春晖等，2011），城乡结构主要用城镇化发展水平反映，相应的衡量指标依次为产业结构高级化指数、产业结构合理化指数以及城镇化率。具体而言，产业结构高级化指数用第三产业增加值与第二产业增加值之比表示；产业结构合理化指数用产业结构泰尔指数表示；城镇化率用城镇人口数量与总人口数之比表示。其中，产业结构泰尔指数的计算公式可表示为：

$$TL = \sum_{i=1}^{n} \left(\frac{Y_i}{Y} \right) \ln \left(\frac{Y_i}{Y} \Big/ \frac{L_i}{L} \right) \tag{3-4}$$

其中，i 表示产业，Y_i 和 L_i 分别表示第 i 个产业的增加值和就业人数，Y 和 L 分别表示国内生产总值和总就业人数，TL 为产业结构泰尔指数，其值越大，表明产业结构越不合理。

（3）消费投资结构。消费投资结构主要从消费和投资两个方面加以反映，据此选取最终消费率和第三产业投资占比两个指标加以衡量。其中，第三产业投资占比的计算公式为：（第三产业全社会固定资产投资/全社会固定资产投资）×100%，用以体现投资结构的升级情况。

（4）财税金融状况。财税金融状况分别从财政、税收和金融三个方面来考察，由此本书分别选取一般公共预算收入占 GDP 比重、税收占地方一般公共预算收入比重以及金融机构存贷款余额占 GDP 比重三个指标来衡量。其中，一般公共预算收入占 GDP 比重体现了政府调控经济运行的能力和影响社会资源配置的程度；税收占地方一般公共预算收入比重反映了政府财政收入的质量；金融机构存贷款余额占 GDP 比重刻画了金融发展规模的大小。

（5）技术水平。技术水平的高低主要体现在人力资本质量、创新投入强度以及创新产出等方面，据此，本书分别选取人均受教育年限、R&D 投入强度、万人 R&D 人员全时当量以及每万人发明专利授权数四个指标来衡量。其中，人均受教育年限的计算公式为：（小学人口数×6＋初中人口数×9＋高中人口数×12＋大专及以上人口数×16）/6岁及以上人口总数；R&D投入强度的计算公式为：（R&D经费/GDP）×100%；万人R&D人员全时当量的计算公式为：R&D人员全时当量/总人口数；每万人发明专利授权数的计算公式为：发明专利授权数/总人口数。

（6）国际经济关系。国际经济关系主要从对外贸易和利用外资两个方面来考察，相应选取的指标为外贸依存度和实际利用外资占投资比重。其中，外贸依存度的计算公式为：（进出口总额/GDP）×100%，能够较好地体现一个国家或地区在地区经济中所处的地位情况。

需要说明的是，本书构建的经济高质量发展指标体系中，所有指标均被定义为正向指标或逆向指标，不含适度指标。就这一点而言，不可否认存在一定的争议性，如外贸依存度显然并非越大越好，因为较大的外贸依存度也在一定程度上体现了地区对外依赖的程度较大。然而，从实证测度的角度来说，如果将外贸依存度定义为适度指标，那么就需要进一步确定外贸依存度的"适度区间"，即指标上下限的大小，从操作性角度难以实现，可能引起更大的争议。

（四）数据来源与说明

本书以2002～2018年中国大陆地区的30个省份（不含西藏）为考察对象，研究数据主要来源于《中国统计年鉴》、《中国区域经济统计年鉴》、《中国科技统计年鉴》、各省份统计年鉴、各省份国民经济和社会发展统计公报、EPS数据平台、中经网统计数据库以及Wind数据库等。此外，互联网普及率数据来源于中国互联网络信息中心每年发布的中国互联网络发展统计报告；二氧化碳排放量数据来源于CEADs数据库；PM2.5数据来源于中国研究数据服务平台（Chinese Research Data Services，CNRDS）；第三产业全社会固定资产投资来源于《中国第三产业统计年鉴》。与此同时，由于考察周期较长，研究样本存在少量的缺失值，本书统一采用线性插值法或平均增长率法进行补充。

另外需要说明的是，为准确测度各省份经济高质量发展指数，本书对经济高质量发展指标体系中诸如 GDP、人均 GDP、资本存量等涉及价格衡量的指标，统一按照 2002 年不变价进行平减，以剔除价格因素的影响；对于诸如进出口总额等以美元为单位的指标，统一按照所在年度人民币平均汇率进行换算。

第四章

中国经济高质量发展的实证分析

第一节　经济高质量发展指数的测度方法

根据现代综合评价方法，经济高质量发展指数的测度可分为以下三个主要步骤：一是指标权重的确定；二是数据标准化处理；三是对指标权重和标准化后的原始数据进行合成，进而计算出经济高质量发展总体指数和不同维度指数。

一、指标权重的确定

科学确定评价指标的权重，是综合评价中的关键。总体而言，赋权方法大致可以分为主观赋权法、客观赋权法和主客观赋权法（或称为组合赋权法）三类。其中，主观赋权法指的是评价者依靠自身的专业知识、经验，通过主观判断来确定指标权重的方法，这种方法的优点在于可以集思广益，有较强的权威性，同时能够反映出参与决策者对不同指标的重视程度，而且指标权重一旦确定后相对固定，不随研究对象、研究样本时间跨度等而改变，以便于在一个统一的框架下进行比较；但缺点是客观性相对较差，权重的确定缺乏客观依据，甚至在一些情况下主观判断可能会产生一定的偏差。客观赋权法指的是评价者根据原始数据之间的关系通过一定的数学方法来确定指标权重的方法，这种方法的优点在于判断结果不依赖于人的主观判断，有较强的数学理论依据，评价结果相对客观；但缺点是不能反映出参与决策者对不同指标的重视程度，而且指标权重的确定依赖于研究样本，会随着考察对象的变化而发生改变，在某些情况下可能引起争议。主客观赋权法则介于二者之间，即在指标权重确定过程中同时采取主观赋权法和客观赋权法，从而兼顾了二者的优缺点。表4-1对主观赋权法和客观赋权法进行了对比。

表4-1　　　　　　　　　主观赋权法和客观赋权法的对比

方法特点	主观赋权法	客观赋权法
权重确定的依据是什么	主要依据评价者自身的专业知识、经验等	主要依据客观的数学方法
指标权重是否受主观判断的影响	是	否
指标权重是否随研究样本的变化而改变	否	是
方法的主要运用领域是什么	主要运用于政府部门和官方组织等	主要运用于学术研究
代表性的方法有哪些	专家打分法（德尔菲法）、均等权重法、层次分析法等	纵横向拉开档次法、熵值法、因子分析法、主成分分析法等

就本书而言，由于属于学术研究领域，因此在确定指标权重时，主要采用评价结果相对客观的客观赋权法。客观赋权法主要包含纵横向拉开档次法、熵值法、因子分析法、主成分分析法等方法，其中，熵值法在确定指标权重时，对异常值的反应较为敏感，而因子分析法、主成分分析法在对指标进行降维时，提取维度的实际含义往往含糊不清、难以解释。相较而言，纵横向拉开档次法确定指标权重的原则是最大可能地体现出各评价对象之间的差异，尤其适合动态评价，与本书的研究目的较为契合，因此本书主要采取该方法确定指标权重（郭亚军，2007）。纵横向拉开档次法的基本原理如下：

假设 $s = \{s_1, s_2, \cdots, s_n\}$ 为被评价对象集，$w = (w_1, w_2, \cdots,$

$w_m)^T$ 为指标权重系数向量，$x_{ij}(t_k)$（$i = 1, 2, \cdots, n; j = 1, 2, \cdots,$ $m; k = 1, 2, \cdots, N$）表示第 i 个省份第 j 个指标在第 t_k 年度经标准化处理后的值，对时刻 t_k，取综合评价函数：

$$y_i(t_k) = \sum_{j=1}^{m} w_j x_{ij}(t_k) \tag{4-1}$$

则各被评价对象间的差异可用 $y_i(t_k)$ 总离差平方和 σ^2 来刻画，即：

$$\sigma^2 = \sum_{k=1}^{N} \sum_{i=1}^{n} [y_i(t_k) - \bar{y}]^2 \tag{4-2}$$

由于对原始数据的标准化处理，有：

$$\bar{y} = \frac{1}{N} \sum_{k=1}^{N} \left[\frac{1}{n} \sum_{i=1}^{n} \sum_{j=1}^{m} w_j x_{ij}(t_k) \right] = 0 \tag{4-3}$$

从而有：

$$\sigma^2 = \sum_{k=1}^{N} \sum_{i=1}^{n} [y_i(t_k) - \bar{y}]^2 = \sum_{k=1}^{N} \sum_{i=1}^{n} [y_i(t_k)]^2$$
$$= \sum_{k=1}^{N} [w^T H_k w] = w^T \sum_{k=1}^{N} H_k w = w^T H w \tag{4-4}$$

其中，$H = \sum_{k=1}^{N} H_k$ 为 $m \times m$ 阶对称矩阵，$H_k = A_k^T A_k$，且：

$$A_k = \begin{bmatrix} x_{11}(t_k) & \cdots & x_{1m}(t_k) \\ \vdots & & \vdots \\ x_{n1}(t_k) & \cdots & x_{nm}(t_k) \end{bmatrix} \tag{4-5}$$

由此可以证明，若限定 $w^T w = 1$，当取 w 为矩阵 H 的最大特征值所对应的特征向量时，σ^2 取最大值，为了保证所有权重为正，可进一步限定 $w > 0$，即通过求解式（4-10）的规划问题即可计算出指标权重系数向量 w。

$$\max(w^T H w) \quad \text{s. t. } \|w = 1 \quad w > 0 \tag{4-6}$$

根据纵横向拉开档次法，本书运用 Matlab 软件确定了 62 个三级指标的权重，具体结果见表 3-2。

二、数据标准化处理

由于不同指标在量纲上的差异，在计算经济高质量发展指数之前，需要对原始数据进行标准化处理。数据标准化处理的方法有很多，主要包括极差标准化法、功效系数法、线性比例法、正态变换法、正态累计密度标准化方法等。其中，极差标准化法能够满足单调性、差异不变性、平移无关性、缩放无关性、区间稳定性等优势（郭亚军，2007），在实际运用中认可度较高、使用范围较广（许宪春等，2020），因此本书主要采用该方法进行数据标准化处理。

在此基础上，由于本书的研究样本为面板数据而非单纯的截面数据或时间序列数据，因此在采用极差标准化方法处理时又面临两个选择：一是采用定基极差标准化法，即以研究样本初始年份的指标值为基期①，进行标准化处理，如国内著名的"市场化指数"的编制就是采用这种方法（王小鲁等，2019）；二是采用面板极差标准化法，即将面板数据整体看成是一个个独立个体组成的样本合集，进而采用与截面数据或时间序列数据类似的做法进行标准化处理，如瑞士经济学会编制的 KOF 全球化指数就是采用这种方法（Gygli et al.，2019）。

表4-2列出了定基极差标准化法和面板极差标准化法的对比。可以看出，两种方法均能够实现综合指数横向和纵向两个维度的比较，因而在实际运用中均被广泛使用。然而，相比于面板极差标准化法，定基极差标准化法在处理过程中主要基于基期所有样本某个指标的最大值和最小值来进行，从而可能出现标准化处理后指标为负值的情形，由此计算的综合指数也不存在上下限，如可能出现综合指数小于0的样本；同时，定基极差标准化法对异常值更为敏感，在指标数据较多、样本量较大的情况下，可能存在个别异常值，如果采用定基极差标准化法将容易造成较大的误差②。

---

① 当然，采用其他年份作为基期亦可，只是设置初始年份为基期最为常见。

② 虽然在计算经济高质量发展综合指数之前，本书对所有样本指标的原始数据进行了多次核实和检查，但依然无法保证完全没有异常值的情况，这是因为本书的研究包括30个省份17年的样本，每个样本又包含62个指标，所以数据总量为31620个（30×17×62）。

表 4-2　　　　　　定基极差标准化法和面板极差标准化法的对比

方法特点	定基极差标准化法	面板极差标准化法
标准计算公式是什么？	x_j 为正向指标： $$s_{ij}(t_k)=\frac{x_{ij}(t_k)-\min[x_j(t_0)]}{\max[x_j(t_0)]-\min[x_j(t_0)]}$$ x_j 为逆向指标： $$s_{ij}(t_k)=\frac{\max[x_j(t_0)]-x_{ij}(t_k)}{\max[x_j(t_0)]-\min[x_j(t_0)]}$$	x_j 为正向指标： $$s_{ij}(t_k)=\frac{x_{ij}(t_k)-\min[x_{ij}(t_k)]}{\max[x_{ij}(t_k)]-\min[x_{ij}(t_k)]}$$ x_j 为逆向指标： $$s_{ij}(t_k)=\frac{\max[x_{ij}(t_k)]-x_{ij}(t_k)}{\max[x_{ij}(t_k)]-\min[x_{ij}(t_k)]}$$
能否实现综合指数的横向比较？	能	能
能否实现综合指数的纵向比较？	能	能
标准化处理后是否会出现负值情况？	是	否
对异常值的敏感程度？	较为敏感	较不敏感
综合指数的大小是否有上下限？	综合指数值无上下限，小于 0 或大于 1 均可	综合指数值在 0～1
代表性的案例有哪些？	市场化指数	全球化指数

注："标准计算公式"中，i、j、t_k 分别表示省份、指标和年份，$x_{ij}(t_k)$ 和 $s_{ij}(t_k)$ 分别表示指标原始值和指标标准化处理后的值，$\max[x_j(t_0)]$ 和 $\min[x_j(t_0)]$ 分别表示所有年份所有省份第 j 个指标的最大值和最小值，$\max[x_{ij}(t_k)]$ 和 $\min[x_{ij}(t_k)]$ 分别表示所有年份所有省份第 j 个指标的最大值和最小值。

基于上述考虑，本书最终采用面板极差标准化方法对原始数据进行标准化处理。为了使最终计算的经济高质量发展指数大小更为直观，本书将其大小限定在 0 ~ 100，即在"标准计算公式"的基础上统一乘以 100。具体的计算公式为：

$$s_{ij}(t_k) = \begin{cases} 100 \times \dfrac{x_{ij}(t_k) - \min[x_{ij}(t_k)]}{\max[x_{ij}(t_k)] - \min[x_{ij}(t_k)]} & x_j \text{ 为正向指标} \\[4mm] 100 \times \dfrac{\max[x_{ij}(t_k)] - x_{ij}(t_k)}{\max[x_{ij}(t_k)] - \min[x_{ij}(t_k)]} & x_j \text{ 为逆向指标} \end{cases}$$

$$(4-7)$$

具体的符号含义见表 4-2 的注释部分。

三、经济高质量发展指数的合成

在确定指标权重和原始数据标准化处理的基础上，就可以采用指数合成的方式计算出最终的经济高质量发展综合指数及其分维度指数。综合指数合成的方法主要包括线性加权法、非线性加权法以及理想点法等方法。其中，线性加权法是在实际运用中使用最为广泛、认可度最高、普及度最广的方法，相比于其他指数合成方法，该方法的主要优点在于易于计算，且能够实现各评价指标之间的线性补偿（郭亚军，2007）。相比之下，非线性加权法主要突出的是表现较差指标值的作用。例如，在两个系统的对比中，其中一个系统多数指标表现良好，但存在一个明显的"短板"，而另一个系统所有指标均表现一般，但也不存在某个明显"拖后腿"的指标，最终的评价结果可能是后者优于前者，这可能与实际情况不相符合。理想点法的计算过程相对而言最为复杂，主要反映的是评价系统同最优"理想系统"之间的差距状况，但计算结果相对不那么直观。

综合以上原因，本书最终选择线性加权法进行经济高质量发展指数的合成，具体的计算公式为：

$$HQI_i(t_k) = \sum_{j=1}^{m} w_j s_{ij}(t_k) \qquad (4-8)$$

其中，$HQI_i(t_k)$ 即为第 i 个省份在第 t_k 年度经济高质量发展指数。

综上所述，本书主要结合纵横向拉开档次法、面板极差标准化法以及线性加权法对经济高质量发展综合指数及其分维度指数进行测度。总的来说，本书的测度方法使用较为广泛、认可度较高、评价过程客观可重复、计算较为简洁、测度结果较为可信，能够较为公正、客观地评价和比较中国各省份经济高质量发展水平。当然，这种基于单一方法的测度可能仍然会存在片面性，因此在后面的实证分析中，本书还将变换多种测度方法来检验此种方法测度结果的稳健性。

第二节　中国经济高质量发展指数的测度结果分析

一、中国经济高质量发展指数的基本测度结果

基于前面构建的中国经济高质量发展指标体系和测度方法，本书计算了 2002～2018 年中国 30 个省份的经济高质量发展总体指数及其分维度指数。

表 4 - 3 报告了中国经济高质量发展指数测度结果。可以发现，2002～2018 年中国经济高质量发展总体指数及其分维度指数均有所提升，但在变动趋势、提升幅度等方面存在一定的差异。具体而言，中国经济高质量发展指数呈现较为稳定的上升趋势，由 2002 年的 49.58 提升至 2018 年的 59.76，且在 2009 年之后，中国经济高质量发展指数始终保持在样本期均值 53.83 以上（见图 4 - 1）。尽管 2018 年中国经济高质量发展指数达到了样本期内最高的 59.76，但距离经济高质量发展最优值还有 40.24% 的差距，经济发展质量水平整体不高。同时，2002～2018 年中国经济高质量发展指数年均增长率也较低，仅为 1.17%。由此可见，中国经济高质量发展面临着发展质量不高和发展质量增速较慢的双重挑战。

表 4 - 3　　　　　　　中国经济高质量发展指数测度结果

年份	经济高质量发展指数	产品和服务质量指数	经济效益指数	社会效益指数	生态效益指数	经济运行状态指数
2002	49.58	6.08	3.57	13.06	16.30	10.57
2003	49.19	6.22	3.82	13.14	16.20	9.82
2004	48.70	6.10	4.10	12.99	16.41	9.11
2005	49.41	6.34	4.25	13.16	16.36	9.29
2006	50.26	6.52	4.40	13.61	16.43	9.31
2007	50.94	6.48	4.57	13.96	17.03	8.91
2008	52.13	6.47	4.68	14.96	17.45	8.56
2009	53.97	6.54	4.48	15.26	17.88	9.81
2010	54.24	6.38	4.73	15.57	18.35	9.21
2011	54.75	6.53	4.90	15.93	18.36	9.04
2012	55.87	6.54	4.72	16.20	18.70	9.71
2013	55.52	6.58	4.61	16.44	18.12	9.77
2014	56.23	6.48	4.60	16.81	18.49	9.85
2015	57.43	6.57	4.44	17.32	18.87	10.22
2016	58.18	6.45	4.49	17.57	19.24	10.43
2017	58.89	6.33	4.59	17.91	19.24	10.82
2018	59.76	6.47	4.58	18.13	19.55	11.03
年均增长率（%）	1.17	0.39	1.57	2.07	1.14	0.27

注：中国经济高质量发展指数用历年各省份经济高质量发展指数的算数平均值表示。

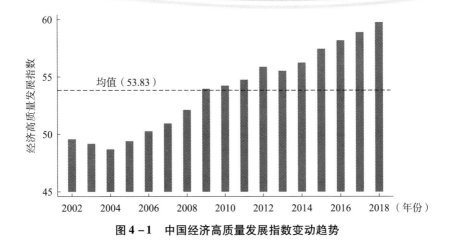

图 4 - 1　中国经济高质量发展指数变动趋势

二、中国经济高质量发展分维度指数的测度结果

（一）产品和服务质量指数

2002～2018 年中国产品和服务质量指数在波动中缓慢提升，具体由 2002 年的 6.08 提升至 2018 年的 6.47，年均增长率仅为 0.39%（见图 4 - 2）。导致产品和服务质量指数波动的主要原因是样本期内中国产品质量指标波动幅度较大：优等品率虽然整体有所提升，但在 2017、2018 年连续两年下滑，质量损失率以及出入境货物检验检疫合格率指标在样本期内甚至有所恶化，说明中国产品质量水平亟待提升。相对而言，服务质量指标总体呈现出较为稳定的上升趋势，但除了服务业劳动生产率指标增速较快外，第三产业增加值占 GDP 比重、生产性服务业就业人员数占就业人员比重两个指标的增速依然较慢，表明中国服务业发展依然严重滞后。

（二）经济效益指数

2002～2018 年中国经济效益指数呈"N"型变动趋势：首先由 2002 年的 3.57 逐步上升至 2011 年峰值的 4.90，之后小幅下滑至 2015 年的 4.44，2016、2017 年连续两年有所提升，2018 年小幅回落至

4.58，样本期内年均增长率仅为 1.57%，高于经济高质量发展总体指数的增长速度（见图 4-3）。具体到指标层面，样本期内除资本生产率有所恶化以外，其余指标均实现了不同程度的改善，但不同指标的变化趋势存在较大的差异。宏观经济效益方面，劳动生产率在样本期内实现了稳定快速的增长，但土地产出率和全要素生产率的增速较慢，尤其是全要素生产率增速近年来出现下滑的趋势（2018 年有所反弹）。微观经济效益方面，规模以上工业企业成本利润率等指标均有所改善，但发展不够稳定，整体波动性较大。

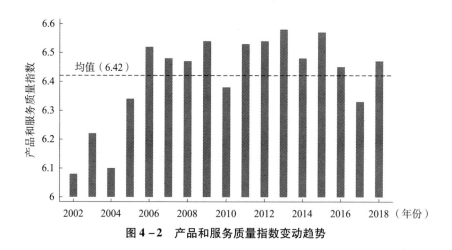

图 4-2　产品和服务质量指数变动趋势

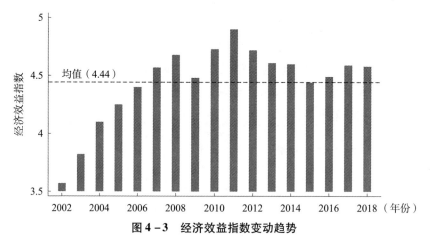

图 4-3　经济效益指数变动趋势

（三）社会效益指数

2002~2018 年中国社会效益指数呈稳定上升趋势，由 2002 年的 13.06 逐步上升至 2018 年的 18.13，年均增长率仅为 2.07%，在经济高质量发展五个维度中增长速度最快（见图 4-4）。在社会效益的 19 个指标中，2018 年有 15 个指标相对于 2002 年实现了不同程度的改善，人均 GDP、社会保险覆盖率、互联网普及率等指标在样本期内提升明显，共同驱动社会效益指数的提升。然而，中国经济发展过程中，劳动者报酬占 GDP 比重逐年下滑，城乡收入差距较大等问题尚未得到根本性改善，导致社会效应指数整体增速较慢。

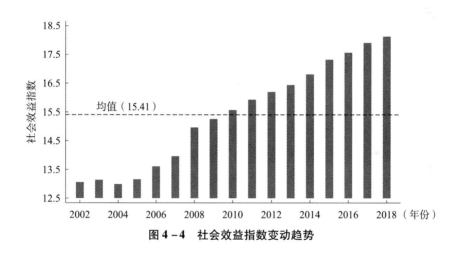

图 4-4 社会效益指数变动趋势

（四）生态效益指数

2002~2018 年中国生态效益指数呈"W"型变动趋势：先由 2002 年的 16.30 逐步上升至 2012 年的 18.70，之后小幅下滑至 2013 年的 18.12，此后稳步提升至 2018 年的 19.55，样本期内年均增长率仅为 1.14%，与经济高质量发展总体指数增长速度的 1.17% 大体相当（见图 4-5）。在生态效益的 12 个指标中，2018 年有 9 个指标相对于 2002

年实现了不同程度的改善，尤其是在环境污染治理方面提升明显，工业污染治理力度、生活垃圾无害化处理率、污水处理率等指标均得到了较快的增长，这可能与近年来中国政府不断加大环境保护力度、甚至将环保指标纳入官员考核系统有关（张军等，2020；余泳泽等，2020）。然而，尽管中国政府提出"二氧化碳排放力争于2030年前达到峰值，努力争取2060年前实现碳中和"的伟大目标，但在样本期内人均能源消费量、人均二氧化碳排放量等指标虽然增速有所放缓，但逐年上升的趋势尚未得到根本性的扭转，这是导致中国生态效益指数提升速度不快的主要原因。

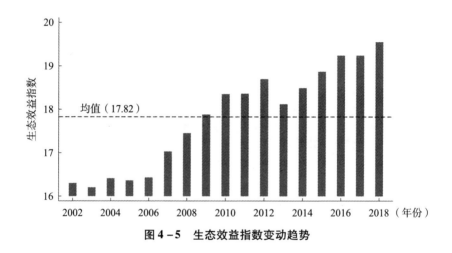

图4-5　生态效益指数变动趋势

（五）经济运行状态指数

2002~2018年中国经济运行状态指数呈"U"型变动趋势，具体由2002年的10.57逐步上升至2011年峰值的11.03，年均增长率仅为0.27%，在经济高质量发展五个维度中增长速度最慢（见图4-6）。在生态效益的17个指标中，2018年有7个指标相对于2002年出现了不同程度的恶化，包括通货膨胀率、最终消费率、外贸依存度、实际利用外资占投资比重等指标，制约了经济运行状态指数的提升。相对应地，考察期内中国产业结构水平、金融发展水平和技术水平均有所提升，尤其是万人 R&D 人员全时当量、每万人发明专利授权数等指标提升速度较快，这是经济运行状态指数提升的主要因素。

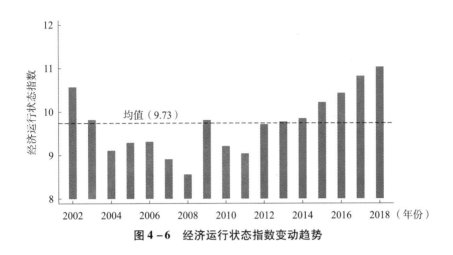

图 4-6 经济运行状态指数变动趋势

三、中国经济高质量发展指数变动的驱动因素分析

表 4-4 分析了中国经济高质量发展指数变动的驱动因素。2002～2018 年，驱动经济高质量发展指数提升的因素依次是社会效益指数、生态效益指数、经济效益指数、经济运行状态指数以及产品和服务质量指数，其贡献度分别为 49.84%、31.88%、9.92%、4.50% 和 3.82%。

以党的十八大为界，本书进一步将样本期划分为 2002～2012 年以及 2013～2018 年两个时期，从而可以动态地考察不同时期经济高质量发展指数变动的驱动因素。具体而言，2002～2012 年，驱动经济高质量发展指数提升的因素依次是社会效益指数、生态效益指数、经济效益指数以及产品和服务质量指数，其贡献度分别为 49.92%、38.08%、18.33% 和 7.28%，而经济运行状态指数的下滑阻碍了经济高质量发展指数的提升，其贡献度为 -13.65%。2013～2018 年，驱动经济高质量发展指数提升的因素依次是社会效益指数、生态效益指数以及经济运行状态指数，其贡献度分别为 39.98%、33.76% 和 29.51%，产品和服务质量指数以及经济效益指数对经济高质量发展指数提升的贡献度为负，其大小分别为 – 2.64% 和 – 0.64% 。由此可见，党的十八大以来，中国经济运行状态实现了较大的改善，但产品和服务质量以及经济效益却经历了小幅下滑。

表 4 – 4　　　　　中国经济高质量发展指数变动的驱动因素

项目	2002 ~ 2012 年		2013 ~ 2018 年		2002 ~ 2018 年	
	提升值	贡献度（%）	提升值	贡献度（%）	提升值	贡献度（%）
经济高质量发展指数	6.29	100.00	4.24	100.00	10.19	100.00
产品和服务质量指数	0.46	7.28	– 0.11	– 2.64	0.39	3.82
经济效益指数	1.15	18.33	– 0.03	– 0.64	1.01	9.92
社会效益指数	3.14	49.92	1.69	39.98	5.08	49.84
生态效益指数	2.40	38.08	1.43	33.76	3.25	31.88
经济运行状态指数	– 0.86	– 13.65	1.25	29.51	0.46	4.50

第三节　经济高质量发展水平的国际比较

为全面把握中国经济高质量发展状况，本书进一步通过横向的国际比较，以期找到中国经济发展过程中的短板和差距，为有效推动中国经济高质量发展提供参考。由于部分指标的可获得性以及统计口径不一致等客观原因的存在，因而无法按照前面构建的指标体系对各国经济高质量发展指数进行测度和比较。因此，在后面的分析中，本书主要依据"四高一好"的框架，结合数据可得性，选择有代表性的指标进行多维度国际比较。

一、基于单一指标的经济高质量发展水平的国际比较

（一）产品和服务质量

虽然"中国制造"享誉全球，但总体而言，中国的产品存在着产

品附加值不高、可靠性不足、实用性不强等问题，"假冒伪劣""坑蒙拐骗"等现象也时有发生①。《全球食品安全指数报告》显示，2019 年中国食品安全指数为 71.0 分，位列世界第三十五名，虽然较前一年排名提升了十一名，但依然明显低于新加坡、爱尔兰、美国等国家②。与此同时，在一份外国媒体统计的全球制造业口碑排行榜中，德国、瑞士等国家处于领先位置，而中国未能进入前十名③。世界品牌实验室发布的 2020 年《世界品牌 500 强》中，中国以 43 家企业的入选数量排名全球第四，远低于世界排名第一美国的 204 家，更为重要的是，在 2020 年《世界品牌 500 强》名单中，排名前十的企业有 8 家来自美国，排名前二十的企业有 14 家来自美国，而中国入选企业当中，排名最高的国家电网仅位列第二十五名④。此外，尽管目前中国消费品质量标准体系已基本建立，但同国际标准相比还存在差距。一个典型的事实是，近年来国际品牌的多次召回事件中，很多品牌将中国消费者排除在外。例如，宜家召回 3500 万件抽屉柜，但仅限于美国和加拿大，不包括中国；又如，三星 Note 7 手机在发生 35 起爆炸事件之后，宣布将已卖出的 Note 7 手机全部召回，但中国被排除在外。

在服务质量方面，虽然 2016～2018 年中国服务业发展迅速，但远落后于美国、德国等发达国家，甚至低于世界平均水平（见表 4－5）。具体而言，2018 年中国第三产业增加值占 GDP 比重仅为 53.27%，是世界平均水平的 78.12%，甚至略低于印度。第三产业就业人数占就业人员总数比重为 45.71%，同世界平均水平的 49.75% 较为接近，但仍明显低于英国、美国、法国等发达国家，这些国家第三产业就业人数占比均超过或者接近 80%。此外，中国服务业劳动生产率明显偏低，仅为世界平均水平的 48.79%，显著低于美国、法国、德国、日本等

① 例如苏丹红事件、三聚氰胺奶粉事件、地沟油事件、长生疫苗事件、权健保健品事件等。

② 资料来源：全球食品安全指数（Global Food Security Index）官网（https://foodsecurityindex.eiu.com/）。

③ 资料来源：搜狐网（https://www.sohu.com/a/436796227_194632）。

④ 资料来源：世界品牌实验室（http://www.worldbrandlab.com/）。

国；高端服务业增加值占 GDP 比重相对较低，仅为美国的 44.76%[①]。

由此可见，在世界范围内，中国产品和服务质量整体偏低，与世界第二大经济体的身份极不相称。在未来的经济发展过程中，必须更加注重产品和服务质量的提高，以此带动经济高质量发展水平的提升。

表 4 - 5　　　　　　　　中国与部分国家服务质量的比较

国家	第三产业增加值占 GDP 比重（%）	第三产业就业人数占就业人员总数比重（%）	服务业劳动生产率（2010 年不变价万美元/人）	高端服务业增加值占 GDP 比重（%）
中国	53.27	45.71	1.62	28.21 **
美国	80.88 *	78.85 *	10.83 *	63.03 **
德国	71.77	71.41	9.08	34.51 **
日本	69.69	72.08	8.73	42.81 **
韩国	64.06	69.80	4.71	30.93 **
英国	81.85	80.80	8.50	37.62 **
法国	81.27	77.20	10.14	39.97 **
印度	58.47	31.72	1.07	23.37 **
巴西	77.45	70.61	2.41	42.00 **
世界平均	68.19	49.75	3.32	—

注：* 为 2017 年数据，** 为 2016 年数据，其余均为 2018 年数据。
资料来源：高端服务业增加值占 GDP 比重数据来源于王冠凤、曹键（2019）；其余数据根据世界银行数据库计算整理得到。

―――――――――

① 在《中国统计年鉴》和世界银行数据库中，个别指标的数据统计会存在细小的误差，如根据 2019 年《中国统计年鉴》，2018 年中国第三产业增加值占 GDP 比重、第三产业就业人数占就业人员总数比重分别为 52.2% 和 46.3%，同表 4 - 5 存在一定的差别，但不会对本书的研究结论产生实质性影响。在后面分析中，基尼系数等指标也存在由于不同数据库数据来源不同而导致指标值不同的情况，为便于国际比较，本书统一以世界银行数据库公布的数据为准，不另做说明。

（二）经济效益

尽管近年来中国经济效益稳步提升，但同世界平均水平相比还存在一定的差距，也远落后于发达国家（见表4－6）。具体而言，2018年中国全员劳动生产率为 1.39 万美元/人，是世界平均水平的 57.38%，是美国的 12.86%；资本生产率为 2.33，显著低于世界平均水平的 3.95，甚至低于印度的 3.45，一定程度上体现了中国投资效率偏低的客观事实；全要素生产率方面，也远低于美国、德国、法国等国家，2017 年中国全要素生产率仅是美国的 38.38%，表明中国经济发展的长期动力仍亟待提高。

表4－6　　　　　中国与部分国家经济效益的比较

国家	全员劳动生产率（2010 年不变价万美元/人）	资本生产率	全要素生产率（美国＝1）
中国	1.39	2.33	0.38 *
美国	10.79	4.82	1.00 *
德国	9.04	4.73	0.99 *
日本	9.03	4.15	0.75 *
韩国	5.13	3.29	0.63 *
英国	8.39	5.91	0.80 *
法国	9.63	4.37	0.97 *
印度	0.58	3.45	0.45 *
巴西	2.20	6.56	0.47 *
世界平均	2.42	3.95	—

注：＊为2017 年数据，其余均为2018 年数据。
资料来源：全要素生产率数据来源于 Penn World Table version 9.1；全员劳动生产率、资本生产率根据世界银行数据库计算整理得到。

（三）社会效益

表4－7 列出了中国与部分国家社会效益的指标数据。可以看出，

尽管自 2010 年以来中国就已成为世界银行划分的中等偏上收入国家行列，但居民整体收入水平较低依然是不争的事实。2018 年中国人均 GNI 为 0.78 万美元，是世界平均水平的 71.27%，是美国的 14.10%，也远低于日本、德国等发达国家。人口死亡率为 7.10‰，低于世界平均水平的 7.53‰，也明显低于德国、日本、美国等国；这一方面得益于较高的医疗卫生水平、良好的社会治安等因素，另一方面也存在人口结构等方面的客观因素，虽然中国人口老龄化现象日益凸显，但仍显著好于西方发达国家。根据世界银行数据库，2018 年中国 65 岁和 65 岁以上人口占总人口的比重为 10.92%，而德国、日本、美国的这一指标分别为 21.46%、27.58% 和 15.81%。人口预期寿命为 76.7 岁，高于世界平均水平的 72.6 岁，但距离西方发达国家还存在一定的差距。互联网普及率超过 60%，略高于世界平均水平，但同发达国家 90% 左右甚至超过 90% 的水平相比，发展依然较为滞后。此外，尽管自 2000 年以来中国劳动者报酬占 GDP 比重就一直保持持续下降的趋势，但自 2012 年之后这一情况开始有所扭转，2017 年中国劳动者报酬占 GDP 比重达到 58.32%，虽略低于法国、德国、美国，但高于日本、韩国。收入分配状况不容乐观，虽然中国的基尼系数略低于美国，但远高于日本、韩国、法国等国家，持续改善收入分配结构是推动中国经济高质量发展的重要着力点。

表 4-7 　　　　　　　中国与部分国家社会效益的比较

国家	人均 GNIC（2010 年不变价万美元）	人口死亡率（‰）	人口预期寿命（岁）	互联网普及率（%）	劳动者报酬占 GDP 比重（%）	基尼系数
中国	0.78	7.10	76.7	62.8 *	58.32 **	0.385 ***
美国	5.52	8.60	78.9	89.8 *	59.69 **	0.411 ***
德国	4.88	11.50	81.2	96.0 *	61.84 **	0.319 ***
日本	5.05	11.00	84.5	93.5 *	56.17 **	0.329
韩国	2.82	5.80	82.8	95.9 *	51.73 **	0.316
英国	4.27	9.30	81.2	93.6 *	59.03 **	0.348 ***

续表

国家	人均GNIC（2010年不变价万美元）	人口死亡率（‰）	人口预期寿命（岁）	互联网普及率（%）	劳动者报酬占GDP比重（%）	基尼系数
法国	4.47	9.20	82.5	92.3*	63.25**	0.319***
印度	0.21	7.23	69.4	40.6*	51.75**	0.357
巴西	1.08	6.45	75.7	70.8*	58.04**	0.533***
世界平均	1.09	7.53	72.6	59.7*	—	—

注：*为2020年6月数据，**为2017年数据；***为2016年数据（其中，印度、韩国和日本的基尼系数分别为2011年、2012年和2013年数据），其余均为2018年数据。

资料来源：人口预期寿命来源于《2019年人类发展指数报告》，互联网普及率来源于Internetworldstats网站（https：//www.internetworldstats.com/list2.htm），劳动者报酬占GDP比重来源于Penn World Table version 9.1，其余数据来源于世界银行数据库。

（四）生态效益

表4-8报告了中国与部分国家生态效益的指标数据。数据显示，在能源消费和污染排放方面，2016年中国人均能源消费量和人均二氧化碳排放量分别为2.24吨石油当量和7.18公吨，是世界平均水平的1.16和1.48倍，但总体低于美国、德国、日本等发达国家。在能源结构方面，2014年中国化石燃料能源消耗占比高达87.67%，高于世界平均水平的80.91%，表明中国需进一步综合运用产业政策、能源政策等手段，降低煤、石油、天然气等化石燃料能源消耗占比，优化能源结构。在能源利用方面，2014年中国GDP单位能源消耗为5.33美元/千克石油当量（2011年不变价购买力平价美元），不及世界平均水平的8.27，也远低于英国的15.92、德国的13.43、法国的11.81和日本的11.28，意味着中国能源利用效率整体偏低。在清洁生产方面，2014年中国碳排放强度为1.04千克/美元（2010年不变价），是世界平均水平0.46的2倍多，明显高于法国、德国、日本等国，说明生产单位产值的GDP中国产生了更多的二氧化碳排放。在空气质量方面，2017年中国PM2.5年均浓度达到52.66微克/立方米，是世界平均水平45.53的1.16倍，远高于美国、应该、日本等国，说明中国空气污染形势较

为严峻。在生态环境禀赋方面，2016 年中国的森林覆盖率为 22.35%，明显低于世界平均水平的 30.72%，远低于日本的 68.46%、韩国的 63.35% 和巴西的 58.93%，表明中国的生态环境质量须进一步提高。

表 4-8 中国与部分国家生态效益的比较

国家	人均能源消费量（吨石油当量）	人均二氧化碳排放量（公吨）	化石燃料能源消耗占比（%）	GDP 单位能源消耗	碳排放强度	PM2.5 年均浓度（微克/立方米）	森林覆盖率（%）
中国	2.24*	7.18**	87.67*	5.33*	1.04**	52.66***	22.35**
美国	6.96*	15.50**	83.09*	8.23*	0.29**	7.41***	33.93**
德国	3.78*	8.84**	79.71*	13.43*	0.19**	12.03***	32.69**
日本	3.47*	8.94**	94.41*	11.28*	0.19**	11.70***	68.46**
韩国	5.29*	12.11**	81.03*	7.19*	0.45**	25.04***	63.35**
英国	2.78*	5.78**	82.72*	15.92*	0.14**	10.47***	13.07**
法国	3.66*	4.57**	46.23*	11.81*	0.11**	11.81***	31.23**
印度	0.64*	1.82**	73.58*	8.02*	0.97**	90.87***	23.83**
巴西	1.50*	2.24**	59.11*	10.53*	0.20**	12.71***	58.93**
世界平均	1.92*	4.85**	80.91*	8.27*	0.46**	45.53***	30.72**

注：＊为 2014 年数据，＊＊为 2016 年数据，＊＊＊为 2017 年数据。GDP 单位能源消耗的单位是 2011 年不变价购买力平价美元/千克石油当量，碳排放强度的单位是千克/2010 年美元。

资料来源：世界银行数据库。

（五）经济运行状态

表 4-9 报告了中国与部分国家经济运行状态的指标数据。具体地，在经济波动方面，2018 年中国经济波动率为 0.26%，明显优于巴西、印度，也优于日本、美国、法国等发达国家，说明中国整体经济运行较为平稳，经济增长没有出现大起大落。在物价水平方面，2018 年中国的通货膨胀率为 2.07%，低于世界平均水平的 2.46%，优于美国和英国，但同法国、德国等国家相比，依然较高。在就业方面，

2018 年中国的失业率为 4.28%，比世界平均水平的 5.39% 低 1.11 个百分点，但略高于美国和韩国，远高于日本。在产业结构方面，2018 年中国产业结构高级化指数为 1.34，明显低于世界平均水平的 2.45，远低于美国；同时，2018 年中国产业结构合理化指数为 0.125，在表 4-9 列出的国家中，仅优于印度，显著劣于英国、德国、美国等发达国家，可见产业结构整体不优是制约中国经济高质量发展水平提升的重要因素。在城市化发展方面，2018 年中国城镇化率接近 60%，略高于世界平均水平的 55.27%，但远低于日本、英国、美国、韩国等发达国家，因而有必要进一步加快新型城镇化建设的进程，以高质量的城镇化带动中国经济高质量发展水平的提升。在消费水平方面，2018 年中国最终消费率为 55.06%，是世界平均水平的 75.37%，远低于美国、英国等国家，因此要加强需求侧管理，坚持需求侧改革，进一步扩大消费水平和推动消费结构升级，为经济高质量发展提供动力保障。在税收方面，2018 年中国税收占 GDP 的比重为 9.42%，明显低于世界平均水平的 14.87%，同美国 9.64% 的水平基本相当，但落后于英国、法国等国家。在金融发展方面，2018 年中国股票交易额占 GDP 比重为 94.07%，同世界平均水平的 97.19% 大致相当，但低于美国、韩国、日本等国家；同时，银行不良贷款率较高，达到了 1.83%，远高于韩国的 0.35%、美国的 0.91% 和德国的 1.07%，说明中国金融市场发展相对滞后，银行贷款质量总体偏低，距离世界发达水平仍然具有较大的提升空间。在技术水平方面，首先，2018 年中国人均受教育年限为 7.9 年，低于世界平均水平的 8.4 年，也远低于德国的 14.1 年、美国的 13.4 年、英国的 13.0 年，表明中国的人力资本水平相对较低；其次，2018 年中国 R&D 投入强度为 2.19%，低于世界平均水平的 2.27%，与韩国、日本、德国、美国等发达国家存在较大的差距；再次，2018 年中国每万人 R&D 研究人员数为 13.07 人，略低于世界平均水平的 14.11 人，同时远低于韩国、日本、德国、美国等发达国家；最后，2018 年中国万人发明专利申请数为 10.01 件，虽然低于韩国和日本，但高于美国、德国、法国等发达国家。由此可见，中国总体技术水平较高，尤其在创新产出方面，但在人力资本水平、创新投入和研究人员数量等方面，同西方发达国家的差距依然较大。在国际经济关系方面，2018 年中国外贸依存度为 37.46%，高于美国的 27.56%，但显著低于德国、韩国、法国、英国等国家；2018 年中国 FDI 占投资比重为 1.69%，高于美国的 1.27%，但显著低于德国、英国、法国等国家，可见进一步提高对外开放水平，是推动中国经济高质量发展水平进一步提升的重要支撑。

表 4-9　　　　　　　中国与部分国家经济运行状态的比较

国家	经济波动率（%）	通货膨胀率（%）	失业率（%）	产业结构高级化指数	产业结构合理化指数	城镇化率（%）	最终消费率（%）	税收占GDP比重（%）
中国	0.26	2.07	4.28	1.34	0.125	59.15	55.06	9.42 *
美国	0.56	2.44	3.90	4.44 *	0.002 *	82.26	86.75	9.64
德国	0.39	1.73	3.38	2.61	0.001	77.31	72.04	11.51
日本	0.78	0.98	2.40	2.40	0.014	91.62	75.44	11.91
韩国	0.23	1.48	3.85	1.88	0.030	81.46	64.10	15.57
英国	0.49	2.29	4.00	4.67	0.001	83.40	83.95	25.51
法国	0.57	1.85	9.06	4.76	0.005	80.44	77.17	24.23
印度	0.84	4.86	5.33	2.24	0.210	34.03	70.41	11.97
巴西	2.47	3.66	12.33	4.27	0.020	86.57	84.79	14.18
世界平均	—	2.46	5.39	2.45	—	55.27	73.05	14.87

国家	股票交易额占GDP比重（%）	银行不良贷款率（%）	人均受教育年限（年）	R&D投入强度（%）	每万人R&D研究人员（人）	万人发明专利申请数（件）	外贸依存度（%）	FDI占投资比重（%）
中国	94.07	1.83	7.9	2.19	13.07 *	10.01	37.46	1.69
美国	160.88	0.91	13.4	2.84	44.12	8.73	27.56	1.27
德国	40.92	1.24	14.1	3.09	52.12	5.62	88.67	4.25
日本	127.23	—	12.8	3.26	53.31	20.05	36.82	0.50
韩国	142.73	0.35 *	12.2	4.81	79.80	31.50	78.66	0.71

续表

国家	股票交易额占GDP比重（%）	银行不良贷款率（%）	人均受教育年限（年）	R&D投入强度（%）	每万人R&D研究人员（人）	万人发明专利申请数（件）	外贸依存度（%）	FDI占投资比重（%）
英国	—	1.07	13.0	1.72	46.03	1.94	62.62	2.84
法国	—	2.75	11.4	2.20	47.15	2.14	64.48	2.57
印度	46.42	9.46	6.5	0.65	2.53	0.12	43.40	1.55
巴西	40.80	3.05	7.8	1.26*	8.88**	0.24	29.40	4.15
世界平均	97.19	—	8.4	2.27	14.11***	—	—	1.43

注：＊为2017年数据，＊＊为2014年数据，＊＊＊为2015年数据，其余均为2018年数据。

资料来源：除人均受教育年限来源于《2019年人类发展指数报告》外，其余数据均来源于世界银行数据库。

二、基于经济社会综合评价指标的经济高质量发展水平的国际比较

上述基于单一指标的国际比较在很大程度上反映了中国当前经济高质量发展水平偏低的客观事实。为更加直观地刻画中国经济发展质量同其他国家尤其是西方发达国家的差距，本书进一步选取代表性的、国际认可度较高的经济社会综合评价指标进行国际比较。

具体地，本书依次选取了体现经济社会总体发展状况的人类发展指数、反映居民幸福感和获得感的全球幸福指数、刻画国家综合实力的全球竞争力指数、衡量国家社会进步程度的社会进步指数、表征国家总体创新水平的全球创新指数、体现对外开放综合水平的全球化指数、反映综合环境质量的环境绩效指数以及刻画国家制度质量的经济自由度指数八个综合指标，以进一步对中国经济高质量发展水平进行国际比较①。

表4-10报告了中国经济社会综合评价指标的国际比较情况。可

---

① 鉴于相应报告对这些综合指数的指标体系、测度方法等进行了较为详细的解释，本书不再对这些指数进行详细介绍。

以看出，在这些指标中，中国总体表现不优。具体而言，中国全球创新指数和全球竞争力指数排名相对靠前，世界排名分别位于世界前10.69%和19.86%，但距离世界最高水平仍然有19.37%和12.85%的追赶空间，如果进一步考虑到中国世界第二大经济体的地位，上述成绩依然难以令人满意。全球化指数和人类发展指数均排名世界第八十五，分别位于世界前40.87%和44.97%，距离世界前沿水平分别相差29.20%和20.55%，仍然有待进一步提高。社会进步指数排名世界第八十九，综合排名中等靠后，与世界排名第一的挪威相差29.04%。全球幸福指数、经济自由度指数和环境绩效指数的世界排名均在九十名之后，分别位于世界前59.62%、61.11%和66.67%，整体排名相对靠后，同世界最优水平相比分别相差33.18%、35.92%和54.79%。

尽管上述综合指标同本书研究的核心指标"经济高质量发展指数"在内涵、外延、指标体系、测度方法等方面有所差别，但中国在诸多国际认可的综合指标中整体表现不优，这能够在一定程度上反映出中国经济发展质量不高的客观事实。总之，尽管中国经济建设在过去的40多年中取得了伟大成就，但这种高速增长某种意义上是以牺牲经济发展质量为代价的，在新的历史时期，加快中国由"数量型"增长转向"质量型"发展，是保持中国持续竞争力，缩小同西方发达国家差距甚至超越这些国家的必然选择。

表 4-10　　中国经济社会综合评价指标的国际比较情况

综合指标	中国得分	最高得分国家或地区	最高得分	差距（%）	中国排名	国家或地区总数（个）	排名位置（%）
人类发展指数	0.758	挪威	0.954	20.55	85	189	44.97
全球幸福指数	5.191	芬兰	7.769	33.18	93	156	59.62
全球竞争力指数	73.9	新加坡	84.8	12.85	28	141	19.86
社会进步指数	64.54	挪威	90.95	29.04	89	149	59.73
全球创新指数	53.28	瑞士	66.08	19.37	14	131	10.69

续表

综合指标	中国得分	最高得分国家或地区	最高得分	差距（%）	中国排名	国家或地区总数（个）	排名位置（%）
全球化指数	64.28	瑞士	90.79	29.20	85	208	40.87
环境绩效指数	37.3	丹麦	82.5	54.79	120	180	66.67
经济自由度指数	57.8	中国香港	90.2	35.92	110	180	61.11

注：差距指的是中国得分同最高得分国家或地区之间的差距，计算公式为：（1 - 中国得分/最高得分）×100%；排名位置指的是中国排名的相对位置，计算公式为：（中国排名/国家或地区总数）×100%，数值越大，表明中国排名越靠后。

资料来源：人类发展指数来源于《2019 年人类发展指数报告》（http：//hdr. undp. org/）；全球幸福指数来源于 World Happiness Report 2019（https：//worldhappiness. report/）；全球竞争力指数来源于 The Global Competitiveness Report 2019（https：//www. weforum. org/reports）；社会进步指数来源于 Social Progress Index 2019（https：//countryeconomy. com/demography/spi）；全球创新指数来源于 The Global Innovation Index 2020（https：//globalinnovationindex. org）；全球化指数来源于 KOF Globalisation Index 2020（https：//kof. ethz. ch/en/forecasts – and – indicators/indicators/kof – globalisation – index. html）；环境绩效指数来源于 Environmental Performance Index 2020（https：//epi. yale. edu/）；经济自由度指数来源于 2020 Index of Economic Freedom（https：//www. statista. com/statistics/256965/worldwide – index – of – economic – freedom/）。

第五章

中国经济高质量发展的省际比较与分析

前面从全国层面对中国经济高质量发展状况进行了纵向的时序分析和横向的国际比较。本章将在第四章研究的基础上，进一步以中国省际层面的比较为切入点，对中国省际经济高质量发展指数的测度结果进行深入全面的分析。

第一节　中国省际经济高质量发展指数的测度结果分析

一、中国省际经济高质量发展指数的基本测度结果

表5-1给出了中国30个省份经济高质量发展指数的基本测度结果。从中可以看出，2002～2018年所有省份经济高质量发展水平均有所提高，但整体提升速度较慢。具体而言，广西、宁夏、天津、新疆、江苏、山东、海南、辽宁、福建9个省份经济高质量发展指数的年均增长率不到1%；广东、吉林、山西、安徽、内蒙古、河北、河南、北京、湖南、黑龙江、浙江、江西、陕西、湖北、四川15个省份经济高质量发展指数的年均增长率介于1%～1.3%；云南、甘肃、青海、重庆4个省份经济高质量发展指数的年均增长率介于1.4%～1.6%；仅上海、贵州2个省份经济高质量发展指数的年均增长率超过2%，分别为2.01%和2.04%。

表 5 - 1   中国省际经济高质量发展指数测度结果

省份	2002年	2004年	2006年	2008年	2010年	2012年	2014年	2016年	2018年	年均增长率（%）
北京	61.82	62.74	65.06	67.74	69.23	71.45	73.08	73.12	74.50	1.17
天津	53.16	53.40	54.23	56.48	58.51	58.90	57.64	59.25	60.27	0.79
河北	47.73	47.05	48.54	49.72	52.61	52.06	53.24	55.76	57.23	1.14
山西	44.16	42.39	44.44	45.10	47.95	49.44	46.62	50.74	52.55	1.09
内蒙古	47.78	44.90	47.03	47.76	50.52	50.80	51.79	54.33	57.12	1.12
辽宁	50.25	48.61	50.74	53.48	55.74	57.11	55.00	56.89	58.79	0.99
吉林	50.75	49.63	49.84	51.41	53.20	56.45	55.51	58.56	59.58	1.01
黑龙江	50.67	50.47	51.76	53.21	54.96	55.96	55.39	58.58	61.70	1.24
上海	53.64	55.18	61.25	62.66	65.28	68.72	69.24	70.65	73.80	2.01
江苏	54.18	51.70	53.45	55.73	57.33	59.05	58.41	59.98	61.84	0.83
浙江	54.85	54.11	57.40	58.16	60.64	63.51	61.98	65.08	66.89	1.25
安徽	49.59	46.89	47.70	50.07	53.11	55.67	55.04	57.79	59.28	1.12
福建	53.57	54.59	54.91	56.79	59.54	60.00	60.03	59.92	62.68	0.99
江西	49.38	49.05	51.14	53.80	55.95	57.11	58.24	58.95	60.32	1.26
山东	50.17	47.81	51.62	53.36	55.89	56.78	56.29	57.50	57.78	0.89
河南	49.23	46.79	47.88	51.28	53.33	55.78	55.22	57.37	59.03	1.14
湖北	49.50	49.97	50.58	52.49	54.99	56.00	57.99	58.90	60.78	1.29
湖南	50.50	48.79	50.63	52.79	55.59	55.83	56.90	58.98	61.40	1.23
广东	55.17	53.31	55.81	57.89	59.32	62.24	62.68	64.32	64.76	1.01
广西	51.78	46.23	46.76	48.23	52.80	51.54	52.80	55.08	57.14	0.62
海南	53.33	52.77	53.46	54.40	55.09	58.13	59.61	60.79	62.05	0.95
重庆	46.80	46.43	47.49	51.48	53.32	55.75	57.01	59.19	59.99	1.56
四川	47.71	48.31	49.14	51.04	52.37	53.38	54.48	56.75	58.59	1.29
贵州	40.96	39.60	41.90	43.94	48.82	50.74	53.39	55.42	56.56	2.04
云南	47.30	47.51	46.53	48.64	51.71	53.21	54.40	57.20	59.65	1.46
陕西	46.62	45.20	46.99	48.79	51.63	53.13	54.26	54.87	57.20	1.29

续表

省份	2002年	2004年	2006年	2008年	2010年	2012年	2014年	2016年	2018年	年均增长率（%）
甘肃	43.79	43.35	43.08	46.14	44.20	48.95	51.47	53.98	55.26	1.46
青海	42.15	45.30	47.00	47.13	46.72	48.84	48.14	52.55	53.23	1.47
宁夏	43.41	40.73	42.83	43.38	45.80	47.12	49.33	49.97	49.00	0.76
新疆	47.34	48.24	48.70	50.71	51.06	52.39	51.61	53.00	53.87	0.81

注：限于篇幅，测度结果隔年汇报。

为了更加直观地比较中国经济高质量发展水平的省际差异，本书绘制了 2002、2018 年两年经济高质量指数地图：2002、2018 年经济高质量发展指数分类均以当年指数的大小为基准，采用四分位分类法进行分类。总的来讲，中国经济高质量发展指数呈现出"东高、中平、西低"的分布特征。具体而言，2002 年经济高质量发展排名前五名的省份依次为北京、广东、浙江、江苏和上海，贵州、青海、宁夏、甘肃和山西等省份则排名相对靠后；2018 年经济高质量发展排名前五名的省份依次为北京、上海、浙江、广东和福建，宁夏、山西、青海、新疆和甘肃等省份则排名相对靠后。一个明显的事实是，2002、2018 年两年排名前五名的省份全部为东部地区省份，排名后五名的省份全部为中西部地区省份，经济发展质量也存在区域不平衡的问题。

进一步地，本书以 2002 年经济高质量发展指数为横轴，以 2018 年经济高质量发展指数为纵轴，绘制成散点图，并以样本期内经济高质量发展指数均值线和 45 度线，将平面划分为 6 个区域（见图 5-1）。可以看出，30 个省份均分布在 45 度线上半部分区域，说明相对于 2002 年，所有省份经济高质量发展指数均有所提升。

同时，30 个省份分别位于三个不同的区域，即区域Ⅰ、区域Ⅱ和区域Ⅲ。区域Ⅰ可被定义为"领先者"，这个区域的省份经济高质量发展状况较好，经济高质量发展指数无论在期初还是在期末均高于样本均值，共包含北京、江苏、浙江和广东 4 个省份。区域Ⅲ可被定义为"落后者"，这个区域的省份经济高质量发展状况相对较差，经济高质量发展指数无论在期初还是在期末均低于样本均值，共包含青海、山西和宁夏3个省份。区域Ⅱ可被定义为"竞争者"，这个区域的省份虽然期初经济高质量发展指数低于样本均值，但期末经济高质量发展指数高于样本均值，共包含23个省份，代表性的省份有上海、福建等。

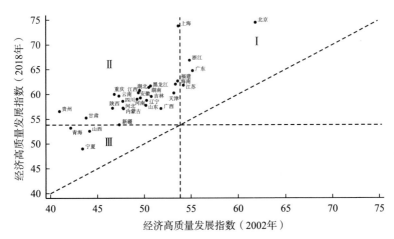

图5-1　中国省际经济高质量发展指数的分类

注：图中水平和垂直虚线对应的经济高质量发展指数大小为53.83，即样本期内经济高质量发展指数的均值；图中斜虚线为45度线。

二、中国省际经济高质量发展分维度指数的测度结果

（一）产品和服务质量指数

中国省际产品和服务质量指数的测度结果如表5-2所示。可以看出，在产品和服务质量维度，各省份的发展状况存在较大的差异。其中，上海、海南、新疆、云南和重庆5个省份表现良好，样本期内产品和服务质量指数的年均增长率均超过1%；黑龙江、河南、内蒙古、陕西、北京、浙江、湖北、宁夏、甘肃、湖南、青海、山西、贵州、四川、吉林和安徽16个省份产品和服务质量指数的年均增长率介于0.2%~1%；山东、江西、辽宁、天津、江苏、广东、福建、广西和河北9个省份产品和服务质量指数则出现了负增长。

表5－2 中国省际产品和服务质量指数测度结果

省份	2002年	2004年	2006年	2008年	2010年	2012年	2014年	2016年	2018年	年均增长率（％）
北京	7.25	6.65	7.86	8.70	8.81	8.21	8.70	8.21	8.03	0.64
天津	6.33	6.28	6.22	6.17	6.91	6.94	6.56	6.02	6.10	－0.23
河北	6.06	5.92	6.43	5.20	5.08	4.72	5.35	5.63	5.24	－0.90
山西	6.16	6.45	6.22	6.22	6.19	6.40	5.31	7.00	6.62	0.45
内蒙古	5.96	6.18	7.03	7.09	6.99	6.92	6.92	6.43	6.65	0.69
辽宁	6.26	6.10	6.80	6.70	6.50	6.59	6.34	5.90	6.05	－0.21
吉林	6.35	6.24	7.11	6.46	5.86	6.83	6.81	6.76	6.69	0.33
黑龙江	5.85	5.85	6.04	5.91	6.17	6.81	6.17	6.97	6.81	0.95
上海	6.26	6.63	7.49	7.55	8.41	8.45	8.20	7.79	7.86	1.43
江苏	6.21	6.12	6.51	6.37	6.54	6.34	5.80	5.87	5.98	－0.24
浙江	6.30	6.41	6.72	6.55	6.66	6.91	6.57	6.93	6.97	0.63
安徽	6.03	5.99	6.32	6.44	6.25	6.82	6.36	6.70	6.28	0.25
福建	6.49	6.22	7.11	6.22	6.69	6.45	6.01	5.06	5.78	－0.72
江西	6.71	6.13	7.32	7.24	6.87	6.44	7.20	6.53	6.59	－0.11
山东	6.06	5.36	5.97	5.41	6.01	5.64	5.47	5.62	6.03	－0.03
河南	5.97	5.94	5.94	6.15	6.26	6.86	6.35	6.61	6.70	0.72
湖北	5.90	6.27	6.75	6.59	6.81	6.41	6.77	6.64	6.52	0.63
湖南	6.47	6.39	6.48	6.87	6.88	7.08	7.22	7.10	7.00	0.49
广东	6.60	6.38	6.98	7.16	6.04	6.74	6.98	6.20	6.10	－0.49
广西	5.77	4.64	4.33	4.26	4.84	3.78	4.07	3.82	5.00	－0.89
海南	5.63	6.60	7.41	7.48	7.18	7.55	7.67	6.87	6.85	1.23
重庆	5.83	6.11	6.11	6.17	6.05	6.10	5.99	6.33	6.93	1.09
四川	6.00	6.33	6.81	6.81	6.28	6.46	6.86	6.54	6.41	0.41
贵州	6.02	6.03	6.58	6.78	7.79	7.83	7.23	6.83	6.45	0.43
云南	5.48	6.47	6.17	5.76	5.83	5.66	5.67	6.74	6.62	1.19
陕西	5.76	6.01	6.17	5.80	5.82	6.06	6.70	6.42	6.39	0.65
甘肃	6.02	5.70	6.16	7.19	3.52	6.24	6.32	6.74	6.55	0.53

省份	2002年	2004年	2006年	2008年	2010年	2012年	2014年	2016年	2018年	年均增长率（%）
青海	5.58	6.04	6.36	6.20	5.96	5.96	5.00	6.50	6.03	0.49
宁夏	5.65	5.64	6.32	5.91	6.36	6.51	6.98	6.54	6.22	0.60
新疆	5.52	5.84	5.85	6.77	5.76	6.51	6.71	6.25	6.69	1.21

注：限于篇幅，测度结果隔年汇报。

各省份产品和服务质量指数的排名变化幅度相对较大。从省际差异看，2002年产品和服务质量指数排名前五名的省份依次为北京、江西、广东、福建和湖南，云南、新疆、青海、海南和宁夏等省份则排名相对靠后；2018年产品和服务质量指数排名前五名的省份依次为北京、上海、湖南、浙江和重庆，广西、河北、福建、江苏和青海等省份则排名相对靠后。可以看出，不同年份排名靠前和靠后的省份随机地分布在东、中、西部地区，空间集聚特征并不明显。

（二）经济效益指数

表5-3报告了中国省际经济效益指数的测度结果。可以看出，样本期内绝大多数省份的经济效益有所改善。其中，青海、贵州和陕西3省份经济效益指数年均增长率在3.5%以上，分别为6.02%、3.59%和3.58%；宁夏、江西、北京、内蒙古、天津、甘肃和上海7省份经济效益指数增速紧随其后，年均增长率在2%~3%；重庆、海南、湖南、四川、吉林、辽宁、湖北、山西、福建和江苏10省份经济效益指数增速相对较慢，年均增长率在1%~2%；河北、广东、山东、河南、广西、浙江、新疆、黑龙江和云南9省份经济效益指数年均增长率不到1%；安徽省是样本期内唯一一个经济效益指数出现下滑的省份，年均增长率为-0.64%。

表 5 - 3 　　　　　中国省际经济效益指数测度结果

省份	2002年	2004年	2006年	2008年	2010年	2012年	2014年	2016年	2018年	年均增长率（%）
北京	4.41	5.47	5.44	5.50	5.43	5.52	5.53	6.02	6.50	2.45
天津	3.78	4.41	4.75	4.97	4.88	4.78	4.95	5.19	5.46	2.32
河北	3.69	4.30	4.64	4.83	4.76	4.94	4.83	4.82	4.32	0.99
山西	3.09	3.68	3.66	3.74	3.67	3.50	2.92	2.73	3.93	1.51
内蒙古	3.39	3.80	4.17	4.60	4.82	4.84	4.43	4.52	4.92	2.36
辽宁	4.25	4.54	4.39	4.75	4.99	5.43	4.96	5.05	5.50	1.62
吉林	3.90	4.56	4.59	5.17	5.66	6.19	6.02	5.96	5.09	1.68
黑龙江	4.35	5.10	5.58	5.21	4.89	4.86	4.87	4.40	4.43	0.11
上海	5.38	5.51	5.65	5.69	6.19	6.54	6.51	6.85	7.53	2.12
江苏	4.20	3.63	4.21	4.58	4.73	4.87	5.05	5.15	5.01	1.11
浙江	4.20	4.08	4.23	4.55	4.67	4.64	4.50	4.53	4.60	0.57
安徽	3.87	3.74	3.59	3.79	3.97	4.03	3.84	3.71	3.49	- 0.64
福建	4.15	4.40	4.48	4.79	4.88	4.74	4.81	4.77	5.25	1.48
江西	3.07	3.93	4.45	5.09	5.29	5.58	5.53	5.31	4.74	2.75
山东	4.42	4.89	5.46	5.93	6.01	5.92	5.79	5.71	5.04	0.82
河南	3.88	4.05	4.88	5.43	5.45	5.35	5.29	5.03	4.38	0.76
湖北	3.73	4.48	4.63	5.11	4.88	4.81	4.83	4.59	4.77	1.55
湖南	3.56	4.23	4.78	5.21	5.29	5.21	4.87	4.75	4.67	1.71
广东	4.16	4.11	4.33	4.63	4.82	4.88	4.77	4.81	4.76	0.85
广西	3.45	3.54	4.12	4.07	4.33	4.34	4.33	4.37	3.89	0.75
海南	3.54	3.83	3.99	4.62	4.72	4.43	4.49	4.22	4.69	1.77
重庆	2.72	3.56	3.37	4.19	4.19	3.87	4.12	4.03	3.72	1.98
四川	3.17	3.76	3.83	4.20	4.33	4.24	4.16	4.20	4.14	1.68
贵州	2.08	2.92	3.17	3.53	3.59	3.70	3.59	3.54	3.66	3.59
云南	3.90	4.40	4.19	3.99	3.94	3.81	3.85	3.39	3.95	0.08

续表

省份	2002年	2004年	2006年	2008年	2010年	2012年	2014年	2016年	2018年	年均增长率（%）
陕西	2.45	3.22	3.84	4.17	4.04	4.35	4.19	3.84	4.30	3.58
甘肃	2.60	3.25	3.83	4.03	3.78	3.85	3.63	3.01	3.67	2.18
青海	1.02	3.22	4.06	4.55	4.13	3.59	3.27	2.85	2.60	6.02
宁夏	2.25	2.99	3.37	3.46	3.70	3.60	3.55	3.13	3.55	2.89
新疆	4.41	5.26	6.40	6.11	5.85	5.26	4.62	4.19	4.83	0.57

注：限于篇幅，测度结果隔年汇报。

2002 年经济效益指数排名前五名的省份依次为上海、山东、北京、新疆和黑龙江，青海、贵州、宁夏、陕西和甘肃等省份的经济效益指数则相对落后；2018 年经济效益指数排名前五名的省份依次为上海、北京、辽宁、天津和福建，青海、安徽、宁夏、贵州和甘肃等省份的经济效益指数则相对落后。

（三）社会效益指数

中国省际社会效益指数的测度结果见表 5–4。可以看出，样本期内各省份社会效益发展态势良好，都实现了不同程度的改善。其中，云南省社会效益指数的年均增长率达到了 3.55%，是唯一一个年均增长率超过 3% 的省份；宁夏、上海、贵州、浙江、陕西、福建、河南、山东、广东、江苏、重庆、新疆、甘肃、安徽和山西 15 省份社会效益指数增长速度较快，年均增长率在 2%～3%；海南、黑龙江、四川、湖南、河北、湖北、江西、天津、辽宁、吉林、青海、内蒙古、广西和北京 14 省份社会效益指数增长速度相对较慢，但年均增长率也至少达到了 1.45% 以上。

表 5 - 4　　　　　　中国省际社会效益指数测度结果

省份	2002年	2004年	2006年	2008年	2010年	2012年	2014年	2016年	2018年	年均增长率（%）
北京	16.31	16.70	16.97	19.13	18.96	20.62	21.17	20.44	20.53	1.45
天津	14.13	14.84	15.15	16.98	17.73	17.70	17.82	18.52	18.78	1.79
河北	13.84	13.91	14.20	15.74	16.58	16.01	17.51	18.19	18.52	1.84
山西	13.85	13.11	14.60	15.38	15.94	16.74	17.68	18.72	19.01	2.00
内蒙古	14.90	14.05	14.71	15.11	15.23	16.19	16.76	17.92	19.07	1.55
辽宁	13.58	13.12	14.52	16.84	17.25	17.57	16.95	18.22	17.90	1.74
吉林	13.69	13.00	14.29	15.65	16.01	17.03	16.48	17.76	18.01	1.73
黑龙江	14.10	14.39	15.18	16.37	17.28	16.97	16.86	18.01	19.20	1.95
上海	13.66	14.76	17.58	18.96	19.03	20.12	20.82	20.91	21.22	2.79
江苏	13.66	13.23	14.29	15.84	16.71	17.33	17.43	18.00	19.08	2.11
浙江	13.39	14.28	15.79	16.91	17.53	18.62	18.12	19.42	19.74	2.46
安徽	12.98	12.58	12.30	13.91	15.11	15.37	16.32	17.09	17.86	2.01
福建	13.10	13.48	13.50	15.26	16.33	16.39	17.10	17.65	19.05	2.37
江西	13.02	13.30	12.98	13.99	14.54	15.15	15.65	16.26	17.33	1.80
山东	12.55	12.61	14.49	15.81	16.17	16.41	16.97	17.81	17.90	2.24
河南	12.91	12.55	13.56	14.85	15.60	16.23	16.50	17.42	18.50	2.27
湖北	13.87	13.94	14.10	15.13	16.18	17.12	17.89	17.95	18.48	1.81
湖南	13.57	13.06	13.79	14.68	15.47	15.38	16.55	17.28	18.29	1.88
广东	13.26	13.11	13.88	15.55	16.39	17.34	17.79	18.60	18.79	2.20
广西	13.19	11.46	12.08	13.37	14.54	14.42	15.41	16.49	16.77	1.51
海南	12.13	11.89	11.71	12.74	12.66	14.36	15.49	15.96	16.52	1.95
重庆	12.61	11.64	11.97	14.00	14.45	15.56	16.43	17.28	17.60	2.11
四川	12.40	12.78	12.40	13.32	14.28	14.49	15.14	16.39	16.81	1.92
贵州	10.74	10.50	10.26	11.86	12.43	13.18	14.86	15.72	16.16	2.59
云南	9.89	10.48	11.13	12.25	13.10	14.32	15.35	16.53	17.28	3.55
陕西	12.52	11.88	12.23	14.03	14.71	15.06	16.11	16.52	18.38	2.43

续表

省份	2002年	2004年	2006年	2008年	2010年	2012年	2014年	2016年	2018年	年均增长率（%）
甘肃	11.86	11.73	11.69	13.05	14.11	14.25	15.30	15.79	16.38	2.04
青海	12.97	12.48	12.91	13.76	13.80	15.09	15.94	16.57	16.83	1.64
宁夏	10.92	11.58	12.49	13.57	13.85	14.84	16.14	16.89	17.29	2.91
新疆	12.11	13.25	13.57	14.68	15.27	16.08	15.71	16.90	16.73	2.04

注：限于篇幅，测度结果隔年汇报。

2002 年社会效益指数排名前五名的省份依次为北京、内蒙古、天津、黑龙江和湖北，云南、贵州、宁夏、甘肃和新疆等省份的社会效益指数排名则相对靠后；2018 年社会效益指数排名前五名的省份依次为上海、北京、浙江、黑龙江和江苏，贵州、甘肃、海南、新疆和广西等省份的社会效益指数排名则相对靠后。

（四）生态效益指数

表 5-5 给出了中国省际生态效益指数的测度结果。总体而言，绝大多数省份生态效益发展状况有所改善。其中，贵州、甘肃和重庆 3 省份生态效益指数的年均增长率超过了 2%，分别为 2.58%、2.23% 和 2.08%；安徽、湖南、河北、江西、上海、辽宁、吉林、湖北、四川、北京、陕西、广东、黑龙江和河南 14 省份的生态效益指数年均增长率介于 1%~2%；青海、浙江、天津、内蒙古、广西、福建、云南、山西、山东、江苏和新疆 11 省份的生态效益指数年均增长率小于 1%；海南和宁夏 2 省份在样本期内生态效益指数出现了一定的下滑，其年均增长率分别为 -0.07% 和 -0.98%[①]。

① 样本期内青海省生态效益指数的年均增长率为 0.997%，低于 1%，在表 5-5 中保留 2 位小数为 1.00%。

表 5 - 5 中国省际生态效益指数测度结果

省份	2002年	2004年	2006年	2008年	2010年	2012年	2014年	2016年	2018年	年均增长率（%）
北京	17.57	17.78	18.42	18.70	19.62	19.97	20.11	20.55	21.34	1.22
天津	15.91	16.62	16.39	17.57	18.05	18.21	17.37	18.03	18.58	0.97
河北	14.53	15.04	15.15	16.39	17.71	17.52	16.77	17.84	18.96	1.68
山西	11.61	11.72	12.19	12.97	14.86	14.82	12.34	13.03	12.78	0.60
内蒙古	14.30	14.35	14.59	14.91	16.23	15.49	16.23	16.73	16.67	0.96
辽宁	15.07	15.45	15.51	16.19	17.10	17.73	17.34	18.09	19.34	1.57
吉林	16.33	16.43	15.72	16.61	17.79	18.14	18.54	19.75	20.58	1.46
黑龙江	16.79	16.67	16.15	17.11	17.67	18.04	18.18	19.16	20.32	1.20
上海	16.17	16.32	17.08	17.74	18.34	18.96	19.03	19.30	20.88	1.61
江苏	18.71	19.09	18.33	19.23	19.17	19.56	18.92	19.36	20.12	0.46
浙江	19.32	19.62	19.66	20.13	21.20	21.48	20.85	21.53	22.57	0.98
安徽	16.21	16.20	16.94	17.60	18.83	20.07	19.02	20.44	21.19	1.69
福建	19.07	20.40	19.61	21.07	21.72	22.08	21.82	22.22	22.01	0.90
江西	16.57	16.95	17.35	18.97	20.43	20.76	20.59	21.06	21.52	1.65
山东	16.90	17.06	17.14	18.00	18.82	19.29	18.37	18.51	18.58	0.59
河南	16.65	16.69	16.00	17.79	18.30	18.68	18.20	18.83	19.54	1.01
湖北	16.48	16.45	16.21	17.49	18.18	18.89	19.46	19.85	20.50	1.37
湖南	16.45	16.45	16.71	17.92	19.58	19.68	19.92	20.88	21.50	1.69
广东	18.45	18.57	19.11	19.99	21.16	21.45	21.42	22.27	22.36	1.21
广西	18.72	18.18	18.09	19.32	20.67	20.75	20.56	21.44	21.67	0.92
海南	21.36	20.60	20.49	20.23	20.39	21.00	20.83	21.18	21.13	-0.07
重庆	15.41	16.04	16.90	19.13	20.25	20.93	20.91	21.36	21.42	2.08
四川	16.55	17.01	17.46	18.89	19.27	19.34	19.29	20.17	20.42	1.32
贵州	13.41	13.15	14.26	15.12	17.12	17.82	18.40	19.61	20.17	2.58
云南	18.66	18.75	17.15	19.03	20.10	20.10	20.49	21.26	21.27	0.82

省份	2002年	2004年	2006年	2008年	2010年	2012年	2014年	2016年	2018年	年均增长率（％）
陕西	14.91	14.80	16.05	16.97	18.11	18.84	18.34	19.05	18.07	1.21
甘肃	13.13	13.80	13.21	15.11	15.28	16.42	17.24	18.81	18.69	2.23
青海	14.54	15.15	14.68	15.19	15.15	15.74	15.25	16.96	17.04	1.00
宁夏	14.08	11.46	11.70	12.76	13.66	13.40	14.01	14.33	12.03	−0.98
新疆	15.19	15.48	14.56	15.44	15.75	15.77	14.97	15.53	15.22	0.01

注：限于篇幅，测度结果隔年汇报。

样本期内各省份生态效益指数的相对大小排名较为稳定。具体而言，2002 年生态效益指数排名前五名的省份依次为海南、浙江、福建、广西和江苏，山西、甘肃、贵州、宁夏和内蒙古等省份的生态效益指数排名则相对靠后；2018 年生态效益指数排名前五名的省份依次为浙江、广东、福建、广西和江西，宁夏、山西、新疆、内蒙古和青海等省份的生态效益指数排名则相对靠后。

（五）经济运行状态指数

表 5-6 报告了中国省际经济运行状态指数的测度结果。总体而言，中国经济运行状态的发展形势不容乐观。相对于 2002 年，2018 年有多达 11 个省份出现不同程度的下滑，包括山东、安徽、福建、甘肃、湖南、宁夏、广西、陕西、辽宁、吉林和天津；贵州、黑龙江、四川、云南、浙江、北京、湖北、山西、内蒙古、河北、新疆、江苏、江西、河南、重庆和广东 16 省份经济效益指数实现了小幅提升，但年均增长率均为 1%；仅上海、青海和海南 3 省份经济效益指数年均增长率超过了 1%，分别为 1.84%、1.81% 和 1.17%。

表 5 – 6　　　　　　　中国省际经济运行状态指数测度结果

省份	2002年	2004年	2006年	2008年	2010年	2012年	2014年	2016年	2018年	年均增长率（％）
北京	16.28	16.14	16.37	15.71	16.42	17.14	17.56	17.89	18.12	0.67
天津	13.02	11.26	11.72	10.80	10.94	11.28	10.95	11.50	11.35	-0.85
河北	9.61	7.88	8.12	7.56	8.48	8.87	8.77	9.29	10.18	0.36
山西	9.44	7.43	7.76	6.78	7.30	7.97	8.37	9.26	10.21	0.49
内蒙古	9.23	6.51	6.54	6.06	7.25	7.36	7.45	8.74	9.81	0.38
辽宁	11.09	9.40	9.52	9.00	9.90	9.78	9.42	9.62	9.99	-0.65
吉林	10.49	9.40	8.13	7.52	7.88	8.25	7.67	8.32	9.21	-0.81
黑龙江	9.58	8.46	8.81	8.61	8.95	9.28	9.31	10.04	10.93	0.83
上海	12.18	11.96	13.45	12.71	13.29	14.64	14.67	15.80	16.31	1.84
江苏	11.40	9.62	10.11	9.71	10.18	10.95	11.21	11.60	11.65	0.14
浙江	11.65	9.73	11.00	10.02	10.58	11.87	11.94	12.68	13.02	0.70
安徽	10.50	8.38	8.55	8.34	8.95	9.37	9.50	9.84	10.46	-0.02
福建	10.76	10.09	10.22	9.44	9.92	10.35	10.29	10.21	10.59	-0.10
江西	10.01	8.73	9.04	8.51	8.83	9.18	9.27	9.79	10.15	0.09
山东	10.24	7.90	8.56	8.21	8.88	9.52	9.69	9.86	10.22	-0.01
河南	9.81	7.57	7.50	7.07	7.71	8.65	8.88	9.48	9.90	0.06
湖北	9.51	8.83	8.90	8.16	8.94	8.78	9.04	9.87	10.51	0.63
湖南	10.45	8.65	8.87	8.12	8.37	8.48	8.33	8.97	9.94	-0.31
广东	12.70	11.15	11.51	10.57	10.90	11.82	11.73	12.44	12.75	0.02
广西	10.65	8.40	8.14	7.21	8.41	8.25	8.43	8.95	9.81	-0.51
海南	10.67	9.85	9.87	9.33	10.13	10.78	11.14	12.55	12.85	1.17
重庆	10.24	9.09	9.14	7.99	8.37	9.30	9.57	10.18	10.33	0.05
四川	9.59	8.44	8.64	7.83	8.37	8.85	9.04	9.45	10.81	0.75
贵州	8.70	7.01	7.62	6.65	7.88	8.20	9.31	9.72	10.12	0.95
云南	9.38	7.41	7.89	7.60	8.73	9.33	9.04	9.28	10.52	0.72
陕西	10.98	9.28	8.71	7.81	8.95	8.82	8.92	9.05	10.05	-0.55

省份	2002年	2004年	2006年	2008年	2010年	2012年	2014年	2016年	2018年	年均增长率（%）
甘肃	10.18	8.87	8.18	6.75	7.50	8.20	8.99	9.64	9.97	−0.13
青海	8.05	8.41	9.01	7.42	7.67	8.46	8.69	9.66	10.72	1.81
宁夏	10.51	9.06	8.96	7.69	8.23	8.77	8.65	9.08	9.89	−0.38
新疆	10.11	8.41	8.32	7.71	8.43	8.75	9.59	10.13	10.39	0.17

注：限于篇幅，测度结果隔年汇报。

2002、2018 年两年经济运行状态指数的分布较为接近，说明不同年份各省份经济运行状态指数的排名相对稳定。具体而言，2002 年经济运行状态指数排名前五名的省份依次为北京、天津、广东、上海和浙江，青海、贵州、内蒙古、云南和山西等省份的经济运行状态指数排名则相对靠后；2018 年经济运行状态指数排名前五名的省份依次为北京、上海、浙江、海南和广东，吉林、内蒙古、广西、宁夏和河南等省份的经济运行状态指数排名则相对靠后。

三、中国经济高质量发展分维度指数之间的关系

上面对中国省际经济高质量发展总体指数及其分维度指数进行了分析，可以发现，经济高质量发展的五个维度指数在增长速度和空间分布等方面存在较大的差异。那么，一个自然而然的问题是，经济高质量发展的五个维度指数之间是否存在着一定的关联？为此，本书进一步计算了不同维度指数之间的相关系数，具体结果见表 5 - 7。结果显示，经济高质量五个维度指数之间存在着显著的两两正相关关系。这一结果表明，经济高质量发展的五个维度并非孤立存在，而是相互影响、紧密联系的，一个维度的改善不仅能够提升自身维度指数，而且对其他维度指数的提高有着正向促进作用。例如，技术水平的提高，不仅会直接提升经济运行状态指数，而且可能同时作用于产品和服务质量、经济效应、社会效益甚至生态效益，从而使得其他四个维度指数得到提升。正是因为经济高质量发展不同维度指数之间是彼此相关

的，在制定相关政策措施时，必须坚持系统论的思维，切实有效提高经济高质量发展水平。

表 5 - 7   中国经济高质量发展分维度指数之间的相关性

	产品和服务 质量指数	经济效益 指数	社会效益 指数	生态效益 指数	经济运行 状态指数
产品和服务质量指数	1				
经济效益指数	0. 288 ***	1			
社会效益指数	0. 309 ***	0. 525 ***	1		
生态效益指数	0. 126 ***	0. 367 ***	0. 403 ***	1	
经济运行状态指数	0. 461 ***	0. 360 ***	0. 543 ***	0. 383 ***	1

注：*、**和***分别表示在10%、5%和1%的水平上显著。

第二节　中国经济高质量发展指数的动态演进

一、基于核密度曲线的中国经济高质量发展指数演进分析

核密度估计完全利用经济高质量发展指数本身的信息，对样本数据进行最大程度的近似。假设样本数据 x_1，x_2，…，x_n 取自连续分布函数 $f(x)$，则任意点 x 处的核密度可表示为：

$$\begin{cases} \hat{f}(x) = \dfrac{1}{nh} \sum_{i=1}^{n} K\left(\dfrac{x - x_i}{h}\right) \\ K(x) = \dfrac{1}{\sqrt{2\pi}} e^{-\frac{1}{2}x^2} \end{cases} \quad (5-1)$$

其中，n 表示样本观测数，h 表示带宽，$K(\cdot)$ 为核函数，核函数需要满足 $K(x) \geq 0$ 和 $\int K(x)dx = 1$ 两个前提条件。本书选取常用的高斯核函数对经济高质量发展指数的核密度曲线进行绘制（见图 5 -2）。

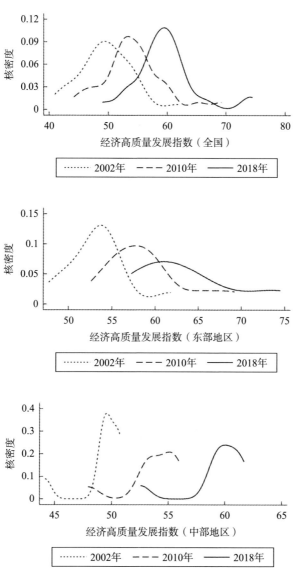

图 5 - 2　全国及东、中、西部地区经济高质量发展指数核密度曲线

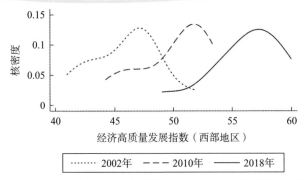

（续）图 5 – 2　全国及东、中、西部地区经济高质量发展指数核密度曲线

2002～2018 年，全国及东、中、西部地区经济高质量发展指数的核密度曲线均表现出明显的右移趋势，体现了中国经济高质量发展指数从低水平向高水平不断跃迁的动态过程。从核密度曲线的形态特征看，全国、中部和西部地区核密度曲线波峰和开口宽度变化不大，表明全国、中部和西部地区经济高质量发展指数的差异性变化不大。相反，东部地区表现出明显的波峰由陡峭变为平缓、开口宽度变大的特征，表明样本期内东部地区经济高质量发展指数差异性正在不断拉大。此外，从图 5 – 2 中还可以看出，全国、东部和中部地区经济高质量发展指数呈现出一定的两极分化态势，尤其是中部地区内部，经济高质量发展水平两极分化的态势较为明显。

二、基于时空分异图的中国经济高质量发展指数演进分析

本书采用四分位分类法，将 2002～2018 年经济高质量发展指数划分为低质量（HQI＜49.42）、中低质量（49.42≤HQI＜53.45）、中高质量（53.45≤HQI＜57.44）和高质量（HQI≥57.44）四个等级①，进而绘制出三个代表性年份的经济高质量发展指数时空分异图（见图 5 – 3）。

---

①　等级分类是相对的，不具有绝对性，主要是为了更好地观察经济高质量发展指数的动态演进特征；不同的分类方法，研究结论可能会存在一定的差异。四分位分类法的优点是可以使不同类别的样本数分布较为平均，在本书的 510 个样本中，低质量、中低质量、中高质量和高质量的样本数分别为 128 个、127 个、127 个和 128 个。

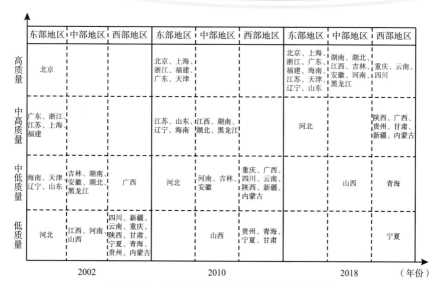

图 5 - 3　中国经济高质量发展指数时空分异

图 5 - 3 直观地反映了中国经济高质量发展水平不断提高的动态趋势。具体地，高质量、中高质量、中低质量和低质量四个等级的省份数量由 2002 年的 1 个、5 个、10 个和 14 个转变为 2010 年的 6 个、8 个、11 个和 5 个，并进一步转变为 2018 年的 20 个、7 个、2 个和 1 个。可见，随着时间的推移，高质量和中高质量的省份数量占比不断提高。

分地区看，中国经济高质量发展水平"东部 > 中部 > 西部"的发展格局较为明显。2002 年，属于高质量和中高质量的 6 个省份全部来自东部地区；在中部地区的 8 个省份中，5 省份属于中低质量，3 省份属于低质量；而西部地区的 11 个省份，除广西属于中低质量外，其余 10 省份均属于低质量。2010 年，东部地区所有省份经济高质量发展水平至少达到了中低质量以上，其中，高质量、中高质量和中低质量等级的省份数量分别为 6 个、4 个和 1 个；中部地区省份主要涵盖了中高质量、中低质量和低质量三个等级，省份数量分别为 4 个、3 个和 1 个；西部地区省份经济高质量发展水平整体偏低，7 个省份属于中低质量等级，4 个省份属于低质量等级。2018 年，东部地区所有省份经济高质量发展水平至少达到了中高质量以上，其中，高质量和中高质量等级的省份数量分别为 10 个和 1 个；中部地区除山西省属于中低质量等级外，其余 7 省份均跃迁至高质量等级；西部地区省份中，高质量、中高质量、中低质量和低质量四个等级的省份数量分别为 3 个、6 个、1 个和 1 个。

三、基于马尔科夫转移概率矩阵的中国经济高质量发展指数演进分析

为进一步考察经济高质量发展指数从低等级跃迁至高等级的概率，本书引入马尔科夫转移概率矩阵进行分析。转移概率的计算公式为：

$$p_{ij}^{t,t+d} = \frac{\sum\limits_{t=T_0}^{T-d} n_{ij}^{t,t+d}}{\sum\limits_{t=T_0}^{T-d} n_i^{t,t+d}}$$

$$(i=1, 2, \cdots, k; j=1, 2, \cdots, k; t=T_0, \cdots, T-d)$$

$$(5-2)$$

其中，k 表示经济高质量发展指数的等级数量，$n_{ij}^{t,t+d}$ 表示经济高质量发展指数由 t 年份的等级 i 转移到（t+d）年份的等级 j 的省份数量，$n_i^{t,t+d}$ 表示经济高质量发展指数由 t 年份属于等级 i 的省份数量。本书取 k=4，d=1，即主要考察经过 1 年，经济高质量发展指数从一个等级转移到另一个等级的概率，由此计算的马尔科夫转移概率矩阵见表 5-8。

表 5-8　　中国省际经济高质量发展指数马尔科夫转移概率矩阵

	低质量	中低质量	中高质量	高质量	样本数
低质量	0.8425	0.1575	0	0	127
中低质量	0.0560	0.7200	0.2240	0	125
中高质量	0	0.0583	0.7750	0.1667	120
高质量	0	0	0.0093	0.9907	108

具体而言，低质量、中低质量、中高质量和高质量 1 年后继续保持原来等级的概率分别为 84.25%、72.00%、77.50% 和 99.07%，可见经济高质量发展指数的不同等级均具有较强的稳定性。同时，低质量、中低质量和中高质量 1 年后上升至上一等级的概率分别为 15.75%、22.40% 和 16.67%，向上转移的难度较大。另外，低质量等级转移至中高质量等级、中低质量等级转移至高质量等级的概率均为 0，表明经济高质量水平"跳级"跃迁的可能性极低。观察表 5 – 8 还可以发现，1 年后，中低质量等级转移至低质量等级的概率为 5.60%，中高质量等级转移至中低质量等级的概率为 5.83%，高质量等级转移至中高质量等级的概率为 0.93%，说明经济高质量发展指数存在一定的等级下降转移风险。因此，各省份因充分注重经济发展的质量和效益，注意防范等级向下转移的风险，争取尽快迈入并稳定在高质量等级。

四、基于最大序差的中国经济高质量发展指数演进分析

上述核密度曲线、时空分异图以及马尔科夫转移概率矩阵主要依据经济高质量发展指数的大小来考察中国经济高质量发展指数动态演进特征。在此基础上，本书进一步以中国各省份经济高质量发展指数历年的排名，探究中国经济高质量发展指数的动态演进特征。

图 5 – 4 描绘了 2002~2018 年中国各省份经济高质量发展指数排名的变化趋势。可以看出，绝大多数省份排名的波动幅度较小，说明中国经济高质量发展状况的整体格局分布较为稳定。经过多年的发展，北京和上海构成了中国经济高质量发展的第一梯队，在推动中国经济高质量发展的进程中扮演着"火车头"作用；浙江、广东、福建和江苏等省份历年经济高质量发展水平排名较为靠前，对经济高质量发展指数排名相对靠后的省份具有很好的示范作用。

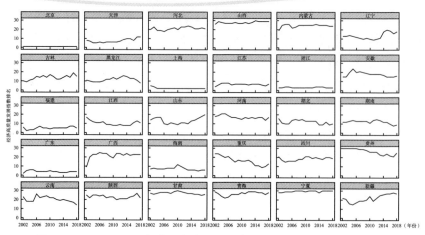

图 5 - 4　2002~2018 年中国各省份经济高质量发展指数排名变化趋势

进一步地，本书借鉴郭亚军（2007）的研究，引入"最大序差"的概念，对中国省际经济高质量发展指数的动态演进特征进行分析。记 r_{it} 为第 i 个省在第 t 个时间段的经济高质量发展指数排序，则最大序差 r_i^{max} 可被定义为：

$$r_i^{max} = \max_t(r_{it}) - \min_t(r_{it})$$

$$(i = 1, 2, \cdots, 30 ; \ t = 2002, 2003, \cdots, 2018) \qquad (5 - 3)$$

以 2012 年党的十八大为划分界限，本书依次计算了 2002~2018 年以及样本子区间 2002~2012 年、2013~2018 年各省份的经济高质量发展指数最大序差（见表 5 - 9）。可以发现，2002~2018 年各省份经济高质量发展指数最大序差的均值为 7.30，即样本期内平均每个省份的最大排名变化幅度超过 7，表明多数省份的排名经历过较大幅度的变化。相应地，2002~2012 年、2013~2018 年经济高质量发展指数最大序差的均值分别为 5.67 和 3.63，均小于整个样本周期。其中，2013~2018 年平均每个省份的最大排名变化幅度不超过 4，说明自党的十八大以来，各省份经济高质量发展格局逐渐趋于稳定，排名变化也相对较小。

表 5 - 9 　　　　　　　中国省际经济高质量发展指数最大序差

省份	2002～2012 年	2013～2018 年	2002～2018 年
北京	0	0	0
天津	3	4	7
河北	5	3	6
山西	3	2	4
内蒙古	7	2	7
辽宁	5	9	11
吉林	8	7	10
黑龙江	5	8	8
上海	3	0	3
江苏	4	2	4
浙江	1	1	1
安徽	9	3	9
福建	5	2	5
江西	9	5	9
山东	8	10	11
河南	6	3	7
湖北	6	4	7
湖南	4	6	7
广东	4	1	4
广西	16	2	16
海南	5	1	7
重庆	9	6	15
四川	6	2	6
贵州	4	4	9
云南	8	6	12
陕西	5	6	7
甘肃	4	2	5

续表

省份	2002~2012 年	2013~2018 年	2002~2018 年
青海	7	3	7
宁夏	2	2	2
新疆	9	3	13
均值	5.67	3.63	7.30

资料来源：笔者整理。

在上述分析的基础上，本书根据最大序差的大小，将各省份经济高质量发展状况划分为"稳步发展"（$r_i^{max} \leqslant 1$）、"亚稳步发展"（$2 \leqslant r_i^{max} \leqslant 4$）以及"跳跃式发展"（$r_i^{max} \geqslant 5$）三类，具体见表 5 - 10。

表 5 - 10 　　　　中国省际经济高质量发展指数最大序差分类

最大序差	2002~2012 年	2013~2018 年	2002~2018 年
$r_i^{max} \leqslant 1$	北京、浙江	北京、上海、浙江、广东、海南	北京、浙江
$2 \leqslant r_i^{max} \leqslant 4$	宁夏、天津、山西、上海、江苏、湖南、广东、贵州、甘肃	宁夏、山西、江苏、甘肃、福建、四川、内蒙古、广西、河北、河南、青海、安徽、新疆、天津、贵州、湖北	宁夏、上海、广东、山西、江苏
$r_i^{max} \geqslant 5$	河北、辽宁、黑龙江、福建、海南、陕西、河南、湖北、四川、内蒙古、青海、吉林、山东、云南、安徽、江西、重庆、新疆、广西	江西、湖南、陕西、云南、重庆、吉林、黑龙江、辽宁、山东	甘肃、福建、四川、河北、海南、内蒙古、河南、青海、天津、湖北、湖南、陕西、黑龙江、安徽、贵州、江西、吉林、辽宁、山东、云南、新疆、重庆、广西

2002~2018 年，仅北京、浙江 2 省份属于"稳步发展"，其最大序差均在 1 以下，尤其是北京在样本期内最大序差为 0，排名非常稳定；宁夏、上海、广东、山西和江苏 5 省份属于"亚稳步发展"，其最大序

差介于 2~4；甘肃、福建等 23 省份最大序差均超过了 4，属于"跳跃式发展"。其中，天津、内蒙古、吉林、辽宁、山东、云南和新疆等省份属于"后跳"型的，在样本期内经济高质量发展指数排名出现了较大幅度的下滑；湖北、湖南、黑龙江、江西、贵州和重庆等省份则属于"前跳"型的，在样本期内经济高质量发展指数排名出现了较大幅度的提升。

具体到样本期子区间，2002~2012 年，属于"稳步发展"的省份依然只有北京和浙江；属于"亚稳步发展"的省份有宁夏、天津、山西、上海、江苏、湖南、广东、贵州、甘肃 9 省份；属于"跳跃式发展"的省份有河北、辽宁、黑龙江、福建、海南、陕西、河南、湖北、四川、内蒙古、青海、吉林、山东、云南、安徽、江西、重庆、新疆、广西 19 省份。党的十八大以来，各省份经济高质量发展指数排名逐渐趋于稳定。相应地，2013~2018 年，北京、上海、浙江、广东和海南 5 省份的最大序差在 1 以下，属于"稳步发展"；宁夏、山西、江苏、甘肃、福建、四川、内蒙古、广西、河北、河南、青海、安徽、新疆、天津、贵州和湖北 16 省份的最大序差介于 2~4，属于"亚稳步发展"；江西、湖南、陕西、云南、重庆、吉林、黑龙江、辽宁和山东 9 省份的最大序差达到 5 以上，属于"跳跃式发展"。其中，江西、湖南、陕西、吉林、辽宁和山东 6 省份属于"后跳"型，云南、重庆和黑龙江 3 省份则属于"前跳"型。

第三节 中国经济高质量发展指数的区域差异

一、中国经济高质量发展指数区域差异的基本分析

在经济发展过程中，中国经济高质量发展水平同样存在着一定的区域差异。以 2018 年为例，北京和上海经济高质量发展指数均超过了 70，分别为 74.50 和 73.80；浙江、广东、福建、海南、江苏、黑龙江、湖南、湖北、江西和天津 10 省份经济高质量发展指数介于 60~

70；重庆、云南、吉林、安徽、河南、辽宁、四川、山东、河北、陕西、广西、内蒙古、贵州、甘肃、新疆、青海和山西 17 省份经济高质量发展指数介于 50～60；宁夏是唯一一个经济高质量发展指数低于 50 的省份，其大小为 49.00（见图 5－5）。其中，有 13 个省份超过了 2018 年经济高质量发展指数均值的 59.76，还有 17 个省份的经济高质量发展指数在 2018 年均值以下。排名前五名的省份依次为北京、上海、浙江、广东和福建，其经济高质量发展指数分别是排名末位宁夏的 1.52 倍、1.51 倍、1.37 倍、1.32 倍和 1.28 倍。

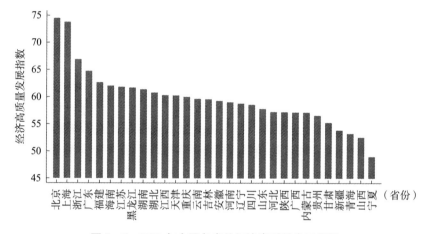

图 5－5　2018 年中国各省份经济高质量发展指数

具体到区域层面，东部地区经济高质量发展指数均值由 2002 年的 53.44 上升到 2018 年的 63.69，年均增长率为 1.10%；中部地区经济高质量发展指数均值由 2002 年的 49.22 上升到 2018 年的 59.33，年均增长率为 1.17%；西部地区经济高质量发展指数均值由 2002 年的 45.97 上升到 2018 年的 56.15，年均增长率为 1.25%（见表 5－11、图 5－6）。由此可见，中国经济高质量发展指数呈现东、中、西部地区依次递减的趋势，东部地区最高，中部地区次之，西部地区最低；但经济高质量发展指数的增速却呈现出完全相反的分布状态，西部地区最高，中部地区次之，东部地区最低。由此可以推测，经济高质量发展指数较低的省份和地区对经济高质量发展指数较高的省份和地区可能存在"追赶效应"。

表 5 – 11　　　　中国分地区经济高质量发展指数描述性统计

地区	均值	标准差	最小值（省份/年份）	最大值（省份/年份）	年均增长率（%）
全国	53.83	6.20	39.60（贵州/2004 年）	74.50（北京/2018 年）	1.17
东部地区	58.22	6.00	47.05（河北/2004 年）	74.50（北京/2018 年）	1.10
中部地区	53.12	4.42	41.73（山西/2003 年）	61.70（黑龙江/2018 年）	1.17
西部地区	49.95	4.51	39.60（贵州/2004 年）	59.99（重庆/2018 年）	1.25

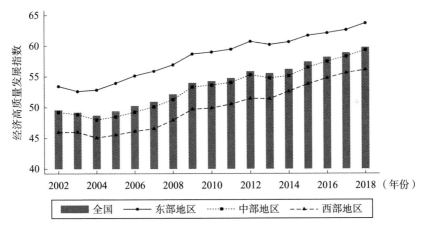

图 5 – 6　中国分地区经济高质量发展指数变化趋势

二、中国经济高质量发展指数的区域差异及其结构分解

为进一步揭示中国经济高质量发展指数的区域差异及其来源，本书运用泰尔指数将高质量发展指数的总体差异分解为地区内差异和地区间差异。经济高质量发展指数的泰尔指数及其结构分解公式如下

（Theil，1967）：

$$T = \frac{1}{n} \sum_{i=1}^{n} \left(\frac{HQI_i}{\overline{HQI}} \cdot \ln \frac{HQI_i}{\overline{HQI}} \right) \qquad (5-4)$$

$$T_p = \frac{1}{n_p} \sum_{i=1}^{n_p} \left(\frac{HQI_{pi}}{\overline{HQI_p}} \cdot \ln \frac{HQI_{pi}}{\overline{HQI_p}} \right) \qquad (5-5)$$

$$T = T_w + T_b = \sum_{p=1}^{3} \left(\frac{n_p}{n} \cdot \frac{\overline{HQI_p}}{\overline{HQI}} \cdot T_p \right)$$

$$+ \sum_{p=1}^{3} \left(\frac{n_p}{n} \cdot \frac{\overline{HQI_p}}{\overline{HQI}} \cdot \ln \frac{\overline{HQI_p}}{\overline{HQI}} \right) \qquad (5-6)$$

其中，i 和 p 分别表示省份和地区（p = 1，2，3 分别表示东、中、西部地区），HQI_i 表示省份 i 的经济高质量发展指数，HQI_{pi} 表示 p 地区省份 i 的经济高质量发展指数，n 和 n_p 分别表示全样本和 p 地区所包含的省份数量，$\overline{HQI}$ 和 $\overline{HQI_p}$ 分别表示全样本和 p 地区经济高质量发展指数的均值。T 和 T_p 分别表示全样本和 p 地区经济高质量发展指数的泰尔指数，泰尔指数介于 0～1，数值越小，表明总体差异越小，反之则表明总体差异越大。通过式（5-6），经济高质量发展指数的泰尔指数 T 可进一步分解为地区内差异泰尔指数 T_w 和地区间差异泰尔指数 T_b。在此基础上，可定义 T_w/T 和 T_b/T 分别为地区内差异和地区间差异对总体差异的贡献率，定义 $(HQI_p/HQI) \times (T_p/T)$ 表示地区内差异中各地区的贡献率，HQI 和 HQI_p 分别表示全样本和 p 地区经济高质量发展指数之和。

中国经济高质量发展指数区域差异及其结构分解结果见表 5-12。从总体差异看，2002～2018 年中国经济高质量发展指数差异最大和最小的年份分别出现在 2007 年和 2017 年，泰尔指数分别为 0.0051 和 0.0033。同时，样本期内中国经济高质量发展指数的泰尔指数总体呈倒"U"型变动趋势，表明中国经济高质量发展指数的总体差异经历了先升后降的过程：先从 2002 年的 0.0038 上升至 2007 年峰值的 0.0051，之后总体呈下降趋势，直至 2017 年最小值的 0.0033，但 2018 年相对于 2017 年有所反弹。

表 5 - 12　　中国经济高质量发展指数区域差异及其分解

年份	总体差异	地区内差异				地区间差异
		总体	东部地区	中部地区	西部地区	
2002	0.0038	0.0017 (45.26)	0.0020 (21.02)	0.0008 (5.87)	0.0021 (18.38)	0.0021 (54.74)
2003	0.0037	0.0020 (54.78)	0.0025 (26.25)	0.0018 (12.70)	0.0017 (15.84)	0.0017 (45.22)
2004	0.0045	0.0022 (47.92)	0.0030 (26.23)	0.0013 (7.81)	0.0019 (13.88)	0.0024 (52.08)
2005	0.0050	0.0023 (46.28)	0.0034 (26.72)	0.0015 (8.06)	0.0017 (11.50)	0.0027 (53.72)
2006	0.0050	0.0020 (40.32)	0.0033 (26.23)	0.0011 (5.62)	0.0013 (8.47)	0.0030 (59.68)
2007	0.0051	0.0020 (38.93)	0.0030 (23.60)	0.0009 (4.82)	0.0016 (10.51)	0.0031 (61.07)
2008	0.0049	0.0021 (43.37)	0.0033 (26.55)	0.0013 (6.98)	0.0014 (9.84)	0.0028 (56.63)
2009	0.0047	0.0021 (45.31)	0.0031 (26.73)	0.0010 (5.54)	0.0018 (13.04)	0.0026 (54.69)
2010	0.0046	0.0020 (43.66)	0.0029 (25.04)	0.0010 (5.79)	0.0018 (12.83)	0.0026 (56.34)
2011	0.0046	0.0022 (46.66)	0.0032 (27.64)	0.0011 (6.29)	0.0017 (12.73)	0.0025 (53.34)
2012	0.0046	0.0021 (44.83)	0.0037 (32.15)	0.0009 (4.88)	0.0011 (7.79)	0.0025 (55.17)
2013	0.0045	0.0022 (48.06)	0.0036 (31.64)	0.0014 (8.16)	0.0011 (8.25)	0.0023 (51.94)
2014	0.0045	0.0026 (57.07)	0.0043 (37.56)	0.0020 (11.60)	0.0010 (7.91)	0.0019 (42.93)
2015	0.0040	0.0023 (56.01)	0.0039 (38.28)	0.0013 (8.65)	0.0011 (9.09)	0.0018 (43.99)

续表

年份	总体差异	地区内差异				地区间差异
		总体	东部地区	中部地区	西部地区	
2016	0.0035	0.0020 (57.73)	0.0036 (40.54)	0.0011 (7.96)	0.0009 (9.22)	0.0015 (42.27)
2017	0.0033	0.0020 (60.26)	0.0036 (42.12)	0.0010 (8.07)	0.0010 (10.07)	0.0013 (39.74)
2018	0.0038	0.0023 (61.04)	0.0038 (39.78)	0.0011 (7.59)	0.0015 (13.67)	0.0015 (38.96)

注：括号内数值为贡献率，单位是%。

从区域差异的结构分解结果看，2013 年之前地区间差异总体高于地区内差异（2003 年除外），但自 2014 年起，地区内差异开始超过地区间差异，并且二者间的差距总体在不断扩大（见图 5－7）。具体而言，2013 年之前地区内差异对总体差异的贡献率均不超过 50%（2003年除外），而 2013 年之后地区内差异对总体差异的贡献率均超过了50%，2018 年甚至达到了样本期内最高的 61.04%。上述结果表明，相比于地区间差异，东、中、西部地区的内部差异逐渐成为全国经济高质量发展指数差异来源的主要因素。

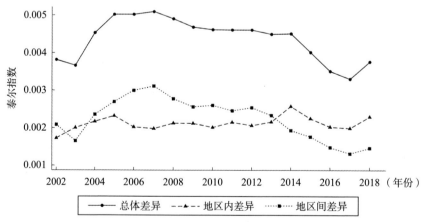

图 5－7　中国经济高质量发展指数总体差异及其构成

对地区内差异泰尔指数进一步分解后发现，2002～2018年东、中、西部地区经济高质量发展指数的泰尔指数均值分别为0.0033、0.0012和0.0014，表明东部地区区域差异最大，且遥遥领先于中部和西部地区，西部地区区域差异次之，中部地区区域差异最小（见图5－8）。与此同时，东、中、西部地区对总体差异贡献率的均值分别为30.48%、7.43%和11.35%，且东部地区的贡献率总体呈较快上升趋势，中部地区的贡献率总体呈缓慢上升趋势，西部地区的贡献率总体呈下降趋势，表明东部地区对总体差异的贡献率最大，西部地区次之，中部地区对总体差异的贡献率最小。

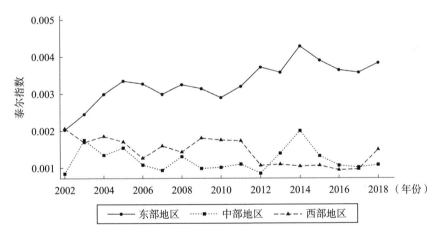

图5－8 中国经济高质量发展指数地区内差异及其构成

第四节 中国经济高质量发展指数的空间特征

一、中国经济高质量发展指数的全局空间自相关

地理学第一定律表明，任何事物之间都是相关的，且相近的事物之间具有更强的相关性（Tobler，1970）。鉴于此，本书对中国经济高质量发展指数的空间相关性进行检验。空间相关性可分为全局空间自

相关和局部空间自相关。全局空间自相关检验最常使用的是全局莫兰指数 I（Moran's I），其计算公式为：

$$I = \frac{\sum_{i=1}^{n} \sum_{j=1}^{n} w_{ij}(HQI_i - \overline{HQI})(HQI_j - \overline{HQI})}{S^2 \sum_{i=1}^{n} \sum_{j=1}^{n} w_{ij}} \quad (5-7)$$

其中，HQI_i 和 HQI_j 分别表示省份 i 和省份 j 的经济高质量发展指数，$\overline{HQI}$ 表示经济高质量发展指数均值，S^2 表示经济高质量发展指数方差，w_{ij} 表示空间权重矩阵 w 的 （i，j）元素。Moran's I 的取值介于 -1 ~ 1，正的莫兰指数表明存在空间正自相关；负的莫兰指数表明存在空间负自相关；若莫兰指数接近于 0，则表明不存在空间自相关。

为全面考察估计结果的稳健性，本书分别使用邻近权重矩阵、距离权重矩阵和经济权重矩阵进行计算。其中，邻近权重矩阵的设定规则为，若两省份相邻，则取值为 1，若不相邻，则取值为 0。具体可用公式表示为：

$$w_{ij} = \begin{cases} 1 & i\text{省份与}j\text{省份相邻} \\ 0 & i\text{省份与}j\text{省份不相邻} \end{cases} \quad (5-8)$$

距离权重矩阵取省份间距离的倒数，具体可用公式表示为：

$$w_{ij} = \begin{cases} 1/d_{ij} & i \neq j \\ 0 & i = j \end{cases} \quad (5-9)$$

其中，d_{ij} 表示 i 省份与 j 省份间的距离。

经济权重矩阵以省份间 2002 ~ 2018 年中国 30 个省份人均实际 GDP（2002 年为基期）均值的绝对差值的倒数表示，其公式为：

$$w_{ij} = \begin{cases} \dfrac{1}{|PGDP_i - PGDP_j|} & i \neq j \\ 0 & i = j \end{cases} \quad (5-10)$$

其中，$PGDP_i$ 和 $PGDP_j$ 分别表示 i 省份和 j 省份 2002 ~ 2018 年人均实际 GDP（2002 年为基期）的均值。

全局莫兰指数的计算结果见表 5-13。可以看出，在不同的空间权重设定规则下，所有年份莫兰指数的值均大于 0，且通过了显著性检验，表明中国经济高质量发展指数之间存在着显著的空间正相关关系（见图 5-9）。

表 5-13　　　　　中国经济高质量发展指数的全局莫兰指数

年份	邻近权重			距离权重			经济权重		
	Moran's I	Z-value	P-value	Moran's I	Z-value	P-value	Moran's I	Z-value	P-value
2002	0.462	4.138	0.000	0.130	4.647	0.000	0.271	2.943	0.003
2003	0.322	3.042	0.002	0.091	3.611	0.000	0.228	2.589	0.010
2004	0.398	3.640	0.000	0.097	3.742	0.000	0.266	2.926	0.003
2005	0.418	3.780	0.000	0.101	3.834	0.000	0.272	2.955	0.003
2006	0.427	3.878	0.000	0.113	4.173	0.000	0.282	3.072	0.002
2007	0.442	3.969	0.000	0.123	4.422	0.000	0.290	3.123	0.002
2008	0.394	3.607	0.000	0.108	4.053	0.000	0.268	2.945	0.003
2009	0.396	3.636	0.000	0.119	4.372	0.000	0.252	2.796	0.005
2010	0.466	4.207	0.000	0.145	5.101	0.000	0.249	2.751	0.006
2011	0.381	3.482	0.000	0.120	4.381	0.000	0.238	2.645	0.008
2012	0.407	3.719	0.000	0.120	4.397	0.000	0.234	2.617	0.009
2013	0.379	3.483	0.000	0.100	3.828	0.000	0.214	2.423	0.015
2014	0.338	3.196	0.001	0.073	3.113	0.002	0.163	1.955	0.051
2015	0.368	3.421	0.001	0.082	3.355	0.001	0.169	2.003	0.045
2016	0.343	3.229	0.001	0.077	3.221	0.001	0.145	1.781	0.075
2017	0.305	2.913	0.004	0.067	2.959	0.003	0.146	1.787	0.074
2018	0.320	3.028	0.002	0.082	3.371	0.001	0.141	1.732	0.083

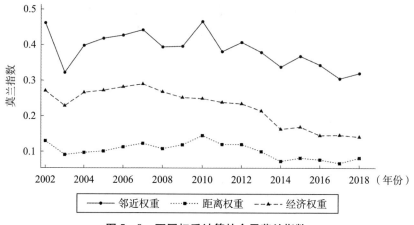

图 5-9　不同权重计算的全局莫兰指数

二、中国经济高质量发展指数的局部空间自相关

为进一步分析高质量发展指数的空间集聚情况，本书采用局部莫兰指数 I_i（Local Moran's I）进行检验，具体的计算公式为：

$$I_i = \frac{(HQI_i - \overline{HQI})}{S^2} \sum_{j=1}^{n} w_{ij}(HQI_j - \overline{HQI}) \qquad (5-11)$$

其中，所有变量符号的含义一致于式（5-7）。正的局部莫兰指数 I_i 表示区域 i 的高（低）值被周围的高（低）值所包围；负的局部莫兰指数 I_i 则表示区域 i 的高（低）值被周围的低（高）值所包围。

在邻近权重矩阵下，本书绘制了中国经济高质量发展指数的莫兰散点图（见图 5-10）[①]。可以看出，不同年份绝大多数省份落在了第一象限和第三象限，处于高—高型集聚区或低—低型集聚区，高质量发展指数呈现正向集聚特征；少数省份落在了第二象限和第四象限，处于低—高型集聚区或高—低型集聚区，高质量发展指数呈现负向离群特征。

---

① 本书同样使用距离权重矩阵和经济权重矩阵绘制了不同年份中国经济高质量发展指数的莫兰散点图，呈现的分布特征同邻近权重矩阵并无本质区别。为避免重复，本书仅分析了邻近权重矩阵的局部空间自相关结果。

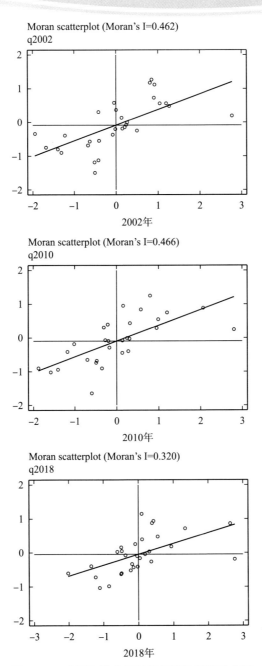

图 5 – 10　中国经济高质量发展指数莫兰散点图

表 5 – 14 进一步对图 5 – 10 的莫兰散点图进行了解析。可以发现，2002 年、2010 年和 2018 年，落在第一、第三象限的省份数量分别为25 个、24 个和 23 个，落在第二、第四象限的省份数量分别为 5 个、6个和 7 个，显然第一、第三象限的省份数量占据着绝对的主导地位。与此同时，在三个代表性年份中，高达 60% 的省份始终处于同一象限，表明中国经济高质量发展指数的空间相关性特征具有较强的稳定性。具体而言，天津、上海、江苏、浙江、福建、广东和海南 7 省份在三个代表性年份始终落在第一象限，河北省在三个代表性年份始终落在第二象限，山西、河南、四川、云南、陕西、甘肃、青海、宁夏、新疆、内蒙古 10 省份在三个代表性年份始终落在第三象限。

表 5 – 14　　　　　　中国经济高质量发展指数莫兰散点图解析

年份	第一象限 （高—高型集聚）	第二象限 （低—高型集聚）	第三象限 （低—低型集聚）	第四象限 （高—低型集聚）
2002	北京、天津、吉林、上海、江苏、浙江、安徽、福建、山东、广东、海南、黑龙江	河北、江西	山西、河南、湖北、重庆、四川、贵州、云南、陕西、甘肃、青海、宁夏、新疆、内蒙古	辽宁、湖南、广西
2010	北京、天津、上海、江苏、浙江、福建、山东、广东、海南、江西、湖北、湖南	吉林、安徽、河北、广西	山西、河南、重庆、四川、贵州、云南、陕西、甘肃、青海、宁夏、新疆、内蒙古	黑龙江、辽宁
2018	天津、上海、江苏、浙江、福建、广东、海南、江西、湖北、湖南	安徽、河北、广西、贵州	山东、吉林、山西、河南、四川、云南、陕西、甘肃、青海、宁夏、新疆、辽宁、内蒙古	北京、重庆、黑龙江

总之，上述空间相关性检验结果表明，中国经济高质量发展指数表现出以高—高型集聚和低—低型集聚为主的正向集聚特征，经济高质量发展指数较高的省份往往被经济高质量发展指数较高的省份包围，

经济高质量发展指数较低的省份往往被经济高质量发展指数较低的省份包围。

第五节 中国经济高质量发展指数的收敛性

在前面的分析中,本书发现,经济高质量发展水平最高的东部地区,经济高质量发展指数的年均增速反而最慢;相反,经济高质量发展水平最低的西部地区,经济高质量发展指数的年均增速反而最快。也就是说,经济高质量发展水平相对落后的省份可能会对经济高质量发展水平相对领先的省份形成"追赶效应"。那么,一个自然而然的问题是,中国经济高质量发展水平是否存在收敛性?为了回答这个问题,本书借助经济学中的经济收敛模型进行验证。经济收敛模型主要包括 σ 收敛模型和 β 收敛模型两种,本书将分别运用这两种收敛模型对中国经济高质量发展指数的收敛性特征进行考察。

一、中国经济高质量发展指数的 σ 收敛

σ 收敛模型是针对存量水平的刻画,主要通过比较经济高质量发展指数对数标准差的变化情况来判断经济高质量发展指数是否存在 σ 收敛,若对数标准差是逐年缩小的,则存在 σ 收敛,反之亦然。σ 收敛模型可表示为:

$$\sigma_t = \sqrt{\frac{1}{n}\sum_{i=1}^{n}\left(\ln HQI_{it} - \frac{1}{n}\sum_{i=1}^{n}\ln HQI_{it}\right)^2} \qquad (5-12)$$

其中,$\ln HQI_{it}$ 表示第 i 个省份在第 t 年的经济高质量发展指数对数值,σ_t 表示经济高质量发展指数的 σ 收敛系数,若 $\sigma_{t+1} < \sigma_t$,则表明各省份经济高质量发展指数的总体差距随时间推移而逐渐减小,即存在 σ 收敛。

全国及东、中、西部地区历年经济高质量发展指数的 σ 收敛系数计算结果见表 5-15 和图 5-11。可以发现,虽然总体上全国经济高质量发展指数的 σ 收敛系数在样本期内有所减小,但并未表现出稳定的

逐年下降的趋势，因此中国经济高质量发展指数不存在 σ 收敛。具体到区域层面，东、中、西部地区经济高质量发展指数的 σ 收敛系数同样未表现出明显的下降趋势，说明东、中、西部地区经济高质量发展指数也不存在 σ 收敛。此外，样本期内东、中、西部地区经济高质量发展指数的收敛系数均值分别为 0.0836、0.0538 和 0.0566，东部地区远大于中部和西部地区，西部地区略大于中部地区，说明东部地区省份经济高质量发展水平的差异最大，西部地区次之，中部地区相对较小，这一研究结论同前面泰尔指数的计算结果一致。

表 5 – 15　　　　　　中国经济高质量发展指数 σ 收敛系数

年份	全国	东部地区	中部地区	西部地区
2002	0.0888	0.0661	0.0452	0.0676
2003	0.0869	0.0718	0.0659	0.0622
2004	0.0961	0.0800	0.0568	0.0650
2005	0.1006	0.0851	0.0606	0.0621
2006	0.1000	0.0835	0.0505	0.0534
2007	0.1015	0.0802	0.0470	0.0601
2008	0.0992	0.0831	0.0562	0.0566
2009	0.0974	0.0817	0.0488	0.0641
2010	0.0968	0.0784	0.0493	0.0631
2011	0.0966	0.0830	0.0517	0.0625
2012	0.0956	0.0894	0.0455	0.0485
2013	0.0947	0.0877	0.0583	0.0494
2014	0.0943	0.0950	0.0704	0.0480
2015	0.0890	0.0911	0.0568	0.0485
2016	0.0832	0.0877	0.0510	0.0456
2017	0.0807	0.0868	0.0495	0.0462
2018	0.0867	0.0900	0.0512	0.0585
均值	0.0934	0.0836	0.0538	0.0566

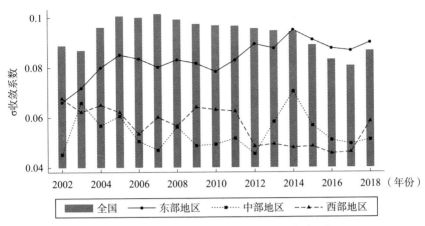

图 5-11　中国经济高质量发展指数 σ 收敛系数

二、中国经济高质量发展指数的 β 收敛

（一）全国层面经济高质量发展指数的 β 收敛性研究

β 收敛模型基于经济趋同理论，最初主要运用于检验经济增长数量的收敛性。本书则借助这一经典模型，考察期初经济高质量发展水平较低的地区能否通过更快的增长速度向期初经济高质量发展水平较高的地区逼近，甚至实现趋同。按照最终收敛的稳态水平是否相同，β 收敛又可分为绝对 β 收敛和条件 β 收敛两种。其中，绝对 β 收敛考察的是相同的稳态水平，即所有经济体的稳态水平是相同的；条件 β 收敛考察的是不同的稳态水平，不同经济体可以具有不同的稳态水平。传统绝对 β 收敛模型和条件 β 收敛模型可表示为（Barro & Sala - i - Martin，1992）：

$$\ln HQI_{i,t+1} - \ln HQI_{it} = \alpha + \beta \ln HQI_{it} + \varepsilon_{it} \qquad (5-13)$$

$$\ln HQI_{i,t+1} - \ln HQI_{it} = \alpha + \beta \ln HQI_{it} + \gamma X_{it} + \varepsilon_{it} \qquad (5-14)$$

在此基础上，本书进一步考虑各省份经济高质量发展的空间关联，并借鉴已有研究，构建空间杜宾模型（Spatial Durbin Model，SDM）对经济高质量发展指数的空间收敛特征进行检验（Ertur & Koch，2007；

Elhorst et al. , 2010）。空间绝对 β 收敛模型和空间条件 β 收敛模型具体设定如下：

$$\ln HQI_{i,t+1} - \ln HQI_{it} = \alpha + \beta \ln HQI_{it} + \rho \sum_{j=1}^{N} w_{ij} (\ln HQI_{i,t+1} - \ln HQI_{it})$$
$$+ \delta \sum_{j=1}^{N} w_{ij} \ln HQI_{it} + \varepsilon_{it} \qquad (5-15)$$

$$\ln HQI_{i,t+1} - \ln HQI_{it} = \alpha + \beta \ln HQI_{it} + \gamma X_{it} + \rho \sum_{j=1}^{N} w_{ij} (\ln HQI_{i,t+1}$$
$$- \ln HQI_{it}) + \delta \sum_{j=1}^{N} w_{ij} \ln HQI_{it} + \lambda \sum_{j=1}^{N} w_{ij} X_{it} + \varepsilon_{it}$$
$$(5-16)$$

其中，i 和 t 分别表示省份和年份，$\ln HQI$ 表示经济高质量发展指数的对数值，$\ln HQI_{i,t+1} - \ln HQI_{it}$ 表示省份 i 在 t 年经济高质量发展指数的增长率，X_{it} 表示一组控制变量，w_{ij} 表示空间权重矩阵 w 的（i，j）元素。β 表示收敛系数，若 $\beta < 0$ 在统计上显著，则表明中国经济高质量发展指数存在 β 收敛。

进一步地，若存在 β 收敛，则收敛速度可表示为 $v = -\ln(1 - |\beta|)/\tau$，其中，$v$ 表示收敛速度，τ 表示样本考察期的年份总数。进一步地，半程收敛周期可近似表示为 $\ln 2/v$，其经济学含义为减少实际水平与稳态水平之间差距的一半所需的年数。

结合已有研究，本书主要选取资本存量（$\ln K$）、劳动力数量（$\ln L$）、政府干预（Gov）和城市人口密度（$\ln Den$）四个变量作为控制变量。其中，资本存量以 2002 年为基期，采用永续盘存法估计获得，具体方法见本书第三章第四节；劳动力数量用就业总人数表示；政府干预用政府财政支出与 GDP 之比表示；城市人口密度为《中国统计年鉴》的统计指标。为了消除模型估计过程中异方差等的影响，本书对资本存量、劳动力数量和城市人口密度统一进行对数化处理。控制变量的描述性统计见表 5-16。

表 5 - 16　　　　　　　　　控制变量的描述性统计

变量	变量含义	观测值	均值	标准差	最小值	最大值
lnK	资本存量（亿元，对数）	480	10.1758	0.9653	7.7446	12.3179
lnL	劳动力数量（万人，对数）	480	7.5859	0.8091	5.6692	8.8198
Gov	政府干预	480	0.2116	0.0952	0.0792	0.6269
lnDen	城市人口密度（人/平方公里，对数）	480	7.6799	0.6355	5.2257	8.7495

关于随机效应模型和固定效应模型的选择，无论是否考虑空间因素的影响，现有绝大多数文献检验 β 收敛均使用固定效应模型，因为随机效应要求假定未观测值与解释变量不相关，而固定效应则无须这种假定，从先验理论的角度选择固定效应更加适合（彭国华，2005）。因此，本书统一采用固定效应模型进行估计。

表 5 - 17 报告了中国经济高质量发展指数的绝对 β 收敛结果。其中，第（1）、第（2）列为传统绝对 β 收敛的估计结果，可以发现，当未控制年份固定效应时，核心解释变量的估计系数虽然为负，但不显著；在进一步控制年份固定效应后，核心解释变量在 1% 的水平上显著为负，表明中国经济高质量发展指数存在绝对 β 收敛。相应地，其收敛速度为 2.08%，半程收敛周期为 33.32 年。当进一步考虑空间因素的影响之后①，无论是否加入年份固定效应，核心解释变量的估计系数均在 1% 的水平上显著为负，进一步支持了中国经济高质量发展存在绝对 β 收敛的研究结论。由第（4）列可以看出，中国经济高质量发展指数的收敛速度为 2.08%，半程收敛周期为 33.31 年。

---

① 在估计空间 β 收敛模型时，本书统一采用的是邻近权重矩阵。为保证估计结果的稳健性，本书同样采取了其他两种空间权重矩阵进行估计，估计结果未发生实质性变化。

表 5 - 17 中国经济高质量发展指数的绝对 β 收敛

变量	传统收敛		空间收敛	
	（1）	（2）	（3）	（4）
$\ln HQI_{it}$	- 0. 0112 (0. 0080)	- 0. 2831 *** (0. 0619)	- 0. 2615 *** (0. 0548)	- 0. 2832 *** (0. 0610)
$W \times \ln HQI_{it}$			0. 2564 *** (0. 0520)	0. 1018 (0. 0639)
ρ			0. 5856 *** (0. 0342)	0. 2350 *** (0. 0563)
省份固定效应	是	是	是	是
年份固定效应	否	是	否	是
Constant	0. 0560 * (0. 0316)	1. 0965 *** (0. 2418)		
收敛速度	0. 07%	2. 08%	1. 89%	2. 08%
半程收敛周期	984. 65	33. 32	36. 59	33. 31
N	480	480	480	480
R^2	0. 001	0. 430	0. 008	0. 099

注：括号内为稳健标准误，* 、** 和 *** 分别表示在 10% 、5% 和 1% 的水平上显著。

进一步地，本书考察了中国经济高质量发展指数的条件 β 收敛情况（见表 5 - 18）。可以看出，无论是否加入年份固定效应，传统条件 β 收敛模型和空间条件 β 收敛模型的估计系数始终在 1% 的水平上显著为负，说明中国经济高质量发展指数表现出很强的条件收敛性。具体而言，传统条件 β 收敛模型和空间条件 β 收敛模型核心解释变量的估计系数分别为 - 0. 3063 和 - 0. 3315，收敛速度分别为 2. 29% 和 2. 52%，对应的半程收敛周期分别为 30. 33 年和 27. 54 年。由此可见，空间收敛速度总体快于传统收敛速度，说明空间因素具有加速效应，有助于缩短经济高质量发展指数的收敛周期。

表 5 – 18　　　　　　中国经济高质量发展指数的条件 β 收敛

变量	传统收敛		空间收敛	
	（1）	（2）	（3）	（4）
$\ln HQI_{it}$	– 0. 2724 *** （0. 0603）	– 0. 3063 *** （0. 0495）	– 0. 2879 *** （0. 0526）	– 0. 3315 *** （0. 0533）
$\ln K$	0. 0260 *** （0. 0067）	0. 0107 （0. 0084）	0. 0097 （0. 0075）	0. 0074 （0. 0070）
$\ln L$	– 0. 0190 （0. 0262）	– 0. 0446 ** （0. 0185）	– 0. 0267 （0. 0200）	– 0. 0450 ** （0. 0181）
Gov	0. 0735 （0. 0622）	– 0. 0033 （0. 0524）	0. 0420 （0. 0547）	0. 0426 （0. 0504）
$\ln Den$	0. 0068 ** （0. 0026）	– 0. 0019 （0. 0026）	0. 0014 （0. 0026）	– 0. 0033 （0. 0023）
$W \times \ln HQI_{it}$			0. 1070 ** （0. 0494）	– 0. 0363 （0. 0592）
$W \times \ln K$			0. 0090 （0. 0074）	0. 0049 （0. 0103）
$W \times \ln L$			0. 0106 （0. 0220）	– 0. 0574 ** （0. 0247）
$W \times Gov$			– 0. 0399 （0. 0552）	– 0. 1213 ** （0. 0565）
$W \times \ln Den$			0. 0052 （0. 0049）	– 0. 0069 （0. 0055）
ρ			0. 5004 *** （0. 0467）	0. 1882 *** （0. 0557）
省份固定效应	是	是	是	是
年份固定效应	否	是	否	是
Constant	0. 9050 *** （0. 2742）	1. 4329 *** （0. 2132）		
收敛速度	1. 99%	2. 29%	2. 12%	2. 52%

续表

变量	传统收敛		空间收敛	
	（1）	（2）	（3）	（4）
半程收敛周期	34.87	30.33	32.66	27.54
N	480	480	480	480
R^2	0.211	0.461	0.023	0.018

注：括号内为稳健标准误，*、** 和 *** 分别表示在 10%、5% 和 1% 的水平上显著。

（二）分地区经济高质量发展指数的 β 收敛性研究

以上研究表明，中国经济高质量发展指数存在稳定的 β 收敛特征。考虑到中国幅员辽阔，地区间发展较不平衡，那么，这种收敛性在不同地区内部是否存在？如果存在的话，不同地区收敛速度的相对大小又是怎样的？为了回答上述问题，本书将 30 个省份划分为东、中、西部地区三个子样本，分别进行估计。

表 5-19 给出了中国分地区经济高质量发展指数的绝对 β 收敛估计结果。可以发现，所以模型核心解释变量的估计系数均为负值，且至少通过了 5% 水平的显著性检验，说明在东、中、西部地区内部，经济高质量发展指数同样存在着绝对 β 收敛。具体地，在传统绝对 β 收敛模型的框架下，东、中、西部地区核心解释变量的估计系数分别为 −0.2917、−0.4895 和 −0.2783，收敛速度分别为 2.16%、4.20% 和 2.04%，半程收敛周期分别为 32.16 年、16.49 年和 34.00 年；在空间绝对 β 收敛模型的框架下，东、中、西部地区核心解释变量的估计系数分别为 −0.2965、−0.4917 和 −0.2749，收敛速度分别为 2.20%、4.23% 和 2.01%，半程收敛周期分别为 31.53 年、16.39 年和 34.50 年。由此可见，无论是否考虑空间因素的影响，中部地区的绝对收敛速度均最快，这与前面中部地区经济高质量发展指数区域内部差异最小的研究结论相吻合。

表 5 – 19　　　　中国分地区经济高质量发展指数的绝对 β 收敛

变量	东部地区		中部地区		西部地区	
	传统收敛	空间收敛	传统收敛	空间收敛	传统收敛	空间收敛
	（1）	（2）	（3）	（4）	（5）	（6）
$\ln HQI_{it}$	– 0. 2917 *** （0. 0521）	– 0. 2965 *** （0. 0576）	– 0. 4895 *** （0. 1071）	– 0. 4917 *** （0. 0915）	– 0. 2783 ** （0. 1031）	– 0. 2749 *** （0. 0981）
$W \times \ln HQI_{it}$		– 0. 0540 （0. 1011）		0. 0404 （0. 1177）		0. 0347 （0. 1137）
ρ		– 0. 0667 （0. 0933）		0. 0434 （0. 0272）		0. 1091 （0. 1302）
省份固定效应	是	是	是	是	是	是
年份固定效应	是	是	是	是	是	是
Constant	1. 1438 *** （0. 2090）		1. 8985 *** （0. 4145）		1. 0660 ** （0. 3948）	
收敛速度	2. 16%	2. 20%	4. 20%	4. 23%	2. 04%	2. 01%
半程收敛周期	32. 16	31. 53	16. 49	16. 39	34. 00	34. 50
N	176	176	128	128	176	176
R^2	0. 542	0. 071	0. 630	0. 176	0. 411	0. 239

注：括号内为稳健标准误，* 、** 和 *** 分别表示在 10% 、5% 和 1% 的水平上显著。

　　在进一步加入控制变量后，模型核心解释变量的估计系数均依然为负值，且都通过了 1% 水平的显著性检验，说明在东、中、西部地区内部，经济高质量发展指数存在条件 β 收敛（见表 5 – 20）。具体而言，在传统条件 β 收敛模型的框架下，东、中、西部地区核心解释变量的估计系数分别为 – 0. 3216、 – 0. 5475 和 – 0. 3680，收敛速度分别为 2. 43% 、4. 96% 和 2. 87% ，半程收敛周期分别为 28. 58 年、13. 99年和 24. 17 年；在空间条件 β 收敛模型的框架下，东、中、西部地区核心解释变量的估计系数分别为 – 0. 3109、 – 0. 6430 和 – 0. 4037，收敛速度分别为 2. 33% 、6. 44% 和 3. 23% ，半程收敛周期分别为 29. 78年、10. 77 年和 21. 45 年。由此可见，无论是否考虑空间因素的影响，中部地区的条件收敛速度均最快，西部地区次之，东部地区则最慢。

表5-20 中国分地区经济高质量发展指数的条件 β 收敛

变量	东部地区		中部地区		西部地区	
	传统收敛	空间收敛	传统收敛	空间收敛	传统收敛	空间收敛
	(1)	(2)	(3)	(4)	(5)	(6)
$\ln HQI_{it}$	-0.3216 ***	-0.3109 ***	-0.5475 ***	-0.6430 ***	-0.3680 ***	-0.4037 ***
	(0.0510)	(0.0556)	(0.0901)	(0.0895)	(0.0629)	(0.0830)
$\ln K$	-0.0125	-0.0085	0.0317	0.0663 ***	0.0462 *	0.0403
	(0.0074)	(0.0077)	(0.0207)	(0.0163)	(0.0217)	(0.0275)
$\ln L$	-0.0291	-0.0362 **	-0.0459 **	-0.0516 ***	-0.0796 ***	-0.0752 *
	(0.0172)	(0.0154)	(0.0191)	(0.0162)	(0.0318)	(0.0395)
Gov	0.0713	0.1048 ***	0.1215 **	0.0662 *	-0.0247	-0.0111
	(0.0417)	(0.0307)	(0.0493)	(0.0350)	(0.0704)	(0.0754)
$\ln Den$	0.0043	0.0136 **	-0.0071	-0.0048	0.0014	0.0028
	(0.0059)	(0.0066)	(0.0039)	(0.0046)	(0.0043)	(0.0050)
$W \times \ln HQI_{it}$		-0.0834		-0.1358		-0.3024 **
		(0.1065)		(0.1189)		(0.1407)
$W \times \ln K$		0.0053		-0.0074		0.0339
		(0.0082)		(0.0282)		(0.0742)
$W \times \ln L$		-0.0429 **		0.0748 **		-0.0848
		(0.0201)		(0.0308)		(0.0852)
$W \times Gov$		-0.0027		0.0937 **		-0.1711
		(0.1044)		(0.0437)		(0.1888)
$W \times \ln Den$		0.0255 *		-0.0181 ***		0.0031
		(0.0136)		(0.0027)		(0.0095)
ρ		-0.1191		-0.0523		-0.0517
		(0.0776)		(0.0577)		(0.1133)
省份固定效应	是	是	是	是	是	是
年份固定效应	是	是	是	是	是	是

续表

变量	东部地区		中部地区		西部地区	
	传统收敛	空间收敛	传统收敛	空间收敛	传统收敛	空间收敛
	（1）	（2）	（3）	（4）	（5）	（6）
Constant	1.5634 *** (0.3035)		2.2217 *** (0.4987)		1.5674 *** (0.3997)	
收敛速度	2.43%	2.33%	4.96%	6.44%	2.87%	3.23%
半程收敛周期	28.58	29.78	13.99	10.77	24.17	21.45
N	176	176	128	128	176	176
R^2	0.563	0.053	0.670	0.064	0.492	0.018

注：括号内为稳健标准误，*、** 和 *** 分别表示在10%、5%和1%的水平上显著。

　　总之，无论在全国层面还是在地区层面，无论是否考虑空间因素的影响、是否加入控制变量，中国经济高质量发展指数均表现出很强的收敛性。上述收敛性的存在具有重要的现实意义。这说明尽管中国目前经济发展还不平衡，地区间、省份间经济高质量发展水平还存在着一定的差距，但长期来看，各省份经济高质量发展水平将趋近于同一个稳态水平，实现同步发展。当然，中国经济高质量发展收敛速度是较为缓慢的。因此，在未来的经济发展过程中，我国需要制定、实施一系列的区域发展战略和政策，加强省份间的合作、交流和互动，争取推动所有省份经济高质量发展水平的快速提升和趋同。

第六节　中国经济高质量发展指数测度结果的稳健性检验

　　以上，本书从多个方面较为全面地分析了中国经济高质量发展指数的特征，并得到了一些具有实际意义和价值的发现。然而，这些研究结论成立的一个关键前提是本书关于经济高质量发展指数测度结果的准确性。为此，本节将从两个方面对测度结果的稳健性进行检验：

一是改变经济高质量发展指数的测度方法；二是同现有代表性文献测度结果的比较。

一、改变经济高质量发展指数的测度方法

借鉴玛拉奇拉等（2017）的研究，本书通过改变经济高质量发展指数的测度方法来检验本书测度结果的稳健性。根据本书前面的说明，经济高质量发展指数的测度主要包括三个步骤：一是指标权重的确定；二是原始数据标准化；三是指数的合成。因此，本书将分别从这三个方面进行稳健性检验。

首先，改变指标权重的确定方法。在本书中，指标权重的确定主要基于纵横向拉开档次法。在稳健性检验中，本书将分别采取现有研究使用较为广泛的熵值法和均等权重法对基础指标进行赋权（刘思明等，2019），进而计算出 2002~2018 年中国各省份经济高质量发展指数。

其次，改变原始数据标准化处理的方法。在原始测度中，本书主要采取的是面板极差标准化方法对原始数据进行标准化处理。在稳健性检验中，本书将分别采用定基极差标准化方法（王小鲁等，2019；聂长飞、简新华，2020）和正态累计密度标准化方法（刘思明等，2019）对原始数据进行处理，进而计算出 2002~2018 年中国各省份经济高质量发展指数。

最后，改变指数合成的方法。在本书中，主要采用的是线性加权法对经济高质量发展指数进行合成。在稳健性检验中，本书将采用理想点法合成经济高质量发展指数（魏敏、李书昊，2018）。

依据上述设定，本书通过其他 5 种不同的计算方法，分别测度了 2002~2018 年中国各省份经济高质量发展指数[①]。

在此基础上，本书计算了不同测度方法计算的经济高质量发展指数之间的相关性（见表 5-21）。可以发现，其他 5 种方法计算的经济

---

① 考虑到上述测度方法均为综合评价中的常规方法，且为了保证连贯性，本书不再列出这些方法的计算公式，具体可参见相应的参考文献。

高质量发展指数同本书测度结果之间的相关系数至少达到了 0.890 以上，且均在 1% 的水平上显著，从侧面印证了本书测度结果是较为稳健可靠的。不仅如此，其他 5 种方法计算的经济高质量发展指数两两之间的相关系数至少达到了 0.785 以上，且均在 1% 的水平上显著，说明不同计算方法对经济高质量发展总体测度结果的影响有限，难以对测度结果造成实质性影响。

表 5 – 21　不同测度方法计算的经济高质量发展指数之间的相关性

	HQI	HQI 1	HQI 2	HQI 3	HQI 4	HQI 5
HQI	1					
HQI 1	0. 890 ***	1				
HQI 2	0. 975 ***	0. 966 ***	1			
HQI 3	0. 933 ***	0. 825 ***	0. 898 ***	1		
HQI 4	0. 987 ***	0. 855 ***	0. 952 ***	0. 906 ***	1	
HQI 5	0. 978 ***	0. 785 ***	0. 909 ***	0. 936 ***	0. 969 ***	1

　　注：HQI 为本书基准测度结果，HQI 1 ~ HQI 5 依次为采用熵值法赋权、采用均等权重法赋权、采用定基极差标准化方法、采用正态累计密度标准化方法以及采用理想点合成方法测度的经济高质量发展指数。*** 表示在 1% 的水平上显著。

　　为了更加直观地比较上述测度结果，本书基于不同测度方法计算的各省份经济高质量发展指数均值，绘制了图 5 – 12。可以看出，虽然不同测度方法计算的经济高质量发展指数存在绝对数值上的差异，但在样本期内稳步上升的变化趋势并未发生实质性改变，进一步支持了本书测度结果稳健性的研究结论。

　　进一步地，本书列出了样本期内不同测度方法计算的经济高质量发展指数均值及其排名情况（见表 5 – 22），以期从省份排名差异的角度考察本书测度结果的稳健性。

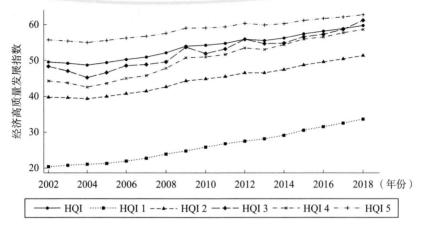

图 5 – 12　不同测度方法计算的经济高质量发展指数变动趋势

注：HQI 为本书基准测度结果，HQI 1 ~ HQI 5 依次为采用熵值法赋权、采用均等权重法赋权、采用定基极差标准化方法、采用正态累计密度标准化方法以及采用理想点合成方法测度的经济高质量发展指数。

表 5 – 22　不同测度方法计算的经济高质量发展指数均值及其排名

省份	HQI	排名	HQI 1	排名 1	HQI 2	排名 2	HQI 3	排名 3	HQI 4	排名 4	HQI 5	排名 5
北京	68.66	1	59.25	1	65.54	1	83.12	1	69.04	1	67.32	1
天津	56.81	6	37.50	3	50.05	5	54.93	12	54.10	8	59.63	11
河北	51.35	21	21.18	21	41.43	23	43.80	25	46.81	21	57.20	21
山西	46.93	29	21.35	20	38.99	27	34.93	29	41.57	28	52.39	29
内蒙古	50.09	25	22.79	16	41.56	21	42.06	27	44.55	25	55.27	25
辽宁	54.10	14	28.61	8	45.73	9	51.10	18	51.26	13	58.63	19
吉林	53.93	15	23.32	14	44.02	13	54.71	13	51.20	14	59.06	14
黑龙江	54.68	10	24.69	10	45.29	10	55.39	11	51.91	11	59.53	12
上海	64.32	2	48.39	2	59.18	2	73.53	2	63.24	2	64.54	2
江苏	56.77	7	30.83	6	47.85	7	56.33	9	55.43	6	60.86	7
浙江	60.18	3	33.82	5	51.37	3	62.96	4	59.38	3	63.64	3
安徽	52.63	18	20.82	24	41.75	18	52.82	16	48.14	19	58.78	16
福建	58.02	5	29.39	7	48.19	6	58.14	5	56.44	5	62.38	5

省份	HQI	排名	HQI 1	排名 1	HQI 2	排名 2	HQI 3	排名 3	HQI 4	排名 4	HQI 5	排名 5
江西	54.92	9	22.15	19	43.65	14	57.76	6	52.52	9	60.40	8
山东	54.16	13	24.45	11	44.36	11	49.49	20	50.93	15	59.15	13
河南	52.86	17	19.37	28	41.62	20	53.17	15	49.20	17	59.05	15
湖北	54.54	11	23.52	13	44.17	12	55.98	10	51.95	10	60.17	9
湖南	54.45	12	22.72	17	43.60	15	56.70	8	51.66	12	60.05	10
广东	59.46	4	33.90	4	50.93	4	63.28	3	58.99	4	62.87	4
广西	51.14	22	19.80	27	40.71	25	40.15	28	46.53	22	56.97	22
海南	56.56	8	25.82	9	46.40	8	57.74	7	55.20	7	61.08	6
重庆	53.15	16	23.58	12	43.18	16	54.21	14	49.20	16	58.75	17
四川	52.43	19	20.50	25	41.65	19	52.49	17	48.21	18	58.65	18
贵州	47.83	28	18.25	30	38.07	29	44.27	24	42.27	26	54.48	27
云南	51.80	20	19.84	26	41.09	24	49.97	18	47.71	20	57.86	20
陕西	50.76	24	22.97	15	41.53	22	47.73	21	45.80	23	56.62	23
甘肃	47.86	27	18.32	29	38.16	28	45.10	23	42.02	27	54.63	26
青海	48.04	26	20.89	23	39.18	26	42.32	26	40.74	29	54.19	28
宁夏	45.40	30	21.05	22	37.99	30	33.77	30	39.29	30	50.66	30
新疆	50.92	23	22.18	18	42.01	17	46.41	22	45.27	24	56.17	24

注：HQI 为本书基准测度结果，HQI 1～HQI 5 依次为采用熵值法赋权、采用均等权重法赋权、采用定基极差标准化方法、采用正态累计密度标准化方法以及采用理想点合成方法测度的经济高质量发展指数。

图5-13 和图5-14 分别描绘了不同测度方法计算的各省份经济高质量发展指数均值及其排名情况。从图中可以直观地看到，在不同测度方法下，省份间经济高质量发展指数的相对大小排序较为稳定。具体而言，本书同熵值法赋权测度的经济高质量发展指数相比，有 5 个省份排名完全相同，16 个省份排名相差 3 名以内，20 个省份排名相差 5 名以内；同均等权重法赋权测度的经济高质量发展指数相比，有 12 个省份排名完全相同，25 个省份排名相差 3 名以内，29 个省份排名相差 5 名以内；同定基极差标准化方法测度的经济高质量发展指数相比，

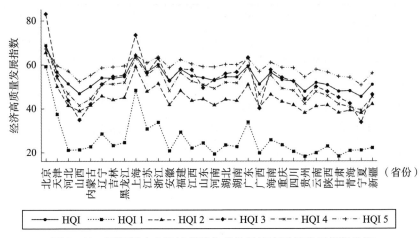

图5-13 不同测度方法计算的各省份经济高质量发展指数均值

注：HQI为本书基准测度结果，HQI 1～HQI 5依次为采用熵值法赋权、采用均等权重法赋权、采用定基极差标准化方法、采用正态累计密度标准化方法以及采用理想点合成方法测度的经济高质量发展指数。

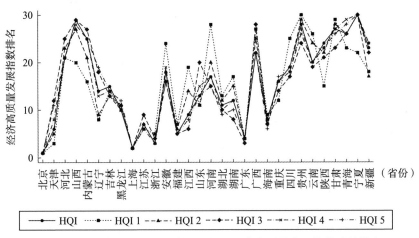

图5-14 不同测度方法计算的各省份经济高质量发展指数均值排名

注：HQI为本书基准测度结果，HQI 1～HQI 5依次为采用熵值法赋权、采用均等权重法赋权、采用定基极差标准化方法、采用正态累计密度标准化方法以及采用理想点合成方法测度的经济高质量发展指数。

有 6 个省份排名完全相同，22 个省份排名相差 3 名以内，27 个省份排名相差 5 名以内；同正态累计密度标准化方法测度的经济高质量发展指数相比，有 15 个省份排名完全相同，且所有 30 个省份排名相差均在 3 名以内；同理想点合成方法测度的经济高质量发展指数相比，有 13 个省份排名完全相同，28 个省份排名相差 3 名以内，且所有 30 个省份排名相差均在 5 名以内。由此可见，测度方法的不同未能实质性影响各省份经济高质量发展水平的相对排名，再次说明本书的测度结果是稳健、可信的。

二、同现有代表性文献测度结果的比较

尽管测度方法的不同，不会对本书测度结果造成实质性的影响。但还有另外一种可能会影响到本书测度结果的准确性，即指标体系的构建。尽管本书对经济高质量发展的内涵和外延进行了较为全面的界定，进而构建了能够较为准确体现经济高质量发展内涵和外延的指标体系，但受限于作者的个人能力，本书构建的指标体系难免存在缺陷，从而可能会影响经济高质量发展指数的测度结果。

为了打消这种疑虑，本书在中国知网（https://www.cnki.net/）检索了中国经济高质量发展指数测度相关的文献，并将其中被引频次最高的 3 篇文献同本书的测度结果进行比较①。如果测度结果间的差异较小，则可以证明本书测度结果是可信的；反之，本书的测度结果不可信。代表性文献的基本信息见表 5 – 23。可以看出，3 篇代表性文献构建的经济高质量发展指标体系在指标维度、所包含的指标数量等方面存在较大差别。

---

① 之所以依据文献的被引频次来选取代表性的文献，是因为被引频次能够在一定程度上较好地体现该文献在学术界的认可度。当然，依据被引频次选取文献的做法也存在缺陷，一个极端的情况是，某篇文献的观点完全是错误的，使很多学者引用并批判，反而导致该文献的引用率很高。但是，本书的这种稳健性检验做法也具有一定的合理性，因为本书选取的是该研究领域被引频次最高的 3 篇文献而非 1 篇文献作为对照，可以很大程度上避免上述极端情况的发生。

表 5 – 23   **代表性文献的基本信息**

文献	被引频次	指标体系维度	指标数量
魏敏、李书昊（2018）	232	经济结构优化、创新驱动发展、资源配置高效、市场机制完善、经济增长稳定、区域协调共享、产品服务优质、基础设施完善、生态文明建设和经济成果惠民10 个维度	53
师博、任保平（2018）	191	增长基本面、增长社会成果 2 个维度	6
马茹等（2019a）	94	高质量供给、高质量需求、发展效率、经济运行、对外开放 5 个维度	28

注：文献被引频次统计截止时间为 2020 年 12 月 31 日。

表 5 – 24 列出了本书同代表性文献的测度结果，并基于该测度结果分别计算了本书同代表性文献测度结果之间的相关系数。结果显示，在指数绝对数值方面，本书同魏敏、李书昊（2018），师博、任保平（2018）以及马茹等（2019a）的测度结果之间的相关系数分别为0.852、0.873 和 0.875，且在 1% 的水平上显著；在指数排名方面，本书同魏敏、李书昊（2018）以及马茹等（2019a）的测度结果之间的相关系数分别为 0.672 和 0.825，且在 1% 的水平上显著。这表明本书的测度结果同代表性文献测度结果较为接近，印证了本书测度结果的稳健性。

表 5 – 24   **本书同代表性文献测度结果的比较**

省份	本书测度	本书排名	魏敏、李书昊（2018）测度	魏敏、李书昊（2018）排名	师博、任保平（2018）测度	马茹等（2019a）测度	马茹等（2019a）排名	差 1	差 2
北京	73.12	1	67.80	1	73.00	89.20	1	0	0
天津	59.25	8	36.60	3	64.00	80.70	3	5	5
河北	55.76	21	14.30	26	46.00	65.80	20	5	1

省份	本书测度	本书排名	魏敏、李书昊（2018）测度	魏敏、李书昊（2018）排名	师博、任保平（2018）测度	马茹等（2019a）测度	马茹等（2019a）排名	差1	差2
山西	50.74	29	15.00	24	38.00	64.30	25	5	4
内蒙古	54.33	25	17.50	16	39.00	66.20	19	9	6
辽宁	56.89	19	23.00	7	38.00	67.20	14	12	5
吉林	58.56	14	17.00	19	46.00	67.10	15	5	1
黑龙江	58.58	13	18.20	13	48.00	65.60	21	0	8
上海	70.65	2	57.90	2	81.00	88.20	2	0	0
江苏	59.98	6	35.50	4	63.00	77.70	5	2	1
浙江	65.08	3	32.00	6	72.00	77.40	6	3	3
安徽	57.79	15	18.40	12	48.00	67.90	13	3	2
福建	59.92	7	21.30	9	55.00	71.40	8	2	1
江西	58.95	11	17.00	20	55.00	68.00	11	9	0
山东	57.50	16	19.70	11	49.00	71.00	9	5	7
河南	57.37	17	17.10	18	50.00	66.80	16	1	1
湖北	58.90	12	18.10	14	53.00	68.70	10	2	2
湖南	58.98	10	17.30	17	51.00	67.90	12	7	2
广东	64.32	4	32.60	5	69.00	78.30	4	1	0
广西	55.08	23	20.70	10	40.00	64.70	23	13	0
海南	60.79	5	13.90	27	48.00	65.40	22	22	17
重庆	59.19	9	21.80	8	54.00	71.50	7	1	2
四川	56.75	20	17.70	15	46.00	66.40	18	5	2
贵州	55.42	22	13.30	29	36.00	63.80	26	7	4

续表

省份	本书测度	本书排名	魏敏、李书昊（2018）测度	魏敏、李书昊（2018）排名	师博、任保平（2018）测度	马茹等（2019a）测度	马茹等（2019a）排名	差1	差2
云南	57.20	18	13.20	30	28.00	62.50	30	12	12
陕西	54.87	24	17.00	21	38.00	66.60	17	3	7
甘肃	53.98	26	13.60	28	37.00	63.50	28	2	2
青海	52.55	28	15.30	22	38.00	62.60	29	6	1
宁夏	49.97	30	14.80	25	36.00	64.30	24	5	6
新疆	53.00	27	15.10	23	40.00	63.80	27	4	0

注：为便于比较，本书将魏敏、李书昊（2018），师博、任保平（2018）的测度结果统一乘以100，从而使得所有测度结果均在0~100.00。同时，由于师博、任保平（2018）的测度结果仅保留2位有效数字，导致部分省份经济高质量发展指数完全相同（如河北、吉林、四川的经济高质量发展指数均为0.46），因此表中没有列出师博、任保平（2018）的测度结果排名。此外，表中的"差1"和"差2"分别为本书排名与魏敏、李书昊（2018）排名之差的绝对值、本书排名与马茹等（2019a）排名之差的绝对值。上述经济高质量发展指数值均为2016年数据。

　　图5-15和图5-16分别描绘了本书同代表性文献测度结果绝对数值及其排名的比较。从图中可以明显地看到，本书同代表性文献测度结果在各省份相对排序方面较为接近。具体而言，本书同魏敏、李书昊（2018）的测度结果相比，有3个省份排名完全相同，13个省份排名相差3名以内，21个省份排名相差5名以内；本书同马茹等（2019a）的测度结果相比，有6个省份排名完全相同，19个省份排名相差3名以内，23个省份排名相差5名以内。也就是说，无论同哪篇文献比较，在全部的30个省份中，均至少有70%以上的省份排名差距在5名以内，差距相对较小。由此可见，即使本书构建的指标体系同现有代表性文献存在一定的差异，但同这些文献的测度结果相比，依然具有较高的重合度，从而进一步证明了本书测度结果是稳健、可信的。

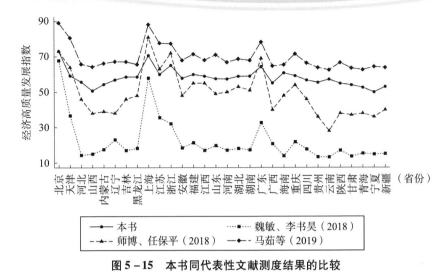

图 5 – 15　本书同代表性文献测度结果的比较

注：为便于比较，本书将魏敏、李书昊（2018）及师博、任保平（2018）的测度结果统一乘以100，从而使得所有测度结果均在0~100。

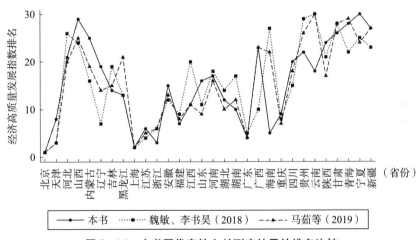

图 5 – 16　本书同代表性文献测度结果的排名比较

注：由于师博、任保平（2018）的测度结果仅保留2位有效数字，导致部分省份经济高质量发展指数完全相同（如河北、吉林、四川的经济高质量发展指数均为0.46），因此图中没有画出师博、任保平（2018）的测度结果排名。

第六章

中国经济高质量发展与经济增长数量的关系研究

前面两章分别从全国层面和省际层面对中国经济高质量发展的现实状况进行了较为全面的考察。然而,纵观已有文献,关于中国经济高质量发展的研究还存在一个盲点,即缺乏对经济高质量发展与经济增长数量之间关系的系统、深入研究①。鉴于此,本书特尝试从理论和实证两方面对这一研究议题展开研究。从理论意义上讲,厘清二者间的关系有助于深化对经济高质量发展问题的研究,更好地明确什么是经济高质量发展、为什么要推动经济高质量发展、现阶段中国实现经济高质量发展面临什么样的问题和困难、怎样才能实现经济高质量发展等重大理论问题;从实践意义上讲,厘清二者间的关系有助于从数量和质量两方面全面地理解、把握中国经济发展的实际状况,为政府部门科学制定经济政策、切实有效推动经济高质量发展提供有益的参考。

---

① 尽管目前有少数文献提及或简单分析了经济发展质量与经济增长数量之间的关系,如师博、任保平(2018),师博、张冰瑶(2019),余泳泽等(2019a),聂长飞、简新华(2020)等,但总体而言关于这方面的研究依旧较少、不够系统深入。

第一节 经济高质量发展与经济增长
数量关系的理论分析

在经济学研究中，经济增长数量指的是一个国家或一个地区在一定时期内生产活动的最终成果，GDP 是衡量经济增长数量被最广泛使用的指标[①]，因此本章实际考察的是经济发展质量与 GDP 之间的关系。为了全面反映地区经济增长数量的状况，本书分别从"经济总量"和"增长速度"两个角度刻画经济增长数量，即 GDP 规模和 GDP 增速，从而能够较为全面地分析经济发展质量与经济增长数量之间的关系。

一、经济高质量发展与 GDP 规模之间关系的理论分析

根据前面的界定，经济高质量发展是"四高一好"的发展，即产品和服务质量高、经济效益高、社会效益高、生态效益高以及经济运行状态好。因此，经济发展质量用模型可表示为：

$$HQI = F(Prod, Econ, Scoi, Ecol, Stat) + \varepsilon \qquad (6-1)$$

其中，HQI 表示经济发展质量，Prod 表示产品和服务质量，Econ 表示经济效益，Scoi 表示社会效益，Ecol 表示生态效益，Stat 表示经济运行状态；ε 表示随机误差项。显然，经济高质量发展五个维度指数的提升都将促进经济高质量发展总体指数的提升，即式（6-1）满足以下性质：

[①] 这里需要说明的是，本书之所以没有选择用"人均 GDP"指标反映经济增长数量，主要原因有两点：一是"人均 GDP"指标不仅反映了一个国家或一个地区的经济成果，而且在很大程度上体现了该国家或地区满足人民美好生活需求的大小，从而更多反映经济发展质量水平的高低，甚至有研究直接用人均 GDP 作为经济发展质量的代理变量（陈诗一、陈登科，2018）；二是在本书构建的经济高质量发展指标体系中，已经将"人均 GDP"纳入其中，如果再采用"人均 GDP"作为经济增长数量的衡量指标，则会导致逻辑混乱。

$$\begin{cases} F_1' = \dfrac{\partial F}{\partial(\text{Prod})} > 0, \ \ F_2' = \dfrac{\partial F}{\partial(\text{Econ})} > 0, \ \ F_3' = \dfrac{\partial F}{\partial(\text{Scoi})} > 0, \\[3mm] F_4' = \dfrac{\partial F}{\partial(\text{Ecol})} > 0, \ \ F_5' = \dfrac{\partial F}{\partial(\text{Stat})} > 0 \end{cases} \quad (6-2)$$

在此基础上，要探究 GDP 规模对经济发展质量的影响，必须依次分析 GDP 规模对产品和服务质量 Prod、经济效益 Econ、社会效益 Scoi、生态效益 Ecol、经济运行状态 Stat 的影响。

第一，GDP 规模对产品和服务质量的影响。从经济学意义上讲，"需求"的含义包括两层意思：一是对某种产品和服务有需要、有欲望、渴望拥有；二是有能力满足该产品和服务的需要和欲望。当 GDP 规模较小时，意味着社会生产力水平较为落后，全社会生产的产品和服务数量也相对有限。在这种情形下，一方面，个人的主要需求是解决基本的衣食住行等问题，对优质产品和高端服务等的欲望相对较低；另一方面，受限于较低的收入水平，即使存在这方面的欲望，也没有足够的购买力去实现。因此，在 GDP 规模较小的情形下，社会生产的主要任务是满足人的最基本的生存需求和物质需要，即解决"有没有"的问题，而至于产品和服务的质量，差一点好一点相对没有那么重要，因此较低的 GDP 规模往往意味着该阶段生产的产品和提供的服务整体质量不高。相反，当 GDP 增加到一定规模后，全社会生产的产品和服务数量已经能够满足人们基本的生活需要，"有没有"的问题也不再是社会生产的主要任务。在这种情形下，根据马斯洛需求层次理论，人们对产品和服务质量的需求就不再仅仅局限于数量的多少，转而转向更加精细化、多元化、个性化的需要。同时，较高的收入水平也能够支持人们的美好生活需要，从而能够形成对优质产品和高端服务的"有效需求"，相应的供给也会随之增加。也就是说，GDP 规模的扩大会提升微观产品和服务的质量。据此，GDP 规模 GDP 与产品和服务质量 Prod 之间的关系可用模型表示为：

$$\text{Prod} = f_1(\text{GDP}) + \varepsilon_1$$

其中，
$$\dfrac{\partial f_1(\text{GDP})}{\partial(\text{GDP})} > 0 \quad (6-3)$$

第二，GDP 规模对经济效益的影响。在经济学研究中，对经济效益的界定主要是从投入产出角度展开的，即以尽可能少的生产要素投入获得尽可能多的产出。从理论上讲，GDP 规模的大小是经济效益实现的前提和基础。没有一定的 GDP 规模作为支撑，经济效益犹如无源之水、无本之木，也就难以真正有效推动经济效益的提升；只有当 GDP 增加到一定规模后，才能考虑经济效益的高低。从宏观层面看，GDP 规模的扩大是提高劳动、土地、物质资本、人力资本、技术、数据等生产要素效率的前提条件；从微观层面看，GDP 规模的扩大意味着人们收入水平的提高，对产品和服务的高端需求也会相应增加，这将加剧企业间的竞争，倒逼企业尽可能选择高效益的生产方式，从而推动微观经济效益的提升。因此，GDP 规模的扩大有助于提高经济效益。据此，GDP 规模 GDP 与经济效益 Econ 之间的关系可用模型表示为：

$$Econ = f_2(GDP) + \varepsilon_2$$

其中，$\dfrac{\partial f_2(GDP)}{\partial(GDP)} > 0$ (6 – 4)

第三，GDP 规模对社会效益的影响。社会效益指的是最大限度地利用有限的资源满足社会上人们日益增长的美好生活需要。由此可见，社会效益的实现是有条件的，需要以一定的经济增长数量为基础。没有一定的物质基础作为前提，一味地强调社会效益，最终只会导致"低效率的公平"，也就难以真正有效提升社会效益水平，即分好"蛋糕"的前提是做大"蛋糕"。回顾改革开放以来中国经济发展的历史进程，可以看到中国经济发展也是基本遵循这样的经济规律进行的，即先一部分地区、一部分人先富裕起来，然后通过先发展起来的地区带动后发展的地区，最终达到共同富裕。在城乡关系方面，本书手动统计了中国各省份 2000 年以来《政府工作报告》中关于城乡发展目标的设定，发现 2012 年左右是一个分水岭：在此之前，多数省份制定的年度预期发展目标中，城镇居民人均可支配收入的增长率高于农村居民人均可支配收入的增长率；而 2012 年之后恰好相反，多数省份期望农村居民人均可支配收入的增长率高于城镇居民人均可支配收入的增长率。此外，在基础设施供给等方面，区域间、城乡间实现共同发展的前提条件是经济总量的提升。因此，GDP 规模的扩大能够提高社会效益[①]。据此，GDP 规模 GDP 与社会效益 Scoi 之间的关系可用模型表示为：

$$Scoi = f_3(GDP) + \varepsilon_3$$

其中，$\dfrac{\partial f_3(GDP)}{\partial(GDP)} > 0$ (6 - 5)

第四，GDP 规模对生态效益的影响。生态效益指的是在生产活动中所创造的经济价值与消耗的资源及产生的环境影响的比值。环境库兹涅茨假说认为，经济增长与环境污染之间呈倒"U"型曲线关系，即当经济增长水平较低时，随着经济水平的提高，环境污染将不断加剧；当经济增长水平达到一定的"拐点"后，经济水平的提高将会减少环境污染、提高环境质量。也就是说，环境污染改善是以经济增长水平的提高为先决条件的，只有以一定的经济增长数量作为物质基础，才能最终实现经济增长与生态效益二者间的协调发展、共同提升。在过去 40 多年取得巨大经济增长成就的过程中，中国无疑付出了较大的资源环境代价，但近年来尤其是党的十八大以来，党和政府高度重视生态效益的改善，特别是最近习近平同志在第七十五届联合国大会一般性辩论上提出，"中国二氧化碳排放力争于 2030 年前达到峰值，努力争取 2060 年前实现碳中和"，更是表明了党和政府减少环境污染、提高生态效益的决心。从这个意义上讲，中国经济增长与生态效益之间的关系逐渐由"背离"转向"统一"，即 GDP 规模的进一步扩大将有利于生态效益的提升。据此，GDP 规模 GDP 与生态效益 Ecol 之间的关系可用模型表示为：

---

① 需要说明的是，在 GDP 总量很低时，GDP 规模的扩大可能会导致社会效益的下降，但考虑到本书考察的时期是在 2002 年之后，中国的经济发展水平和人均收入已达到较高水平，在此情形下，GDP 规模的扩张与社会效益的提升应该是同方向的，唯一的区别在于二者的增速可能有所不同，因而本书构建的理论模型是符合实际的。

$$\text{Ecol} = f_4(\text{GDP}) + \varepsilon_4$$

其中，$\qquad\qquad \dfrac{\partial f_4(\text{GDP})}{\partial(\text{GDP})} > 0 \qquad\qquad (6-6)$

第五，GDP 规模对经济运行状态的影响。在本书的研究中，经济运行状态的优劣主要取决于经济波动和就业、产业结构和城乡结构、消费投资结构、财税金融状况、技术水平以及国际经济关系等，而这些内容无一例外与 GDP 规模密切相关。例如，GDP 规模的快速扩张能够有效带动就业，降低失业率。又如，GDP 规模的增加会导致人均收入水平的提高，从而有助于提高人们的消费水平，并推动消费结构的升级和最终消费率的增加。再如，GDP 规模的增加总体上有利于技术水平的提升，因为即使在 R&D 投入强度不变的情况下，GDP 规模的增加也意味着每年的 R&D 投入相比于前一年有所增加，从而有利于创造更多的创新产出。总之，GDP 规模与经济运行状态之间是相辅相成的，GDP 规模的增加有利于改善经济运行状态。据此，GDP 规模 GDP 与经济运行状态 Stat 之间的关系可用模型表示为：

$$\text{Stat} = f_5(\text{GDP}) + \varepsilon_5$$

其中，$\qquad\qquad \dfrac{\partial f_5(\text{GDP})}{\partial(\text{GDP})} > 0 \qquad\qquad (6-7)$

将式（6-2）~式（6-6）依次代入式（6-1），可以得到经济发展质量 HQI 的表达式为：

$$\text{HQI} = F\left[f_1(\text{GDP}), f_2(\text{GDP}), \cdots, f_5(\text{GDP})\right] + \zeta = g(\text{GDP}) + \zeta$$
$$(6-8)$$

并且有：

$$\frac{\partial g(\text{GDP})}{\partial(\text{GDP})} = F_1' \times \frac{\partial f_1(\text{GDP})}{\partial(\text{GDP})} + F_2' \times \frac{\partial f_2(\text{GDP})}{\partial(\text{GDP})} + \cdots$$
$$+ F_5' \times \frac{\partial f_5(\text{GDP})}{\partial(\text{GDP})} > 0 \qquad (6-9)$$

其中，ζ 表示随机误差项。根据模型（6-8）可以看出，经济发展质量 HQI 可以表示为 GDP 规模 GDP 的函数。同时，由于 $\dfrac{\partial g(\text{GDP})}{\partial(\text{GDP})} >$ 0，表明经济发展质量 HQI 是 GDP 规模 GDP 的增函数，随着 GDP 规模

的扩张，经济发展质量也会随之提高。

需要说明的是，以上着重分析了 GDP 规模对经济发展质量的影响，但这并非说明经济高质量发展水平不会对 GDP 规模产生影响。事实上，GDP 规模与经济发展质量之间是相辅相成、互为因果的。经济发展质量的提高也会为 GDP 规模的持续、健康扩张提供更好的条件（张军扩等，2019）。从经济发展质量的五个维度看，产品和服务质量的提高不仅在微观层面可以提高人们的消费水平，而且可以在宏观层面提高中国产品和服务的整体竞争力，从而推动 GDP 规模的扩张；经济效益的提高意味着可以用相对较少的投入获得相对较多的产出，因而在要素投入不变的前提下，GDP 规模也会相应增加；社会效益的提高意味着分配结构在城乡间、地区间相对均衡，经济发展的不稳定、不确定性因素减少，从而有利于 GDP 规模的进一步扩张；生态效益的提高意味着环境质量更高，在较小的资源消耗和环境破坏的情形下，就能生产出较多的产品，从而在能源、资源等既定的情况下，生态效益的提高能够有效促进 GDP 规模的扩张；经济运行状态的提高意味着更多的就业、更优的产业结构和消费投资结构、更高的技术水平和对外开放水平，显然有助于 GDP 规模的增加。

综上所述，经济高质量发展与 GDP 规模是内在统一的：经济发展质量的提升需要以一定的 GDP 规模为前提条件；同时，经济发展质量的提升是 GDP 规模持续、健康扩张的重要保障。在中国未来经济发展过程中，要正确处理好二者间的关系，不能片面追求 GDP 规模的扩张而忽视了经济发展质量的提升；但同样不能过度追求经济发展质量的提升，而忽略了 GDP 规模的扩张。据此，本书提出以下研究理论推论：

理论推论 1：GDP 规模与经济高质量发展五个维度指数及其总体指数均呈显著的正相关关系。

二、经济高质量发展与 GDP 增速之间关系的理论分析

经济收敛理论表明，经济发展水平较低的省份和地区，增长速度会更快，并向经济发展水平较高的省份和地区趋向接近。很多研究也

证明了中国经济发展过程存在着地区收敛性（魏后凯，1997；彭国华，2005；陈丰龙等，2018）。

进一步地，本书以 2002～2018 年中国 30 个省份的实际 GDP 增速为横轴，以实际 GDP（2002 年为基期，单位为亿元）的对数为纵轴，绘制成散点图（见图 6－1）。可以看出，GDP 规模与 GDP 增速之间呈明显的负相关关系。据测算，二者间的相关系数为－0.300，且在 1% 的水平上显著，再次印证了上述结论。

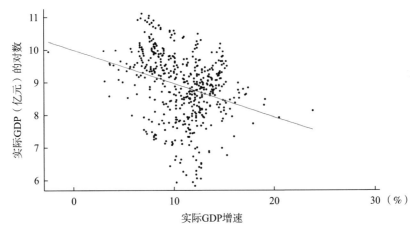

图 6－1 **GDP 规模与 GDP 增速之间的关系**

据此，GDP 规模 GDP 与实际 GDP 增速 growth 之间的关系可以用模型表示为：

$$GDP = h(growth) + \varepsilon'$$

其中，

$$\frac{\partial h(growth)}{\partial(growth)} < 0 \tag{6-10}$$

将式（6－8）依次代入式（6－2）～式（6－6），可得：

$$
\begin{cases}
\mathrm{Prod} = f_1\big[\,h(\,\mathrm{growth})\,\big] + \varepsilon_1' = u_1(\,\mathrm{growth}) + \varepsilon_1' \\[4pt]
\mathrm{Econ} = f_1\big[\,h(\,\mathrm{growth})\,\big] + \varepsilon_2' = u_2(\,\mathrm{growth}) + \varepsilon_2' \\[4pt]
\mathrm{Scoi} = f_1\big[\,h(\,\mathrm{growth})\,\big] + \varepsilon_3' = u_3(\,\mathrm{growth}) + \varepsilon_3' \\[4pt]
\mathrm{Ecol} = f_1\big[\,h(\,\mathrm{growth})\,\big] + \varepsilon_4' = u_4(\,\mathrm{growth}) + \varepsilon_4' \\[4pt]
\mathrm{Stat} = f_1\big[\,h(\,\mathrm{growth})\,\big] + \varepsilon_5' = u_5(\,\mathrm{growth}) + \varepsilon_5'
\end{cases}
\tag{6-11}
$$

并且，根据链式求导法则可得：

$$
\frac{\partial u_1(\,\mathrm{growth})}{\partial(\,\mathrm{growth})} = \frac{\partial f_1\big[\,h(\,\mathrm{growth})\,\big]}{\partial h(\,\mathrm{growth})} \times \frac{\partial h(\,\mathrm{growth})}{\partial(\,\mathrm{growth})} < 0
\tag{6-12}
$$

同理可得：

$$
\frac{\partial u_2(\,\mathrm{growth})}{\partial(\,\mathrm{growth})} < 0, \ \cdots, \ \frac{\partial u_5(\,\mathrm{growth})}{\partial(\,\mathrm{growth})} < 0
\tag{6-13}
$$

模型（6-11）意味着，产品和服务质量 Prod、经济效益 Econ、社会效益 Scoi、生态效益 Ecol 以及经济运行状态 Stat 均可以表示为 GDP 增速 growth 的函数。同时，由于 $\dfrac{\partial u_1(\,\mathrm{growth})}{\partial(\,\mathrm{growth})} < 0$，$\dfrac{\partial u_2(\,\mathrm{growth})}{\partial(\,\mathrm{growth})} < 0$，$\cdots$，$\dfrac{\partial u_5(\,\mathrm{growth})}{\partial(\,\mathrm{growth})} < 0$，表明经济发展质量的五个维度指数均是 GDP 增速 growth 的减函数。

在此基础上，将式（6-11）代入式（6-2），可得：

$$
\begin{aligned}
\mathrm{HQI} &= F\big[\,u_1(\,\mathrm{growth}),\ u_2(\,\mathrm{growth}),\ \cdots,\ u_5(\,\mathrm{growth})\,\big] + \zeta \\
&= U(\,\mathrm{growth}) + \zeta
\end{aligned}
\tag{6-14}
$$

并且有：

$$
\frac{\partial U(\,\mathrm{growth})}{\partial(\,\mathrm{growth})} = F_1' \times \frac{\partial u_1(\,\mathrm{growth})}{\partial(\,\mathrm{growth})} + \cdots + F_5' \times \frac{\partial u_5(\,\mathrm{growth})}{\partial(\,\mathrm{growth})} < 0
$$

$$
\tag{6-15}
$$

根据模型（6-14）可知，经济发展质量 HQI 可以表示为 GDP 增速 growth 的函数。同时，由于 $\dfrac{\partial U(\,\mathrm{growth})}{\partial(\,\mathrm{growth})} < 0$，表明经济发展质量 HQI 是 GDP 增速 growth 的减函数，即过快的 GDP 增速会抑制经济发展质量的提高，GDP 增速和经济发展质量犹如"鱼"与"熊掌"，二者难以兼得。

　　根据上述的理论推导，本书进一步绘制了如图6－2所示的中国经济增长阶段演变示意（刘志彪、凌永辉，2020）。图6－2中，水平和垂直的两条虚线分别表示低发展质量和高发展质量的临界点、低速增长速度和高速增长速度的临界点。在初始阶段，中国处于GDP增速较高但经济发展质量较低的区域Ⅳ；随着GDP规模的提高，中国GDP增速逐渐放缓，但总体经济发展质量依然较低，即从区域Ⅳ向GDP增速较低且经济发展质量也较低的区域Ⅲ移动。之后可能的两条路径是：第一种可能的情形是从区域Ⅲ移动至GDP增速较低但经济发展质量较高的区域Ⅱ，此时经济增长速度逐渐趋于稳定，经济发展质量稳步提升；第二种可能的情形是沿着区域Ⅲ中的虚线路径移动，最终陷入GDP增速和经济发展质量"双低"的困境。

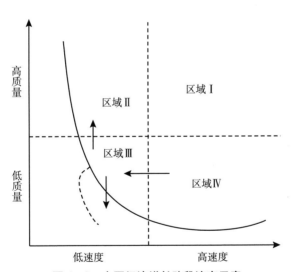

图6－2　中国经济增长阶段演变示意

　　在上述分析的基础上，本书提出以下研究理论推论：

　　理论推论2：GDP增速与经济高质量发展五个维度指数及其总体指数均呈显著的负相关关系。

第二节　中国经济高质量发展与经济
增长数量关系的实证分析

一、中国经济高质量发展与 GDP 规模之间关系的实证分析

（一）中国经济高质量发展与 GDP 规模之间的相关性分析

为了检验经济高质量发展与 GDP 规模之间的关系，本书分别以 2002~2018 年中国 30 个省份的实际 GDP（2002 年为基期，单位为亿元）的对数为横轴，以经济高质量发展总体指数及其分维度指数为纵轴，绘制成散点图（见图 6-3）。

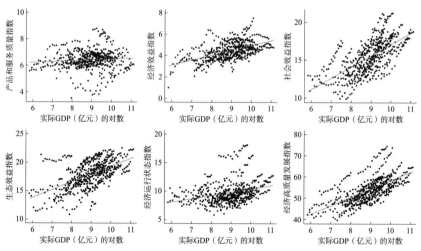

图 6-3　GDP 规模与经济高质量发展总体指数及其分维度指数的相关性

可以看出，产品和服务质量指数、经济效益指数、社会效益指数、生态效益指数、经济运行状态指数以及经济高质量发展指数与 GDP 规

模之间均呈现出明显的正相关关系。具体而言，经济高质量发展五个维度指数及其总体指数与 GDP 规模的相关系数依次为 0.090、0.546、0.663、0.576、0.292 和 0.657，且均至少通过了 5% 的显著性检验。以上实证结果印证了理论推论 1，即经济发展质量与 GDP 规模之间是内在统一的：一方面，经济发展质量的提升需要以一定的 GDP 规模为基础；另一方面，经济发展质量的提升能够更好地促进 GDP 规模的扩张。

（二）中国经济高质量发展与 GDP 规模之间的一致性分析

前面的研究结论表明，经济高质量发展与 GDP 规模之间具有一致性，即二者并非此消彼长，而是相互提升、相互促进的关系。然而，具体到省份层面，由于不同省份在发展阶段、发展目标、发展重点等方面存在差异，因此经济发展质量与 GDP 规模之间可能并非像理论预期那样同步、协调发展。为此，本书以 2018 年中国 30 个省份为研究对象，对其经济高质量发展指数和 GDP 规模分别进行排名，并计算 GDP 规模排名与经济高质量发展指数排名之差，根据排名之差的大小，将 30 个省份分成 3 类：若排名之差等于 0，则表明质量和数量发展基本同步，即"质量同步型"；若排名之差大于 0，则表明数量发展滞后于质量发展，即"质量超前型"；若排名之差小于 0，则表明质量发展滞后于数量发展，即"质量滞后型"。与此同时，质量排名与数量排名之差的绝对值越大，质量与数量发展的一致性就越低。

表 6-1 报告了 2018 年各省份 GDP 规模与经济高质量发展指数排名及其分类情况。在此基础上，为了更加直观地观察不同省份的类型，本书以各省份 2018 年 GDP 排名为横轴，以各省份 2018 年经济高质量发展指数为纵轴，绘制散点图，并用 45 度虚线将图形划分为上、下两个部分（见图 6-4）。根据本书的分类，落在 45 度虚线下方的样本，属于"质量超前型"省份；落在 45 度虚线上方的样本，属于"质量滞后型"省份；而恰好落在 45 度虚线的样本，则属于"质量同步型"省份。此外，各样本距离 45 度虚线的远近反映了质量与数量发展的一致性状况，距离越近，则一致性程度越高，反之则越低。

表 6-1　　　　　2018 年各省份 GDP 规模与经济高质量
发展指数排名及其分类

省份	质量	数量	质量排名	数量排名	排名之差	类型
北京	74.50	30319.98	1	12	11	质量超前型
天津	60.27	18809.64	12	19	7	质量超前型
河北	57.23	36010.27	21	9	-12	质量滞后型
山西	52.55	16818.11	29	22	-7	质量滞后型
内蒙古	57.12	17289.22	24	21	-3	质量滞后型
辽宁	58.79	25315.35	18	14	-4	质量滞后型
吉林	59.58	15074.62	15	24	9	质量超前型
黑龙江	61.70	16361.62	8	23	15	质量超前型
上海	73.80	32679.87	2	11	9	质量超前型
江苏	61.84	92595.40	7	2	-5	质量滞后型
浙江	66.89	56197.15	3	4	1	质量超前型
安徽	59.28	30006.82	16	13	-3	质量滞后型
福建	62.68	35804.04	5	10	5	质量超前型
江西	60.32	21984.78	11	16	5	质量超前型
山东	57.78	76469.67	20	3	-17	质量滞后型
河南	59.03	48055.86	17	5	-12	质量滞后型
湖北	60.78	39366.55	10	7	-3	质量滞后型
湖南	61.40	36425.78	9	8	-1	质量滞后型
广东	64.76	97277.77	4	1	-3	质量滞后型
广西	57.14	20352.51	23	18	-5	质量滞后型
海南	62.05	4832.05	6	28	22	质量超前型
重庆	59.99	20363.19	13	17	4	质量超前型
四川	58.59	40678.13	19	6	-13	质量滞后型
贵州	56.56	14806.45	25	25	0	质量同步型
云南	59.65	17881.12	14	20	6	质量超前型
陕西	57.20	24438.32	22	15	-7	质量滞后型

续表

省份	质量	数量	质量排名	数量排名	排名之差	类型
甘肃	55.26	8246.07	26	27	1	质量超前型
青海	53.23	2865.23	28	30	2	质量超前型
宁夏	49.00	3705.18	30	29	-1	质量滞后型
新疆	53.87	12199.08	27	26	-1	质量滞后型

注：表中的"数量"用2018年各省份GDP（亿元）表示，"排名之差"为"数量排名"减"质量排名"。

资料来源：笔者整理。

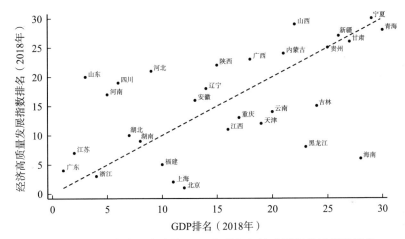

图 6 - 4　2018 年中国各省份 GDP 规模与经济高质量发展指数排名

2018 年"质量同步型"省份仅有 1 个，即贵州，其 GDP 规模与经济高质量发展指数排名均为第 25 名；"质量超前型"和"质量滞后型"省份数量分别为 13 个和 16 个。具体而言，海南、黑龙江、北京、吉林、上海、天津、云南、福建、江西、重庆、青海、浙江和甘肃属于"质量超前型"省份；湖南、宁夏、新疆、内蒙古、安徽、湖北、广东、辽宁、江苏、广西、山西、陕西、河北、河南、四川和山东属于"质量滞后型"省份。

从质量与数量发展的一致性看，质量排名与数量排名之差的绝对值在 3 以内的省份数量有 11 个，分别是青海、浙江、甘肃、贵州、湖南、宁夏、新疆、内蒙古、安徽、湖北和广东，说明这些省份质量与数量发展的一致性较高。与此同时，其他 19 个省份质量排名与数量排名之差的绝对值均大于 3，海南、北京、黑龙江、河北、河南、四川和山东 7 省份的质量排名与数量排名之差的绝对值甚至超过 10，表明这些省份质量与数量发展的一致性较低，所以必须在经济发展过程中协调好质量与数量的关系，使质量与数量得以同步提升。

（三）中国经济高质量发展与 GDP 规模之间的脱钩状态分析

上述结果表明，尽管经济高质量发展与 GDP 规模之间是相互统一、相互促进的关系，但多数省份并未表现出如理论预期那样的高度一致性。之所以如此，其原因可能在于，在经济发展过程中，中国经济发展质量与 GDP 规模的扩张是非同步的，即二者间出现了所谓的"脱钩"状态。图 6 – 5 展示了 2003～2018 年中国实际 GDP 与经济高质量发展指数增速，可以看出，GDP 规模的扩张速度远高于经济高质量发展水平的扩张速度，初步证实了上述猜想。

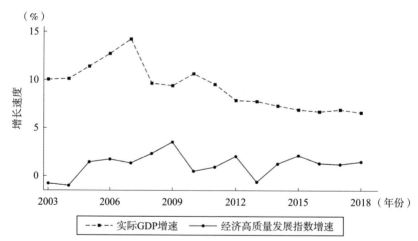

图 6 – 5　2003～2018 年中国实际 GDP 与经济高质量发展指数增速对比

进一步地，本书将引入 Tapio 脱钩指数，对中国经济发展质量与 GDP 规模之间的脱钩状态实证分析。事实上，在早期的研究中，有学者通过构建"不同步系数",考察了中国经济增长质量与数量之间的不一致状况(刘海英、张纯洪,2006;任保平、魏婕,2012),但根据上述文献,"不同步系数"合理性的前提条件在于各省份在样本期内的实际 GDP 增速为正,而这显然与实际情况不符[①]。相对而言,Tapio 脱钩指数分析工具则无须满足上述前提,从而更加适用于本书的研究。具体而言,Tapio 脱钩指数的计算公式可表示为(Tapio,2005):

$$DE = \frac{\Delta HDI}{\Delta GDP} = \frac{(HDI_t - HDI_0)/HDI_0 \times 100\%}{(GDP_t - GDP_0)/GDP_0 \times 100\%} \quad (6-16)$$

其中,DE 表示脱钩指数,ΔHDI 和 ΔGDP 分别表示第 t 期的经济高质量发展指数和 GDP 规模相对于基期的增长率。可见,Tapio 脱钩指数本质上属于经济学中"弹性"概念的范畴,其大小反映的是 GDP 规模每增加 1%,所引起的经济高质量发展指数变动的百分比。根据 Tapio 脱钩指数大小的不同,脱钩状态可被分为 8 类,具体如图 6-6 所示。

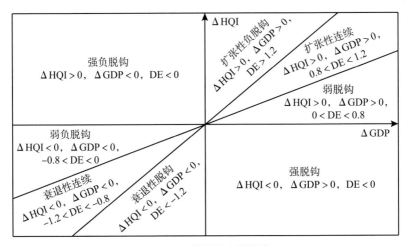

图 6-6　脱钩状态的分类

以党的十八大为划分界限,本书将研究样本划分为 2002~2012 年和 2013~2018 年两个子样本,进而根据式(6-16)分别计算了两个

---

① 例如,辽宁省 2016 年实际 GDP 增速为 -2.5%。

子样本及全样本的 Tapio 脱钩指数（见表 6 - 2）。结果显示，2002 ~ 2018 年各省份 Tapio 脱钩指数均为正，且均明显小于 0.8，说明所有省份均属于"弱脱钩"状态，即经济高质量发展指数的扩张速度明显小于 GDP 规模的扩张速度。具体到子样本，2002 ~ 2012 年，除广西 Tapio 脱钩指数为负（ - 0.002），属于"强脱钩"状态外，其余 29 个省份的 Tapio 脱钩指数均为正，且均明显小于 0.8，属于"弱脱钩"状态；2013 ~ 2018 年，所有 30 个省份的 Tapio 脱钩指数均为正，且均明显小于 0.8，属于"弱脱钩"状态。由此可见，中国经济发展质量与 GDP 规模之间存在着明显的"脱钩"关系，这是导致部分省份经济发展质量与 GDP 规模之间一致性较低的重要原因。

表 6 - 2　　中国经济高质量发展指数与 GDP 规模之间的脱钩状态

省份	2002 ~ 2012 年			2013 ~ 2018 年			2002 ~ 2018 年		
	ΔHQI	ΔGDP	DE	ΔHQI	ΔGDP	DE	ΔHQI	ΔGDP	DE
北京	15.58	188.98	0.082	4.55	39.38	0.115	20.51	338.29	0.061
天津	10.80	320.41	0.034	5.31	40.85	0.130	13.37	631.73	0.021
河北	9.07	202.95	0.045	10.65	38.04	0.280	19.90	365.22	0.054
山西	11.96	215.60	0.055	10.03	29.15	0.344	19.00	358.03	0.053
内蒙古	6.32	408.17	0.015	11.61	36.29	0.320	19.55	699.39	0.028
辽宁	13.65	232.41	0.059	3.96	17.02	0.233	17.00	338.04	0.050
吉林	11.23	245.82	0.046	5.60	33.17	0.169	17.40	434.54	0.040
黑龙江	10.44	199.59	0.052	12.41	31.82	0.390	21.77	348.13	0.063
上海	28.11	187.58	0.150	9.85	39.39	0.250	37.58	335.37	0.112
江苏	8.99	247.59	0.036	6.44	45.41	0.142	14.14	471.59	0.030
浙江	15.79	218.70	0.072	7.61	44.19	0.172	21.95	401.40	0.055
安徽	12.26	222.37	0.055	9.33	51.15	0.182	19.54	458.36	0.043
福建	12.00	228.95	0.052	4.69	52.02	0.090	17.01	470.97	0.036
江西	15.65	230.46	0.068	4.34	54.28	0.080	22.15	473.20	0.047

续表

省份	2002~2012年			2013~2018年			2002~2018年		
	ΔHQI	ΔGDP	DE	ΔHQI	ΔGDP	DE	ΔHQI	ΔGDP	DE
山东	13.18	245.82	0.054	1.51	44.23	0.034	15.17	464.12	0.033
河南	13.30	222.94	0.060	7.64	47.94	0.159	19.91	432.86	0.046
湖北	13.13	225.53	0.058	7.73	50.00	0.155	22.79	455.08	0.050
湖南	10.55	218.32	0.048	10.27	49.39	0.208	21.58	440.56	0.049
广东	12.81	230.64	0.056	4.00	43.75	0.091	17.38	422.45	0.041
广西	-0.46	232.32	-0.002	10.33	43.95	0.235	10.35	449.39	0.023
海南	9.00	204.31	0.044	5.10	42.34	0.120	16.35	390.89	0.042
重庆	19.12	257.23	0.074	7.84	57.88	0.135	28.18	578.77	0.049
四川	11.88	234.75	0.051	10.80	47.34	0.228	22.80	465.65	0.049
贵州	23.88	201.76	0.118	9.34	63.00	0.148	38.09	476.18	0.080
云南	12.49	187.87	0.067	11.16	52.31	0.213	26.11	410.01	0.064
陕西	13.96	249.89	0.056	8.48	48.90	0.173	22.69	502.87	0.045
甘肃	11.78	190.33	0.062	11.28	39.42	0.286	26.19	375.06	0.070
青海	15.87	223.71	0.071	12.32	46.78	0.263	26.29	451.50	0.058
宁夏	8.55	210.76	0.041	3.59	45.44	0.079	12.88	417.14	0.031
新疆	10.67	175.16	0.061	4.85	47.01	0.103	13.79	373.99	0.037

注：ΔHQI 和 ΔGDP 的单位是%。

　　此外，对比两个子样本的计算结果可以发现，相比于 2002~2012 年，2013~2018 年有 29 个省份的 Tapio 脱钩指数有所提升，且 30 个省份的 Tapio 脱钩指数均值由 2002~2012 年的 0.058 上升至 2013~2018 年的 0.184，说明中国经济发展质量与 GDP 规模之间的"脱钩"关系有所缓和。然而，导致 Tapio 脱钩指数提升的主要原因在于党的十八大以来，中国 GDP 增速的阶段性下滑，即 GDP 规模扩张速度的下滑，而非经济发展质量指数的快速提升。事实上，有多达 11 个省份 2013~2018 年经济高质量发展指数的年均增长率低于 2002~2012 年，且从全国经济高质量发展指数的年均增长率看，2013~2018 年仅比 2002~

2012 年超出 0.28%。因此，在未来经济发展的过程中，要促进中国经济高质量发展与 GDP 规模之间同步发展，关键在于加快经济高质量发展指数的提升速度。

二、中国经济高质量发展与 GDP 增速之间关系的实证分析

（一）中国经济高质量发展与 GDP 增速之间的相关性分析

为了检验经济高质量发展与 GDP 增速之间的关系，本书分别以 2002~2018 年中国 30 个省份的实际 GDP 增速为横轴，以经济高质量发展总体指数及其分维度指数为纵轴，绘制成散点图（见图 6-7）。可以看出，产品和服务质量指数、经济效益指数、社会效益指数、生态效益指数、经济运行状态指数以及经济高质量发展指数与 GDP 规模之间均呈现出明显的负相关关系。具体而言，经济高质量发展五个维度指数及其总体指数与 GDP 增速的相关系数均显著为负，其大小依次为 -0.073、-0.115、-0.533、-0.222、-0.327 和 -0.418[①]。以上实证结果印证了理论推论 2：经济发展质量与 GDP 增速之间是相互背离的，即 GDP 的过快增长会抑制经济发展质量的提升。

（二）中国经济由高速增长阶段转向高质量发展阶段的时空特征分析

进一步地，本书借鉴余泳泽等（2019a）的做法，利用 GDP 增速与经济高质量发展指数二维矩阵进行分析（见图 6-8）。二维矩阵总共包含 Ⅰ、Ⅱ、Ⅲ、Ⅳ四个区域，分别为"高质量、高 GDP 增速"区域、"高质量、低 GDP 增速"区域、"低质量、低 GDP 增速"区域以及"低质量、高 GDP 增速"区域。

---

① 产品和服务质量指数与 GDP 增速之间的相关关系较弱，其对应的 P 值为 0.1001，非常接近 10% 的显著性水平，可认为基本符合理论推论 2。

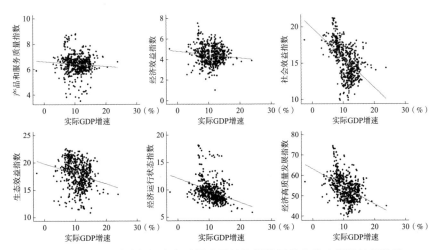

图 6 - 7　GDP 增速与经济高质量发展总体指数及其分维度指数的相关性

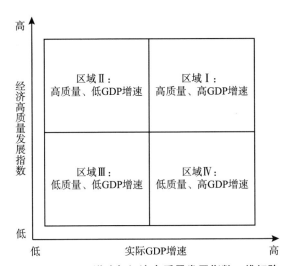

图 6 - 8　GDP 增速与经济高质量发展指数二维矩阵

具体地，本书以 2002～2018 年中国 30 个省份实际 GDP 增速和经济高质量发展指数的均值作为区分"高"和"低"的临界值①。同时，为了观察不同时期中国经济发展的变化情况，本书以党的十八大为界限，将样本划分为 2002～2012 年和 2013～2018 年两个阶段分别进行考察，由此绘制成图 6-9。可以看出，2002～2012 年样本主要分布在区域Ⅰ和区域Ⅳ；2013～2018 年样本主要分布在区域Ⅱ和区域Ⅲ。这意味着 2012 年以后中国经济发展逐渐由"高速"转向"低速"，由"低质"转向"高质"，即经历了由"数量型"向"质量型"转变的过程。

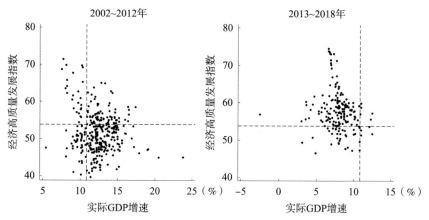

图 6-9 党的十八大前后 GDP 增速与经济高质量发展指数二维矩阵

表 6-3 进一步对图 6-9 进行了解析。相比于 2002～2012 年，2013～2018 年高质量高 GDP 增速（区域Ⅰ）的省份占比由 23.33% 降低至 2.78%；高质量低 GDP 增速（区域Ⅱ）的省份占比由 7.58% 大幅提升至 76.11%；低质量低 GDP 增速（区域Ⅲ）的省份占比由 13.94%

---

① 临界值的确定是相对的，并非说明经济高质量发展指数超过样本均值就已经实现经济高质量发展了。事实上，中国目前经济高质量发展水平总体偏低是学术界的一个共识。采用这种划分方式，主要是为了便于分析中国经济由高速增长阶段转向高质量发展阶段的时空转换特征。此外，临界值的大小分别为 10.84% 和 53.83%。

提高到 18.89%；低质量高 GDP 增速（区域Ⅳ）的省份占比由 55.15%
大幅降低至 2.22%。同时，2002~2012 年属于"高速度"的省份占比
高达 78.48%（区域Ⅰ和区域Ⅳ），而属于"高质量"的省份占比仅为
30.91%（区域Ⅰ和区域Ⅱ）；2013~2018 年属于"高速度"的省份占
比仅为 5.00%（区域Ⅰ和区域Ⅳ），而属于"高质量"的省份占比达
到 78.89%（区域Ⅰ和区域Ⅱ）。由此可见，党的十八大之后，属于
"高速度"的省份占比大幅减少；相应地；属于"高速度"的省份占
比大幅提高，进一步体现了中国经济由"数量型"增长转向"质量
型"发展的动态过程。

表 6 - 3　　　　　　　　　　　　二维矩阵解析

时间	样本数（个）	区域Ⅰ（样本及比例）	区域Ⅱ（样本及比例）	区域Ⅲ（样本及比例）	区域Ⅳ（样本及比例）
2002~2012 年	330	77（23.33）	25（7.58）	46（13.94）	182（55.15）
2013~2018 年	180	5（2.78）	137（76.11）	34（18.89）	4（2.22）

注：括号内数值为区域样本数占总样本的比重，单位是%。

第三节　中国经济发展"高速度"
与"低质量"并存之谜

前面分别从理论和实证两个角度分析了中国经济高质量发展与经
济增长数量之间的关系。研究结果表明，尽管近年来尤其是党的十八
大以来中国经济发展开始"降速提质"，但经济高质量发展水平偏低的
事实依然尚未得到根本性的扭转，"高速度"与"低质量"并存仍然

是中国经济发展的主要特征。那么，导致这一现象的深层次原因是什么[①]？对这一问题的科学回答，有助于在未来经济发展过程中对症下药，更好地推动中国经济高质量发展水平的提升。

总体而言，中国经济高速增长的原因是多方面的：如"有为政府""有效市场""改革开放红利""人口红利"以及"地方政府竞争"等（简新华，2019）。在众多影响因素中，本书主要尝试从地方政府目标约束的视角来理解中国经济发展。

一、多重目标约束影响中国经济增长速度和发展质量的理论分析

近年来，有学者将中国经济的高速增长归因于地方政府在宏观经济管理中引入了经济增长目标管理（徐现祥、梁剑雄，2014；徐现祥、刘毓芸，2017；Li et al.，2019），即每年年初在《政府工作报告》中明确当年的经济增长目标，并在随后的经济发展过程中采用多重政策组合，努力完成所制定的目标。不仅如此，在经济增长目标的设定上，"层层加码"现象普遍存在，即相对于上级政府制定的经济增长目标，下级政府制定的经济增长目标往往更高（周黎安等，2015）。

目标设定理论（Goal-setting Theory）认为，清晰可衡量的目标有助于带来更好的绩效产出（Locke & Latham，2002）。由于早期中国经济发展奉行"唯 GDP 论英雄"的思想，以 GDP 增速的高低作为官员晋升考核的主要标准甚至唯一标准，因此各级政府官员有强烈的热情来促使经济增长目标的完成，进而推动了中国经济的高速增长。

然而，这种目标驱动下的增长模式往往诱使地方政府选择短期收益高、见效快的发展方式，如通过重复投资、土地财政、增加污染等方式快速提高辖区的 GDP。显然，这种"短平快"的增长方式可能会对经济发展质量产生侵蚀作用，抑制经济高质量发展水平的提高。一

---

① 尽管近年来中国 GDP 增速逐年下滑，2019 年的 GDP 增速已下降至 6.0%，但依然是世界平均增速 2.48% 的 2.42 倍，在全球 200 多个国家中位列第十九名。因此，在全球范围内看，仍可认为中国 GDP 增速是较高的。这里需要说明的是，中国 GDP 增速已经根据国家统计局的最终核算结果由 6.1% 调整为 6.0%。其数据来源为世界银行数据库。

些研究支持了上述逻辑。例如，有学者发现经济增长目标会抑制全要素生产率的提升（余泳泽等，2019b）、降低制造业出口质量（余泳泽等，2019c）、抑制企业创新数量和质量（黎文靖等，2020）、阻碍地区绿色发展转型等（聂长飞、冯苑，2020）。又如，徐现祥等（2018）以全要素生产率对经济增长的贡献份额作为经济发展质量的代理变量，并通过研究发现经济增长目标每提高1%，将导致经济发展质量下降约1%。

正是由于侧重于GDP增速的单一目标考核体系存在缺陷，中国的官员考核体系自2006年底开始逐渐发生转变，一个鲜明的特征是开始将地区的环境绩效作为官员选拔、任命和奖惩的重要依据（余泳泽等，2020）。2013年，以《中共中央关于全面深化改革若干重大问题的决定》《关于改进地方党政领导班子和领导干部政绩考核工作的通知》等文件的发布为主要标志，中国官员考核体系发生了根本性转变，中国官员考核方式也正式从单一目标考核转变为GDP增长和环境保护兼顾的多重目标考核（张军等，2020）。

由于地方政府面临的目标约束从单一化变为多元化，地方政府采取的经济发展策略也相应发生了转变。这是因为，在多重目标的约束下，更加紧急、重要的目标往往会被优先考虑和完成（Dewatripont et al.，1999）。从历年地方政府工作报告中可以看出，在经济增长目标和环境保护目标中，经济增长目标是预期性、指导性的，环境保护目标则是约束性、强制性的，即环境保护目标比经济增长目标更加紧急、重要，从而在发展经济和保护环境的权衡中，地方政府很可能将环境保护目标置于优先地位。也就是说，在经济增长目标和环境保护目标的双重约束下，地方政府很可能会采取更加清洁、绿色、可持续的发展方式，甚至不惜以牺牲经济增长速度为代价来促使环境目标的实现，如地方政府在招商引资过程中，可能会适当减少甚至拒绝污染严重的企业等。

如果上述逻辑是成立的，那么环境目标的引入，一方面，有利于提高环境绩效水平，同时根据"波特假说"，环境目标约束可能会倒逼技术的提高、产业结构的优化升级等，进而提高经济发展质量；另一方面，环境目标约束也必然会影响地方经济增长目标的完成，降低 GDP 增速。少数研究从实证角度考察了环境目标的影响效应。例如，有学者发现，环境目标设定能够显著提高空气质量（Zhang & Wu，2018），降低二氧化硫排放量（Liang & Langbein，2015）等。余泳泽等（2020）运用双重差分模型和工具变量法估计发现，环境目标约束将通过倒逼政府调整财政支出结构等方式促进产业结构升级。李媛等（2020）基于 2003～2017 年中国 283 个城市的面板数据，考察了环境目标约束的经济效益，结果发现，对空气质量目标的约束会显著降低 GDP 增速，且环境目标约束的"加码"程度越高，环境目标对经济增长的抑制作用越强。

综合上述分析，可以得到以下研究结论：经济增长目标虽然会提高 GDP 增速，但同时会侵蚀经济发展质量，抑制经济高质量发展水平的提升；环境目标的引入会阻碍经济增长目标的完成，降低 GDP 增速，但环境规制强度的提升会提高环境绩效水平，甚至可能促进技术水平的提高和产业结构的优化升级，进而提高经济发展质量。由此可见，导致中国经济发展"高速度"与"低质量"并存的一个重要原因可能是长期单一目标的考核体系。尤其是党的十八大以来，GDP 考核指标的逐渐淡化以及环境考核指标的权重不断提高，是中国逐步由"数量型"增长转向"质量型"发展的重要外部推动力。

二、多重目标约束影响中国经济增长速度和发展质量的实证分析

为验证上述逻辑，笔者手工搜集了 2002～2018 年中国 30 个省份的共计 510 份《政府工作报告》，进而整理出样本期内各地方政府每年的经济增长目标以及环境目标设定情况①。需要说明的是，由于经济增长

---

① 在 510 个样本中，2006 年的山西、2011 年的河南以及 2015 年的上海未在《政府工作报告》对当年的经济增长目标予以明确的规定，如 2011 年河南省对经济增长目标的表述为"生产总值增速高于全国平均水平 1 到 2 个百分点"。因此，本书最终统计的样本总数为 507个。同时，对于经济增长目标为区间形式设定的（如 7.5%～8%），统一以上下区间的平均值来表示当年的经济增长目标。

目标是一个确定的数值，因而相对容易统计和比较。但是，不同省份在环境目标的设定上，指标差异较大，具体涵盖了万元生产总值能耗、空气质量、二氧化硫、氮氧化物、化学需氧量、氨氮排放量等指标，从而无法在一个统一的标准下衡量和比较环境目标的强弱。例如，2006 年北京制定的环境目标是"万元地区生产总值能耗、水耗分别下降 2% 和 5%"，而山西制定的环境目标是"11 个重点城市空气质量二级以上天数增加 5%"，虽然两地都明确了当年的环境绩效目标，但显然是无法比较的。为此，本书选择一种替代性的做法，即通过构建"是否设定环境目标"虚拟变量来反映每年各省份面临的环境目标约束情况。具体地，若某省份《政府工作报告》中对当年的环境绩效进行了明确的规定，则认为该省份当年面临着环境目标约束，相应的虚拟变量取值为 1；反之，若某省份《政府工作报告》中对当年的环境绩效未予以明确的规定，则认为该省份当年没有面临着环境目标约束，相应的虚拟变量取值为 0。虽然这种"一刀切"的虚拟变量设置方式，在一定程度上掩盖了不同省份所面临的环境目标约束强度的相对大小，但仍然能够体现设定环境目标省份与未设定环境目标省份之间面临的环境目标约束强度差异，因而具有其合理性。

表 6 - 4 统计了研究样本在多重目标约束下经济增长目标的完成情况。由于从 2013 年开始，环境绩效考核在中国官员考核体系的重要性显著提高，因此，本书以党的十八大为界限，分别统计了 2002 ~ 2012 年和 2013 ~ 2018 年两个时期经济增长目标情况。结果显示，在 2002 ~ 2012 年的 328 个样本中，有 299 个样本成功完成了当年制定的经济增长目标，占比高达 91.16%，仅有 8.84% 的样本当年实际 GDP 增速低于预期的经济增长目标，且这一时期所有样本的实际 GDP 增速比年初设定的经济增长目标平均高出 2.23 个百分点；在 2013 ~ 2018 年的 179 个样本中，仅有 51 个样本成功完成了当年制定的经济增长目标，占比仅为 28.49%，同时有高达 71.51% 的样本当年实际 GDP 增速低于预期的经济增长目标，且这一时期所有样本的实际 GDP 增速比年初设定的经济增长目标平均低出 0.67 个百分点。不仅如此，当本书以"是否设定环境目标"为分类依据进行统计时，发现了类似的规律。具体而言，

在"未设定环境目标"的 154 个样本中，有 134 个样本成功完成了当
年制定的经济增长目标，占比高达 87.01%，且这些样本的实际 GDP
增速比年初设定的经济增长目标平均高出 1.87 个百分点；相反，在
"设定环境目标"的 353 个样本中，仅有 216 个样本成功完成了当年制
定的经济增长目标，占比为 61.19%，且这些样本的实际 GDP 增速比
年初设定的经济增长目标平均仅高出 0.92 个百分点，明显低于"未设
定环境目标"的样本组。

表 6 - 4　　　　　多重目标约束下地方政府经济增长目标完成情况

时期/是否设定 环境目标	样本 总数	均值 （%）	经济增长目标完成		经济增长目标未完成	
			样本数	占比（%）	样本数	占比（%）
2002～2012 年	328	2.23	299	91.16	29	8.84
2013～2018 年	179	-0.67	51	28.49	128	71.51
未设定环境目标	154	1.87	134	87.01	20	12.99
设定环境目标	353	0.92	216	61.19	137	38.81

　　注：表中的"均值"是当年实际 GDP 增速与年初《政府工作报告》中设定的经济增长
目标之差的均值，用以反映地方政府的经济增长目标完成情况。

　　上述统计基本支持了前面的理论分析，即当地方政府面临的是经
济增长目标的单一约束时，地方政府往往会通过各种方式去努力实现
这个目标，因而在 2013 年之前中国各省份经济增长目标完成率普遍较
高，对于"未设定环境目标"的样本组而言也是如此；相反，当地方
政府面临的是经济增长目标和环境目标的双重约束，特别是环境目标
的紧急性和重要性更高时，地方政府往往会优先完成环境目标，其次
才是经济增长目标，因而在 2013 年之后中国各省份经济增长目标完成
率普遍较低，对于"设定环境目标"的样本组而言也是如此。

　　进一步地，本书分别绘制了经济增长目标与实际 GDP 增速、经济
高质量发展水平之间的散点图（见图 6 - 10）以及环境目标与实际
GDP 增速、经济高质量发展水平之间的散点图（见图 6 - 11）。可以看
出，经济增长目标与实际 GDP 增速之间呈正相关关系，与经济高质量

发展水平之间呈负相关关系。具体而言，经济增长目标与实际 GDP 增速以及经济高质量发展水平之间的相关系数分别为 0.726 和 − 0.329，且均在 1% 的水平上显著。与之相反的是，环境目标与实际 GDP 增速之间呈负相关关系，与经济高质量发展水平之间正负相关关系，其对应的相关系数分别为 − 0.112 和 0.390，且均至少通过了 5% 水平的显著性检验。

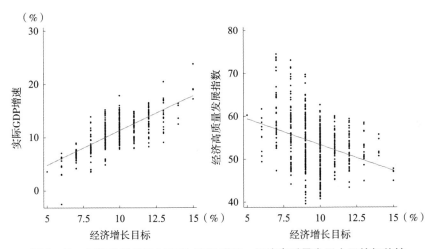

图 6 − 10 经济增长目标与实际 GDP 增速、经济高质量发展水平的相关性

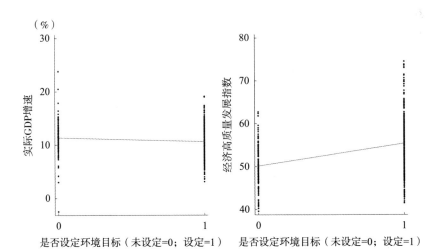

图 6 − 11 环境目标与实际 GDP 增速、经济高质量发展水平的相关性

由此可见，多年来中国政府在经济发展过程中采取的以"GDP 增速"为核心的目标责任制，是中国经济增长取得巨大成就的重要推动力量，但这种增长在很大程度上是以侵蚀经济发展质量为代价的。近年来尤其是党的十八大以来，中国政府在官员考核体系中逐渐淡化GDP 考核，并赋予环境目标更大的权重，是符合经济高质量发展内在要求的，也是推动中国经济发展质量进一步提升的重要制度创新。事实上，2020 年《国务院政府工作报告》没有提出中国全年具体的经济增长目标，这在多年来属于首次。虽然不设 2020 年经济增长目标的主要原因是全球新冠肺炎疫情和经贸形势的不确定性很大，但这种做法也从侧面反映了在经济发展过程中，相比于单纯的经济增长数量指标，中国政府更加关注就业、民生、环境等经济发展质量指标。当然，不设定经济增长目标不等于不需要一定速度的经济增长，也不等于不需要努力实现一定的经济增长速度（刘伟，2020）。与之对应的是，2021年《国务院政府工作报告》将经济增长目标设定为 6% 以上，明显低于大部分分析师预测的 8% 以上的增长率，进一步体现了党和政府淡化经济增长速度、推动经济高质量发展的决心。根据前面的分析，虽然过快的经济增长速度会抑制经济高质量发展水平的提高，但经济发展质量的提高是需要物质产品和服务的供给以较高速度的持续增加为基础的（逄锦聚等，2019），因此在经济发展过程中，应在确保经济发展质量稳步提升的前提下，尽可能保持较快的经济增长速度，而非一味地否定经济增长速度。

总之，本章较为深入详细地考察了经济高质量发展与经济增长数量二者间的关系，并进一步以中国经济发展过程中的目标责任制为切入点，分析了经济增长目标和环境增长目标与经济发展质量和经济增长数量之间的关系，从而为中国经济发展"高速度"与"低质量"并存之谜提供了一个解释。

本章的研究结论具有重要的启示意义。一方面，必须正确认识、妥善处理好经济发展质量与经济增长数量之间的关系，虽然过快的GDP 增速可能会影响经济发展质量的提升，但无增长、甚至负增长的经济发展质量提升也是不可持续的，因为 GDP 规模的扩张是经济发质量提升的重要条件。因此，未来经济发展过程中的重点是把握好经济发展质量与经济增长数量之间的主次关系，在追求经济发展质量提升的同时要兼顾经济增长数量的扩张，保证合理稳定的经济增长速度，即坚持"质量优先，兼顾数量"的基本原则，在经济发展质量得到保证的前提下，经济增长速度能快就不要慢。同时，要探索经济高质量发展与经济增长数量之间协调发展的有效路径，努力改善二者现阶段的"脱钩"关系，从而最终实现"以质促量，质量共进"的理想状态。另一方面，从经济增长目标、环境目标与经济高质量发展和经济增长数量之间的关系看，在未来经济发展过程中，可以进一步完善中国官员考核体系，如在考核体系中引入更多体现经济高质量发展要求的考核指标，构建"为经济高质量发展而竞争"的新的竞争格局。

需要说明的是，虽然本章的内容在一定程度上填补了目前学术界对经济发展质量与经济增长数量之间关系研究的空白，但受限于笔者的个人水平，本章的研究还存在一定的局限，如理论分析部分主要是基于现有文献推理的，还缺乏更为严密的逻辑推理和模型证明；实证分析部分主要采用的是标准线性相关分析，即实证方法主要是统计性、描述性的，还缺乏更为严格的实证计量模型来验证。这些不足有待未来进一步深入研究。

第七章

中国经济高质量发展的实现路径

推动经济高质量发展，首先需要发现、总结中国经济高质量发展面临的主要问题，并分析这些问题产生的原因，由此提出相应的对策建议。

第一节　中国经济高质量发展存在的问题及问题产生的原因

基于前面理论和实证两方面的研究结论可以发现，中国经济高质量发展总体上存在着"经济高质量发展水平不高""经济高质量发展不平衡""经济高质量发展指数速度提升相对较慢"三大突出现象。经济高质量发展水平不高，一方面体现在中国现阶段的经济高质量发展指数距离最优值相差较大，另一方面体现在同西方发达国家相比，中国目前多数体现经济发展质量和效益的指标处于落后地位。经济高质量发展不平衡，主要体现在地区间、地区内部省份之间经济高质量发展水平存在较大的差距。此外，无论从全国层面还是省际层面，中国现阶段经济高质量发展指数速度提升相对较慢。

一、中国经济高质量发展存在的主要问题

（一）质量保障体系不够健全，产品和服务质量相对较低

微观产品和服务质量的提升是推动经济高质量发展的重要支撑。虽然中国产品品类较为齐全，但在质量、功能、档次、品牌、品质、效率等方面同世界先进水平仍然存在一定的差距，海淘、代购等的迅速发展就是典型的案例。同时，中国早在 2012 年就已超越美国等国家，成为世界上第一大国际旅游消费国，从侧面反映出中国的旅游服务水平、质量等方面尚难以满足人民日益增长的旅游消费需求。此外，中国在计量、标准、认证、检验、检测等方面亟待进一步提升。例如，在标准方面，目前中国主导制定的国际标准数量在世界标准制定中所占的比重才刚刚接近 1%；在计量方面，中国目前被承认的校准测量能力在国际上虽然排名第四，但仅相当于世界排名第一美国的 53%（张军扩等，2019）。

（二）经济结构不够合理，需要进一步优化升级

经济结构不合理是中国经济高速增长过程中长期存在的重要问题。在供需结构方面，中国存在着两种失衡现象：一是部分中低端产品产能过剩导致的供过于求的失衡；二是高端产品供给不足导致的供不应求的失衡。在消费投资结构方面，尽管近年来中国最终消费率呈上升趋势、资本形成率呈下降趋势，但同世界其他国家相比，消费率偏低、投资率偏高的现状并未得到根本性的改善。在产业结构方面，近年来中国产业结构服务化进程较为迅速，2019 年第三产业增加值占 GDP 比重达到 53.9%，就业人数占比达到 47.4%，但同西方发达国家相比，服务业发展水平依然滞后①。不仅如此，在第二产业和第三产业内部，也存在着经济结构不合理的情况，高端制造业、先进服务业的发展总体不够充分。

---

① 资料来源：《中国统计年鉴 2020》。

（三）经济发展新动能相对不足，经济效益仍然偏低

新动能是关乎经济发展是否可持续、能否实现经济高质量发展的关键因素。理想情况下，在经济发展中以"三新经济"为代表的新动能占 GDP 比重达 30% 以上时，中国才可在根本上具备经济高质量发展的内生动力和支撑力量（张杰，2019）。然而，2017～2019 年连续三年，中国这一指标值分别为 15.7%、16.1% 和 16.3%，与理想状态相距甚远，且整体增速较为缓慢①。同时，虽然国家统计局发布的数据显示，2015～2019 年中国经济发展新动能指数年均增长率达到 27.2%，发展势头较为强劲，但新动能指数的增加很大程度上是依赖于网络经济的快速发展实现的，在其他方面依然有待进一步提升②。此外，中国的创新质量、劳动力质量、高端人才、技术人员占比等仍然相对较低，关键技术、核心技术等受制于人的现象依然存在，经济效益尤其是全要素生产率整体偏低的情况尚未得到根本性的扭转，这些事实说明中国在培育经济发展新动能方面任重道远。

（四）能源资源消耗较多，环境质量总体偏低

绿色发展是中国经济发展过程中的"老大难"问题。在经济高速增长时期，由于首要的经济发展目标是扩大生产、提高增速、实现量的扩张，在一定程度上忽略了能源、资源的利用效率和环境保护问题。当然，人口世界最多的客观现实也导致了中国能源资源消耗较多的发展现状。从世界范围来看，中国目前是世界上能源消费总量最大的国家，即使按照人均消费量来比较，也高于世界平均水平。同时，化石燃料能源消耗占比偏高、新能源占比不足、能源结构不优的现状依然

---

① 资料来源：国家统计局官网（www.stats.gov.cn）。

② 国家统计局编制的新动能发展指数共包括网络经济指数、创新驱动指数、经济活力指数、知识能力指数和转型升级指数五个方面，2019 年分别增长 42.0%、15.6%、7.4%、8.3% 和 1.0%，对总指数增长的贡献率分别为 80.5%、8.6%、6.9%、3.6% 和 0.4%，发展较不均衡，尤其是知识能力指数和转型升级指数等亟待提升。资料来源：国家统计局（http://www.stats.gov.cn/tjsj/zxfb/202007/t20200713_1775420.html）。

存在。此外，尽管近年来中国政府加大了环境保护力度，如将生态环境绩效纳入官员考核体系、出台新的环境保护法、推行环保约谈制度、实施"蓝天保卫战"三年行动计划等，但环境质量偏低、空气污染严重的现象仍然需要进一步改善。

（五）城乡、区域间发展差距较大，基本公共服务均等化尚待加强

发展不平衡是制约中国经济高质量发展的重要瓶颈。在经济高速增长阶段，中国政府坚持以"效率优先、兼顾公平"的原则指导经济工作，是导致城乡、区域间发展差距较大的重要原因。城乡、区域间的发展不平衡不仅表现在收入、财产、消费等领域，还突出地体现在教育、医疗、文化、公共卫生、社会保障、基础设施等基本公共服务领域。例如，在教育领域，农村地区、贫困地区的教育基础设施、师资水平等同城市和发达地区存在较大的差距，教育资源分配不公的现象较为突出；同时，学区房、择校费、教育难、上学难等问题仍然存在。

（六）对外开放质量和水平总体偏低，有待进一步改善

对外开放不仅是中国经济实现高速增长的重要因素，也是实现经济高质量发展的重要保障。多年来，中国政府始终坚持对外开放，取得了不错的成绩，但总的来说，中国当前对外开放质量和水平依然偏低，需要进一步提高。首先，在国际分工方面，中国出口的产品品牌价值不高、附加值偏低、关键技术依赖进口的现象未得到根本性改善，在全球价值链的分工体系中，总体处于中低端。其次，在对外贸易结构方面，2019 年，中国货物进出口总额达 31.6 万亿元，而服务贸易总额仅为 5.4 万亿元，服务贸易占对外贸易总额的比重仅为 14.6%，总体相对较低[①]。不仅如此，在服务贸易中，占比较高的主要是旅行、运输以及其他商业服务等行业，金融、保险、娱乐、知识产权服务等服

---

① 资料来源：《中国统计年鉴 2020》。

务业领域服务贸易额占比则相对较低。最后，在利用外资方面，引进的外资企业质量不高、"污染天堂"等的现象仍然存在，且不同地区、不同省份引进外资的规模存在严重的不平衡现象，主要以东部沿海地区省份为主。

（七）资源错配现象严重，要素市场化改革需进一步推进

资源配置效率不高、资源错配、要素扭曲等现象严重，是伴随中国经济高速增长的又一个重要问题（逄锦聚等，2019）。由于中国要素市场化改革相对滞后，生产要素的自由流动和资源有效配置受阻，导致在劳动力、资本、土地、研发资源等领域产生错配现象。在劳动力领域，农民工用工荒、大学生就业难等劳动力结构性错配现象普遍存在；在资本领域，尽管近年来中国金融服务发展迅速，但民营企业、中小企业融资难、贷款难的问题未能得到根本性的解决；在土地领域，地方政府以地谋增长、控制和干预土地的供给和用途导致土地利用效率降低的情况长期存在；在研发资源方面，中国存在着较为严峻的研发劳动和研发资本错配现象，研发错配的存在导致中国研发产出降低约16%（王文、孙早，2020）。

以上情况表明，中国经济在转向高质量发展阶段的过程中，面临的问题和困难是多方面的，比经济高速增长阶段的任务更加艰巨，必须多管齐下、从不同方面采取多种政策措施才有可能实现。

二、中国经济高质量发展问题产生的原因

中国经济高质量发展水平不高，存在以上七个方面的问题，其背后的原因是多方面的。

不同时期中国政府发展观的不同，以及对发展的本质、目的、内涵和要求的总体看法的不同，是中国经济高质量发展问题产生的根本原因。总体而言，中国经济发展观依次经历了"GDP发展观""新发展观""可持续发展观""创新、协调、绿色、开放、共享的新发展理念"四个阶段的演进（简新华，2017）。在经济发展过程中，中国政府对经济发展的认识也是不断提高的，但由于早期发展观存在的缺陷、

对经济发展认识的不足，导致"有增长无发展""先污染后治理"等情况屡见不鲜，对中国经济高质量发展产生了不利影响。当然，这里需要说明的是，中国过去更多地强调经济增长速度，客观上是由当时的经济发展水平、阶段和条件所决定的，是符合客观经济发展规律的。在国家贫穷落后，人民群众温饱问题都难以解决、人民缺衣少食的历史背景下，经济发展的首要任务就是扩大生产规模、增加产出数量，而没有条件也没有能力再去关注经济发展质量高不高、好不好的问题，没有一定的物质基础作支撑，经济高质量发展只能是空中楼阁。同时，从世界经济发展史来看，日本、韩国等发达国家也都是在长期的经济高速增长之后步入经济高质量发展轨道的（李彩华，2019）。

地方政府竞争机制是中国经济高质量发展问题产生的直接原因。长期以来，唯 GDP 论英雄、以 GDP 为指挥棒的地方政府竞争机制极大地提升了地方政府促进经济增长的热情，但同时也导致地方政府短视化并更加注重短期经济增长速度的提高，通过土地财政、牺牲资源和环境、过度增加投资和产能、引进质量不高的外资等方式谋求短平快的增长，而忽略了对创新活动、公共服务、清洁能源、高端产业等能带来长期增长效益领域的重视和支持，导致经济增长方式不优，经济增长不可持续。不仅如此，虽然中国经济已转向高质量发展阶段，官员考核体系等已经发生根本性转变，但在未来的经济发展过程中，旧思想、旧理念、旧制度和旧体制机制等的"惯性"仍然可能导致地方政府的行为决策未能及时适应经济发展目标的转变，这种"路径粘性"现象将会在一定程度上制约经济高质量发展水平的提升（杜人淮，2019）。

相关体制机制不健全是中国经济高质量发展问题产生的制度原因。知识产权保护力度不够、相关法律法规不够健全，导致创新成本高、收益低，盗版、侵权等成本低、收益高，很大程度上削弱了企业和个人的创新创业热情，导致企业家精神、工匠精神、科学精神等的衰弱，中国整体创新水平相对较低，企业和产品的发展质量不高、竞争力不足等。党的十八大以前，反腐力度相对不足，腐败现象较为严重，导致了寻租、垄断、政企合谋等问题，制约了经济高质量发展水平的提升。户籍制度、城乡二元等的存在导致市场分割现象严重，限制了劳动力等生产要素的自由流动，加剧了要素错配，扩大了城乡发展差距。市场竞争制度不健全，地方政府的过度干预、不正当干预现象时有发生，可能会对经济发展产生扭曲效应，不利于经济高质量发展水平的提升。环境保护制度和相关法律法规不健全，是导致中国整体生态效益偏低的重要原因。分配制度和分配体系不完善，导致初次分配过程中劳动报酬比重偏低、再分配过程中公共服务支出比重偏低等问题，制约了实现经济发展成果的协调、共享。同时，尽管近年来中国整体营商环境有了较大的改善，但行政审批部门各自为战、监管与审批脱节、缺乏信息共享机制等情况仍然较为严重，会对就业创业、引进外资等产生不利影响，进而降低经济发展的生产力和竞争力。此外，政府治理体系不完善、治理能力相对不足等，会影响政策的制定、执行、落实等，进而对经济高质量发展产生不利影响。

此外，人口因素、资源环境因素、不同时期的区域发展战略、不同地区地理位置条件、资源禀赋的差异等也是中国经济高质量发展问题产生的重要原因。例如，人口众多、老龄化现象逐渐凸显、劳动力质量不高、资源短缺、环境污染严重、非均衡的区域发展战略、东部沿海地区得益于地理位置等的优势率先通过对外开放发展起来等，都在一定程度上导致了中国目前经济高质量发展水平不高的客观现实。因此，今后中国经济发展的核心和重点应当在于快速提高经济高质量发展水平。

第二节　推动中国经济高质量发展的基本路径与对策

经济高质量发展是一种发展的优良状态，切实有效解决经济高质量发展存在的上述主要问题、真正实现经济高质量发展需要的主要条件是：高素质的劳动力、高水平的科技、优化的经济结构、科学的发展方式、现代化的组织管理、合理的制度和政策等。因此，中国现在必须多管齐下，全面深化改革，完善社会主义市场经济体制，转变经济发展方式，调整优化经济结构。

一、坚持以新发展理念为指导，推进经济高质量发展

发展理念是管全局、管根本、管方向、管长远的东西，决定了经济发展的成效乃至成败（高培勇，2019）。新发展理念与经济高质量发展内涵具有高度的内在一致性，是推动经济高质量发展必须坚持的行动纲领和准绳。在经济高质量发展阶段，必须认真贯彻落实以人民为中心的创新、协调、开放、绿色、共享的新发展理念，将新发展理念作为风向标、指挥棒、导航仪、红绿灯，将人民的美好生活需要作为政策着力点，摒弃不符合甚至违背新发展理念的措施和行为，以此促进社会经济的良性发展和高质量发展。与此同时，要加快构建符合经济高质量发展阶段的评判体系，构建新时代、新阶段的激励约束机制，构建"为经济高质量发展而竞争"的新的竞争格局，以更加科学合理、符合新时代新阶段发展目标的考核体系调动地方政府的积极性，为推动经济高质量发展注入新的活力。

二、构建新发展格局，更好促进经济高质量发展

构建以国内大循环为主体，国内国际循环相互联动的新发展格局，是新形势新阶段中国实现经济高质量发展的内在要求和必然选择（贾俊生，2020）。构建新发展格局的核心在于"循环"，关键在于坚持利用改革的手段来打通生产、分配、流通和消费各个环节的堵点和梗阻，缓解和消除经济发展过程中的资源错配问题，优化资源配置效率，推动国民经济循环效率的不断提高，助力经济高质量发展（王一鸣，2020）。具体而言，要通过进一步深化要素市场化改革，提高劳动力、资本、土地、研发资源等各类要素的市场化配置能力，更好地发挥市场在资源配置过程中的决定性作用，以此激发双循环内生市场活力，有效释放中国超大规模市场的优势和内需潜力，进而引领和带动国际经济循环，实现国内国际循环相互联动，更好促进经济高质量发展。

三、构建经济高质量发展的微观基础，强化产品和服务质量管理

经济高质量发展能否顺利实现，归根结底要看微观产品和服务质量好不好、高不高。首先，要以产品和服务创新为导向，弘扬企业家创新创业精神，注重品牌建设和品牌创新，培育一大批具有国际影响力和竞争力的先进企业，努力提升企业在全球价值链中的地位，不断提高产品和服务的质量和附加值。其次，要完善产品和服务质量相关的法律法规，加大对"假冒伪劣""坑蒙拐骗"等行为的惩治力度，强化对产品和服务质量的有效监督和管理，切实有效保护消费者合法权益，推动产品和服务质量的不断提高。最后，要加强在计量、标准、认证、检验、检测等方面的微观质量基础建设，如通过鼓励发展质量服务业、实施标准领航提升工程等措施助力产品和服务质量的提高，推动微观产品和服务的质量变革。

四、以供给侧结构性改革为主线，优化经济结构

从整体上看，中国经济问题的"牛鼻子"已经不在需求侧，而是在供给侧，坚持供给侧结构性改革是贯穿经济高质量发展阶段的经济工作主线。坚持供给侧结构性改革，就是要坚持"巩固、增强、提升、畅通"八字方针，巩固"三去一降一补"成果，增强微观主体活力，提升产业链水平，畅通国民经济循环。要大力发展数字经济，以推动制造业特别是先进制造业发展质量的提高为重心，推动制造业与人工智能、互联网的融合发展，加快构建现代化经济体系，不断提升宏观供给体系的水平、质量、效益和稳定性。

五、坚持以创新驱动为导向，加快培育经济发展新动能

创新是引领经济高质量发展的第一推动力，推动经济发展主要由要素、投资驱动转向创新驱动，紧紧扭住创新驱动这个"牛鼻子"，加快建成创新型国家是经济高质量发展的必然选择。第一，要营造有利于创新的环境，建立长效的产权保护制度，形成有效的创新激励机制，

推动全社会的创新热情，打造崇尚创新的文化氛围。第二，要完善技术创新体系和科技成果转化机制，加强高校、企业、研发机构等创新主体的协同合作，促进产学研深度融合和科技成果转化率。第三，要改善创新活动评价考核体系，更加注重基础研究和创新的"质"的提升，努力提高创新质量，重点是依靠自力更生、自主创新，特别是要组织科技攻关、自主研发核心技术、关键技术，把大国重器掌握在自己手中。第四，要特别重视大力发展各类教育事业，调整优化教育结构，提高教育质量，增强全民族的素质和能力。因为科学技术是第一生产力，人力资源是第一资源，科技进步要靠人才和制度，高质量发展要靠高素质的人才才能实现，而人才则靠教育培养。第五，在鼓励科技创新的同时，要特别注重制度创新，协同发挥科技创新与制度创新的"双轮驱动"作用。

六、坚持扩大内需这个战略基点，增强经济高质量发展动力

扩大内需战略是有效弥补外需拉动作用减弱、把握经济发展主动权、增强经济高质量发展内生动力的重要战略举措（王一鸣，2020）。2020 年 12 月召开的中央经济工作会议明确提出，要"注重需求侧管理"。具体而言，应通过调节收入分配结构、完善社会保障体系、提高居民收入和扩大中等收入群体等措施扩大广大人民群众有购买力的需求，提升居民消费水平，通过改善消费环境、提高产品供给质量等手段优化消费结构、助推消费升级，通过加大对"两新一重"（即新型基础设施，新型城镇化，交通、水利等重大工程）建设的支持力度，优化投资结构、提高投资效率，努力打造需求牵引供给、供给创造需求的更高水平的动态平衡，带动经济发展的提质增效。

七、加快推进生态文明建设，实现经济发展绿色转型

绿色发展水平不高是中国经济发展过程中的突出短板，实现经济发展绿色转型是推动经济高质量发展的关键举措。首先，要建立健全、完善落实绿色发展的考核、评价、奖惩制度及相关的法律法规和规章

制度，运用制度和法律手段有效杜绝污染环境的行为。其次，要创新生态文明建设的市场机制，探索节能量、排污权和水权等的交易方式以及生态资本运营的途径等，运用市场调节的手段有效保护生态环境。再次，要转变经济发展方式，大力推进绿色发展，如通过鼓励"生态＋"与工业、农业、旅游业等产业的有机结合，实现经济效益、社会效益和生态效益的有机统一。最后，鼓励绿色技术创新，一方面运用技术创新的手段积极应对污染防治攻坚战，改善能源使用结构和生态环境状况；另一方面通过绿色技术创新实现更清洁、更绿色、更少污染的发展。

八、实施区域协调发展战略，提高发展在区域间的均衡性

区域发展由不均衡转向均衡，改变地区间差别较大的局面，是推动经济高质量发展的必要举措。首先，要实行差异化区域发展战略，强化西部大开发和东北等老工业基地振兴，合理有效推进中部地区崛起、东部地区优化发展、京津冀协同发展和长江经济带发展。其次，要大力发展城市群和大都市圈，建立更加有效的区域联动、协调发展新机制，以此带动城市群内部和城市群之间的协调、融合发展。再次，要建立完善统筹机制，破除地区之间的利益藩篱和政策壁垒，打破地域、户籍、行业、编制、社会保障等的限制，增强社会流动性，促进要素自由流动，推动区域协调发展。最后，要促进地区间教育、医疗、文化、公共卫生、社会保障、基础设施等的均等化，加大对落后地区在基本公共服务领域的支持。

九、实施乡村振兴战略，提高发展在城乡间的均衡性

促进乡村振兴，改变城乡间差别较大的局面，实现发展成果城乡共享，是推动经济高质量发展的重要措施。首先，要构建现代农业产业体系，完善农业支持保护制度，加大对"三农"的支持力度，通过科技创新等手段，加快发展品牌农业、立体农业、生态旅游农业等现代农业，促进农业生产率提高和农民增收。其次，要通过电子商务、"互联网＋"等手段，大力发展农村电商，积极培育农村新产业、新业

态、新发展模式，促进农村第一、二、三产业融合发展，努力提高农业竞争力，增加农民收入。再次，要推进城乡一体化建设，努力打破城乡体制分割，消除现存的城乡在教育、医疗、养老等基本公共服务领域的不平等现象。最后，要通过完善农业技能培训体系和农民工培训体系等措施，提高农民的素质和技能水平，支持和鼓励农民就业创业，拓宽农民增收渠道。

十、推动形成全面开放新格局，促进更高水平对外开放

进一步促进更高水平对外开放，是新发展阶段推动形成国内国际双循环相互促进的新发展格局、引领经济高质量发展的重要支撑力量。一方面，要加强社会主义市场制度和法律体系建设，完善相关法律法规，要进一步简政放权、改善行政审批流程、提高行政审批效率，要强化反腐体制机制建设，注重知识产权保护国际合作，减少和消除国际贸易中的各种壁垒，积极创造市场化、便利化、廉洁化、法治化的营商环境，为外循环的持续、健康发展提供制度保障。另一方面，要以"一带一路"建设为重点，积极参与全球经济治理，积极稳妥推进研发、金融、信息服务、物流、医疗、教育、文化、娱乐、体育等服务领域的对外开放，着重提升引进外资的质量和水平，打造新时代对外开放的升级版。

第八章

研究结论与进一步研究方向

第一节　研究结论

推动经济高质量发展是当代中国面临的时代课题，是未来中国经济工作的主要任务和根本目标，也是解决中国经济发展不平衡不充分问题、满足人民日益增长美好生活需要的必然选择。在此背景下，本书在系统梳理相关文献资料的基础上，试图对为什么要推动经济高质量发展，经济高质量发展是什么、应怎样准确衡量、现状如何、存在什么差距、与经济增长数量的关系是什么、面临的困难和问题是什么、原因何在、应采取哪些政策措施等重要理论和实践问题进行深入研究，并得出了以下四个方面的研究结论：

第一，经济高质量发展的现实动因是：解决新时代社会主要矛盾的需要以及高速增长存在缺陷、难以为继。经济高质量发展可以被界定为产品和服务质量高、经济效益高、社会效益高、生态效益高以及经济运行状态好的"四高一好"的发展，应根据其内涵和外延，构建科学合理的经济高质量发展指标体系对其进行准确衡量。

第二，从全国层面来看，2002～2018 年，中国经济高质量发展指数由 49.58 提升至 59.76，年均增长率为 1.17%，增速相对较慢。相应地，样本期内中国产品和服务质量指数、经济效益指数、社会效益指数、生态效益指数以及经济运行状态指数均实现了不同程度的提升，年均增长率分别为 0.39%、1.57%、2.07%、1.14% 和 0.27%。在不同时期，驱动中国经济高质量发展指数提升的因素有所差异；其中，党的十八大之前主要因素依次是社会效益指数、生态效益指数、经济效益指数以及产品和服务质量指数，党的十八大之后主要因素依次是社会效益指数、生态效益指数和经济运行状态指数。此外，无论从单一指标还是经济社会综合评价指标来看，同西方发达国家相比，中国经济高质量发展水平总体偏低，亟待进一步提升。

第三，从省际层面来看，中国经济高质量发展在水平、增速等方面均存在明显的区域发展不平衡现象，样本期内中国及不同地区、不同省份经济高质量发展指数总体均有所提升，但实现等级跃迁的概率相对较低，难度较大。在区域差异方面，中国经济高质量发展指数呈现出东、中、西部地区依次递减的分布格局；同时，样本期内中国经济高质量发展指数的总体差异经历了先升后降的过程，且 2013 年之前总体差异主要由地区间差异引起，2013 年之后总体差异主要由地区内差异引起，在地区内差异中，东部地区对总体差异的贡献率最大，西部地区次之，中部地区最小。在空间特征方面，中国经济高质量发展指数表现出以高—高型集聚和低—低型集聚为主的正向集聚特征；在收敛性方面，全国及东、中、西部地区经济高质量发展指数均不存在 σ 收敛，但均存在 β 收敛。

第四，GDP 规模与经济高质量发展五个维度指数及其总体指数均呈显著的正相关关系，而 GDP 增速与经济高质量发展五个维度指数及其总体指数均呈显著的负相关关系。中国经济发展质量与 GDP 规模之间一致性较低，存在着明显的"脱钩"关系，但自从党的十八大以来，二者间的脱钩关系总体有所缓和，中国经济逐渐由"数量型增长"转向"质量型发展"。多年来，中国政府在经济发展过程中采取的以"GDP 增速"为核心的目标责任制，是中国经济增长取得巨大成就的重要原因，但这种增长在很大程度上是以侵蚀经济发展质量为代价的，近年来尤其是党的十八大以来，中国政府在官员考核体系中逐渐淡化 GDP 考核，并赋予环境目标更大的权重，是符合经济高质量发展内在要求的，也是推动中国经济发展质量进一步提升的重要制度创新。

第二节　研究局限与进一步研究方向

本书从理论和实证两个方面对中国经济高质量发展问题进行了较为系统深入的研究，由于作者个人能力和客观条件等的限制，本书仍然存在着一些不足之处，需要在未来的研究中进一步完善。

首先，在指标体系构建方面，由于某些指标数据可得性等原因，本书构建的经济高质量发展指标体系无法与经济高质量发展的内涵和外延真正完美契合（如无法获得消费者满意度等真正体现微观服务质量的指标等），从而导致测度的经济高质量发展指数可能与实际情况存在一定的偏差。

其次，在研究对象方面，本书主要关注于中国省际层面的考察，在后续的研究中，可以尝试选择地级市层面甚至县域层面为研究对象进行研究，从而能够在更加微观具体的视角考察中国经济高质量发展问题。

最后，在考察经济高质量发展分维度指数之间的关系、经济高质量发展与经济增长数量关系以及多重目标约束与经济增长速度和发展质量的关系时，本书主要采取的是简单的相关分析方法，缺乏更加具体准确的计量方法和稳健性检验等对这些研究结论进一步支撑。

对此，在未来的研究中，可以进一步通过调研、实践等方式获得更多的指标数据，对经济高质量发展指标体系进行完善。同时，由于经济高质量发展具有很强的动态性，经济高质量发展的内涵、外延以及相应的指标体系也可能在未来的研究中进一步调整、修改。在研究对象方面，在数据可得的前提下，可尝试拓展至更加微观的研究对象上。关于本书中所采用的相关分析方法，后续可通过更加严谨的计量分析方法进行进一步的完善。此外，在关于多重目标约束与经济增长速度和发展质量的关系考察中，未来可进一步将官员任期、官员考核指标等纳入该分析框架，进行更加全面的研究。

参 考 文 献

［1］艾小青，张雪薇．交通基础设施、生产性服务业发展与经济集聚——基于空间杜宾模型的实证研究［J］．中南财经政法大学学报，2020（1）：77-85.

［2］曹献飞，裴平．企业OFDI能促进中国经济高质量发展吗？——基于产能治理视角的实证研究［J］．中央财经大学学报，2019（11）：96-104.

［3］曾宪奎．我国高质量发展的内在属性与发展战略［J］．马克思主义研究，2019（8）：121-128.

［4］钞小静，惠康．中国经济增长质量的测度［J］．数量经济技术经济研究，2009（6）：75-86.

［5］钞小静，任保平．中国经济增长质量的时序变化与地区差异分析［J］．经济研究，2011（4）：26-40.

［6］钞小静，薛志欣．新时代中国经济高质量发展的理论逻辑与实践机制［J］．西北大学学报（哲学社会科学版），2018，48（6）：12-22.

［7］陈晨，张广胜．国家创新型城市政策、高端生产性服务业集聚与地区经济高质量发展［J］．财贸研究，2020，31（4）：36-51.

［8］陈丰龙，王美昌，徐康宁．中国区域经济协调发展的演变特征：空间收敛的视角［J］．财贸经济，2018，39（7）：128-143.

［9］陈景华，陈姚，陈敏敏．中国经济高质量发展水平、区域差异及分布动态演进［J］．数量经济技术经济研究，2020（12）：108-126.

［10］陈诗一，陈登科．雾霾污染、政府治理与经济高质量发展

[J]. 经济研究，2018，53（2）：20-34.

[11] 陈再齐，李震，杨志云. 国际视角下经济高质量发展的实现路径及制度选择 [J]. 学术研究，2019（2）：79-86.

[12] 程承坪. 高质量发展的根本要求如何落实 [J]. 国家治理，2018（5）：27-33.

[13] 程虹，李丹丹. 一个关于宏观经济增长质量的一般理论——基于微观产品质量的解释 [J]. 武汉大学学报（哲学社会科学版），2014，67（3）：79-86.

[14] 邓小平. 邓小平文选 [M]. 北京：人民出版社，1993.

[15] 杜人淮. 经济高速增长转向高质量发展：路径粘性、迟滞效应和化解 [J]. 现代经济探讨，2019（4）：1-7.

[16] 多马. 经济增长理论 [M]. 北京：商务印书馆，1983.

[17] 范金，姜卫民，刘瑞翔. 增加值率能否反映经济增长质量？[J]. 数量经济技术经济研究，2017，34（2）：21-37.

[18] 范庆泉，储成君，高佳宁. 环境规制、产业结构升级对经济高质量发展的影响 [J]. 中国人口·资源与环境，2020（6）：84-94.

[19] 菲根堡姆. 全面质量管理 [M]. 北京：机械工业出版社，1991.

[20] 冯苑，聂长飞，张东. 中国城市群经济韧性的测度与分析——基于经济韧性的 shift-share 分解 [J]. 上海经济研究，2020（5）：60-72.

[21] 干春晖，郑若谷，余典范. 中国产业结构变迁对经济增长和波动的影响 [J]. 经济研究，2011（5）：4-16.

[22] 高传胜，李善同. 高质量发展：学理内核、中国要义与体制支撑 [J]. 经济研究参考，2019（3）：5-15.

[23] 高春亮，李善同. 财政分权、人力资本与高质量增长 [J]. 财政研究，2019（9）：21-32.

[24] 高培勇. 理解、把握和推动经济高质量发展 [J]. 经济学动态，2019（8）：3-9.

[25] 高志刚，克甝. 中国沿边省区经济高质量发展水平比较研究 [J]. 经济纵横，2020（2）：23-35.

［26］龚六堂.高质量的经济增长以什么"论英雄"［J］.人民论坛，2017（36）：62-63.

［27］郭晨，张卫东.产业结构升级背景下新型城镇化建设对区域经济发展质量的影响——基于PSM-DID经验证据［J］.产业经济研究，2018（5）：78-88.

［28］郭克莎.质量经济学概论［M］.广州：广东人民出版社，1992.

［29］郭淑芬，裴耀琳，任建辉.基于三维变革的资源型地区高质量发展评价体系研究［J］.统计与信息论坛，2019，34（10）：27-35.

［30］郭卫军，黄繁华.经济自由度的增加能否提高经济增长质量——基于G20国家面板数据的实证研究［J］.国际贸易问题，2019（12）：1-17.

［31］郭亚军.综合评价理论、方法及应用［M］.北京：科学出版社，2007.

［32］郭芸，范柏乃，龙剑.我国区域高质量发展的实际测度与时空演变特征研究［J］.数量经济技术经济研究，2020（10）：118-132.

［33］国家发展改革委经济研究所课题组.推动经济高质量发展研究［J］.宏观经济研究，2019（2）：5-17.

［34］国务院发展研究中心课题组.高质量发展的目标要求和战略要点［M］.北京：中国发展出版社，2019.

［35］国务院发展研究中心课题组.迈向高质量发展：战略与对策［M］.北京：中国发展出版社，2017.

［36］韩君，张慧楠.中国经济高质量发展背景下区域能源消费的测度［J］.数量经济技术经济研究，2019，36（7）：42-61.

［37］何冬梅，刘鹏.人口老龄化、制造业转型升级与经济高质量发展——基于中介效应模型［J］.经济与管理研究，2020，41（1）：3-20.

［38］何剑，郑智勇，张梦婷.资本账户开放、系统性金融风险与经济高质量发展［J］.经济与管理研究，2020，41（5）：91-106.

［39］胡晨沛，吕政. 中国经济高质量发展水平的测度研究与国际比较——基于全球35个国家的实证分析［J］. 上海对外经贸大学学报，2020，27（5）：91－100.

［40］胡锦涛文选［M］. 北京：中央文献出版社，2016.

［41］胡雪萍，许佩. FDI质量特征对中国经济高质量发展的影响研究［J］. 国际贸易问题，2020（10）：31－50.

［42］黄敏，任栋. 以人民为中心的高质量发展指标体系构建与测算［J］. 统计与信息论坛，2019，34（10）：36－42.

［43］黄庆华，时培豪，刘晗. 区域经济高质量发展测度研究：重庆例证［J］. 重庆社会科学，2019（9）：82－92.

［44］黄文，张羽瑶. 区域一体化战略影响了中国城市经济高质量发展吗？——基于长江经济带城市群的实证考察［J］. 产业经济研究，2019（6）：14－26.

［45］黄永明，姜泽林. 金融结构、产业集聚与经济高质量发展［J］. 科学学研究，2019，37（10）：1775－1785.

［46］惠宁，陈锦强. 中国经济高质量发展的新动能：互联网与实体经济融合［J］. 西北大学学报（哲学社会科学版），2020，50（5）：47－61.

［47］贾俊生. 习近平关于新发展格局的论述［J］. 上海经济研究，2020（12）：13－21.

［48］简新华，聂长飞. 论从高速增长到高质量发展［J］. 社会科学战线，2019（8）：86－95.

［49］简新华. 必须正确解读新中国70年经济发展之谜——庆祝新中国成立70周年［J］. 上海经济研究，2019（12）：5－13.

［50］简新华. 发展观的演进与新发展理念［J］. 当代经济研究，2017（9）：22－31.

［51］简新华. 中国经济改革是在什么经济学指导下取得巨大成就的？——纪念中国改革开放40周年［J］. 经济与管理研究，2018，39（10）：3－12.

［52］江泽民文选［M］. 北京：人民出版社，1995.

[53] 江泽民. 论社会主义市场经济 [M]. 北京：中央文献出版社，2006.

[54] 蒋长流，江成涛. 数字普惠金融能否促进地区经济高质量发展？——基于258个城市的经验证据 [J]. 湖南科技大学学报（社会科学版），2020，23（3）：75-84.

[55] 金碚. 关于"高质量发展"的经济学研究 [J]. 中国工业经济，2018（4）：5-18.

[56] 景维民，王瑶，莫龙炯. 教育人力资本结构、技术转型升级与地区经济高质量发展 [J]. 宏观质量研究，2019，7（4）：18-32.

[57] 卡马耶夫. 经济增长的速度和质量 [M]. 武汉：湖北人民出版社，1983.

[58] 黎文靖，汪顺，陈黄悦. 平衡的发展目标与不平衡的发展——增长目标偏离与企业创新 [J]. 管理世界，2020，36（12）：162-175.

[59] 李彩华. 中国经济转向高质量发展阶段的历史必然性 [J]. 中南财经政法大学学报，2019（1）：9-17.

[60] 李高东. 论胡锦涛经济发展思想 [J]. 重庆工商大学学报（社会科学版），2013，30（3）：82-86.

[61] 李辉. 我国高质量发展中产品质量的内涵、评价及提升路径 [J]. 黑龙江社会科学，2018（4）：37-41.

[62] 李金昌，史龙梅，徐蔼婷. 高质量发展评价指标体系探讨 [J]. 统计研究，2019，36（1）：4-14.

[63] 李凌. 创新驱动高质量发展 [M]. 上海：上海社会科学院出版社，2018.

[64] 李梦欣，任保平. 新时代中国高质量发展的综合评价及其路径选择 [J]. 财经科学，2019（5）：26-40.

[65] 李娜娜，杨仁发. FDI能否促进中国经济高质量发展？[J]. 统计与信息论坛，2019，34（9）：35-43.

[66] 李平，付一夫，张艳芳. 生产性服务业能成为中国经济高质量增长新动能吗 [J]. 中国工业经济，2017（12）：5-21.

［67］李淑，李松龄．新时代高质量发展的理论认识与制度安排——基于劳动价值论的深化认识［J］．湖南大学学报（社会科学版），2019，33（6）：63－70．

［68］李驷．经济效果和产品质量［J］．经济研究，1959（8）：13－19．

［69］李伟．以创新驱动"高质量发展"［J］．新经济导刊，2018（6）：6－8．

［70］李勇刚．土地资源错配阻碍了经济高质量发展吗？——基于中国35个大中城市的实证研究［J］．南京社会科学，2019（10）：35－42．

［71］李元旭，曾铖．政府规模、技术创新与高质量发展——基于企业家精神的中介作用研究［J］．复旦学报（社会科学版），2019，61（3）：155－166．

［72］李媛，张同斌，亓彭飞．地方环境约束目标对经济增长的影响效应［J］．中国环境科学，2020，40（10）：4617－4630．

［73］李周为，钟文余．经济增长方式与增长质量测度评价指标体系研究［J］．中国软科学，1999（6）：3－5．

［74］李子联，王爱民．江苏高质量发展：测度评价与推进路径［J］．江苏社会科学，2019（1）：247－256．

［75］廖祖君，王理．城市蔓延与区域经济高质量发展——基于DMSP/OLS夜间灯光数据的研究［J］．财经科学，2019（6）：106－119．

［76］林春，孙英杰．纵向财政失衡会影响经济波动吗——来自分税制改革后的中国省级证据［J］．广东财经大学学报，2019，34（3）：67－77．

［77］林春．财政分权与中国经济增长质量关系——基于全要素生产率视角［J］．财政研究，2017（2）：73－83．

［78］刘成坤，林明裕．人口老龄化、人力资本积累与经济高质量发展［J］．经济问题探索，2020（7）：168－179．

［79］刘海英，张纯洪．中国经济增长质量提高和规模扩张的非一致性实证研究［J］．经济科学，2006（2）：13－22．

［80］刘海英，张纯洪．中国经济增长质量提高和规模扩张的非一

致性实证研究 [J]. 经济科学, 2006 (2): 13-22.

[81] 刘树成. 论又好又快发展 [J]. 经济研究, 2007 (6): 4-13.

[82] 刘思明, 张世瑾, 朱惠东. 国家创新驱动力测度及其经济高质量发展效应研究 [J]. 数量经济技术经济研究, 2019, 36 (4): 3-23.

[83] 刘伟, 陈彦斌. 2020-2035年中国经济增长与基本实现社会主义现代化 [J]. 中国人民大学学报, 2020 (4): 54-68.

[84] 刘伟. 疫情冲击下的经济增长与全面小康经济社会目标 [J]. 管理世界, 2020 (8): 1-7.

[85] 刘亚雪, 田成诗, 程立燕. 世界经济高质量发展水平的测度及比较 [J]. 经济学家, 2020 (5): 69-78.

[86] 刘志彪, 凌永辉. 结构转换、全要素生产率与高质量发展 [J]. 管理世界, 2020 (7): 15-28.

[87] 陆旸, 蔡昉. 人口结构变化对潜在增长率的影响: 中国和日本的比较 [J]. 世界经济, 2014 (1): 3-29.

[88] 罗润东, 李琼琼, 滕宽. 2019年中国经济学研究热点分析 [J]. 经济学动态, 2020 (4): 111-128.

[89] 罗润东, 滕宽, 李超. 2018年中国经济学研究热点分析 [J]. 经济学动态, 2019 (4): 80-98.

[90] 吕承超, 崔悦. 中国高质量发展地区差距及时空收敛性研究 [J]. 数量经济技术经济研究, 2020 (9): 62-79.

[91] 吕祥伟, 辛波. 人力资本促进经济高质量发展的空间效应及其溢出效应研究 [J]. 广东财经大学学报, 2020 (4): 34-47.

[92] 马海涛, 徐楦钫. 黄河流域城市群高质量发展评估与空间格局分异 [J]. 经济地理, 2020, 40 (4): 11-18.

[93] 马建堂. 伟大的实践 深邃的理论——学习习近平新时代中国特色社会主义经济思想的体会 [J]. 管理世界, 2019, 35 (1): 1-12.

[94] 马建新, 申世军. 中国经济增长质量问题的初步研究 [J]. 财经问题研究, 2007 (3): 18-23.

[95] 马克思. 资本论 [M]. 北京: 人民出版社, 2004.

[96] 马克思恩格斯全集 [M]. 北京: 人民出版社, 2009.

［97］马茹，罗晖，王宏伟，等．中国区域经济高质量发展评价指标体系及测度研究［J］．中国软科学，2019a，（7）：60－67．

［98］马茹，张静，王宏伟．科技人才促进中国经济高质量发展了吗？——基于科技人才对全要素生产率增长效应的实证检验［J］．经济与管理研究，2019b，40（5）：3－12．

［99］孟祥兰，邢茂源．供给侧改革背景下湖北高质量发展综合评价研究——基于加权因子分析法的实证研究［J］．数理统计与管理，2019，38（4）：675－686．

［100］纳鹏杰，纳超洪．中国投资水平与经济增长质量研究［J］．云南社会科学，2014（3）：66－69．

［101］聂长飞，冯苑．经济增长目标约束与绿色全要素生产率［J］．南京财经大学学报，2020（5）：97－108．

［102］聂长飞，简新华．中国高质量发展的测度及省际现状的分析比较［J］．数量经济技术经济研究，2020（2）：26－47．

［103］逢锦聚，林岗，杨瑞龙，等．促进经济高质量发展笔谈［J］．经济学动态，2019（7）：3－19．

［104］裴长洪，倪江飞．论习近平新时代中国特色社会主义经济思想的主题［J］．财贸经济，2019：1－15．

［105］彭国华．中国地区收入差距、全要素生产率及其收敛分析［J］．经济研究，2005（9）：19－29．

［106］千住镇雄．质量管理的经济计算［M］．北京：中国农业机械出版社，1982．

［107］任保平，李禹墨．新时代我国高质量发展评判体系的构建及其转型路径［J］．陕西师范大学学报（哲学社会科学版），2018，47（3）：105－113．

［108］任保平，魏婕，郭晗，等．超越数量：质量经济学的范式与标准研究［M］．北京：人民出版社，2017．

［109］任保平，魏婕．中国经济增长中数量和质量的不一致性及其理论解释［J］．社会科学研究，2012（3）：6－10．

［110］任保平．新时代中国经济从高速增长转向高质量发展：理

论阐释与实践取向［J］. 学术月刊，2018，50（3）：66 - 74.

［111］沙春枝，李富有. 民间金融对经济高质量发展影响的实证研究［J］. 统计与信息论坛，2020，35（6）：46 - 53.

［112］上官绪明，葛斌华. 科技创新、环境规制与经济高质量发展——来自中国 278 个地级及以上城市的经验证据［J］. 中国人口·资源与环境，2020，30（6）：95 - 104.

［113］盛来运，郑鑫，周平，等. 我国经济发展南北差距扩大的原因分析［J］. 管理世界，2018（9）：16 - 24.

［114］师博，任保平. 中国省际经济高质量发展的测度与分析［J］. 经济问题，2018（4）：1 - 6.

［115］师博，张冰瑶. 全国地级以上城市经济高质量发展测度与分析［J］. 社会科学研究，2019（3）：19 - 27.

［116］石华平，易敏利. 环境治理、高质量发展与居民幸福感——基于 CGSS（2015）微观调查数据的实证研究［J］. 管理评论，2020（9）：18 - 33.

［117］史丹，李鹏. 我国经济高质量发展测度与国际比较［J］. 东南学术，2019（5）：169 - 180.

［118］斯蒂格利茨，阿马蒂亚·森，让 - 保罗·菲图西. 对我们生活的误测［M］. 北京：新华出版社，2011.

［119］苏丹妮，盛斌，邵朝对，等. 全球价值链、本地化产业集聚与企业生产率的互动效应［J］. 经济研究，2020，55（3）：100 - 115.

［120］孙豪，桂河清，杨冬. 中国省域经济高质量发展的测度与评价［J］. 浙江社会科学，2020（8）：4 - 14.

［121］孙祁祥，周新发. 科技创新与经济高质量发展［J］. 北京大学学报（哲学社会科学版），2020，57（3）：140 - 149.

［122］谭崇台. 从经济发展理论的基本观点看我国的两个经济问题［J］. 武汉大学学报（社会科学版），1991（2）：3 - 8.

［123］谭崇台. 影响宏观经济发展质量的要素——基于发展经济学理论的历史考察［J］. 宏观质量研究，2014，1（2）：1 - 10.

［124］唐晓彬，王亚男，唐孝文. 中国省域经济高质量发展评价

研究［J］. 科研管理，2020，41（11）：44－55.

［125］陶爱萍，吴文韬. 进口推动经济高质量发展吗?：一个供给侧的视角［J］. 世界经济研究，2020（6）：73－88.

［126］滕磊，马德功. 数字金融能够促进高质量发展吗［J］. 统计研究，2020，37（11）：80－92.

［127］田秋生. 高质量发展的理论内涵和实践要求［J］. 山东大学学报（哲学社会科学版），2018（6）：1－8.

［128］田素华，李筱妍，王璇. 双向直接投资与中国经济高质量发展［J］. 上海经济研究，2019（8）：25－36.

［129］涂建军，况人瑞，毛凯，等. 成渝城市群高质量发展水平评价［J］. 经济地理：2021：1－15.

［130］汪增洋，张学良. 后工业化时期中国小城镇高质量发展的路径选择［J］. 中国工业经济，2019（1）：62－80.

［131］王冠凤，曹键. 中国高端服务业发展水平的国际比较——基于24国的实证研究［J］. 中国流通经济，2019（9）：15－28.

［132］王桂梅，赵喜仓，罗雨森. 政府干预对中国经济高质量发展的影响研究——基于面板数据的空间计量模型［J］. 统计与信息论坛，2020，35（5）：44－52.

［133］王克强，李国祥，刘红梅. 工业用地减量化、经济高质量发展与地方财政收入［J］. 财政研究，2019（9）：33－46.

［134］王伟. 中国经济高质量发展的测度与评估［J］. 华东经济管理，2020，34（6）：1－9.

［135］王文，孙早. 中国地区间研发资源错配测算与影响因素分析［J］. 财贸经济，2020，41（5）：67－83.

［136］王小鲁，樊纲，胡李鹏. 中国分省份市场化指数报告（2018）［M］. 北京：社会科学文献出版社，2019.

［137］王小腾，徐璋勇. 银行结构性竞争与经济高质量发展——来自县域层面的经验证据［J］. 山西财经大学学报，2020，42（7）：43－56.

［138］王晓红，冯严超. 雾霾污染对中国城市发展质量的影响［J］. 中国人口·资源与环境，2019，29（8）：1－11.

［139］王阳，谭永生，李璐．收入分配评价指标体系重构研究——基于体现效率、促进公平的视角［J］．经济纵横，2019（3）：80-92.

［140］王一鸣．推动经济高质量发展　要坚持问题导向［J］．智慧中国，2018（9）：32-34.

［141］王一鸣．百年大变局、高质量发展与构建新发展格局［J］．管理世界，2020（12）：1-12.

［142］王永昌，尹江燕．论经济高质量发展的基本内涵及趋向［J］．浙江学刊，2019（1）：91-95.

［143］魏后凯．中国地区经济增长及其收敛性［J］．中国工业经济，1997（3）：31-37.

［144］魏敏，李书昊．新时代中国经济高质量发展水平的测度研究［J］．数量经济技术经济研究，2018，35（11）：3-20.

［145］魏蓉蓉．金融资源配置对经济高质量发展的作用机理及空间溢出效应研究［J］．西南民族大学学报（人文社科版），2019，40（7）：116-123.

［146］吴婷，易明．人才的资源匹配、技术效率与经济高质量发展［J］．科学学研究，2019，37（11）：1955-1963.

［147］肖周燕．中国高质量发展的动因分析——基于经济和社会发展视角［J］．软科学，2019，33（4）：1-5.

［148］徐现祥，李书娟，王贤彬，等．中国经济增长目标的选择：以高质量发展终结"崩溃论"［J］．世界经济，2018，41（10）：3-25.

［149］徐现祥，梁剑雄．经济增长目标的策略性调整［J］．经济研究，2014（1）：27-40.

［150］徐现祥，刘毓芸．经济增长目标管理［J］．经济研究，2017（7）：18-33.

［151］徐盈之，顾沛．官员晋升激励、要素市场扭曲与经济高质量发展——基于长江经济带城市的实证研究［J］．山西财经大学学报，2020，42（1）：1-15.

［152］徐盈之，童皓月．金融包容性、资本效率与经济高质量发展［J］．宏观质量研究，2019，7（2）：114-130.

［153］徐志向，丁任重．新时代中国省际经济发展质量的测度、预判与路径选择［J］．政治经济学评论，2019，10（1）：172－194．

［154］徐忠，贾彦东．中国潜在产出的综合测算及其政策含义［J］．金融研究，2019（3）：1－17．

［155］许宪春，任雪，汤美微．关于中国平衡发展指数指标体系的构建［J］．统计研究，2020，37（2）：3－14．

［156］颜鹏飞，李酣．以人为本、内涵增长和世界发展——马克思主义关于经济发展质量的思想［J］．宏观质量研究，2014，2（1）：39－45．

［157］杨虎涛．人工智能如何为高质量发展"赋能"——ICT时代的启示与AI时代的应对之道［J］．人文杂志，2020（5）：31－42．

［158］杨柳青青，李小平．基于"五大发展理念"的中国少数民族地区高质量发展评价［J］．中央民族大学学报（哲学社会科学版），2020，47（1）：79－88．

［159］杨仁发，杨超．长江经济带高质量发展测度及时空演变［J］．华中师范大学学报（自然科学版），2019，53（5）：631－642．

［160］杨志安，邱国庆．财政分权与中国经济高质量发展关系——基于地区发展与民生指数视角［J］．财政研究，2019（8）：27－36．

［161］叶初升，李慧．以发展看经济增长质量：概念、测度方法与实证分析——一种发展经济学的微观视角［J］．经济理论与经济管理，2014（12）：17－34．

［162］叶初升．穿进"十四五"的发展主线［J］．经济与管理研究，2020，41（9）：3－11．

［163］余泳泽，刘大勇，龚宇．过犹不及事缓则圆：地方经济增长目标约束与全要素生产率［J］．管理世界，2019b（7）：26－42．

［164］余泳泽，孙鹏博，宣烨．地方政府环境目标约束是否影响了产业转型升级？［J］．经济研究，2020，55（8）：57－72．

［165］余泳泽，杨晓章，张少辉．中国经济由高速增长向高质量发展的时空转换特征研究［J］．数量经济技术经济研究，2019a，36（6）：3－21．

［166］余泳泽，张少辉，杜运苏．地方经济增长目标约束与制造业出口技术复杂度［J］．世界经济，2019c，（10）：120 - 142.

［167］詹新宇，曾博雯．经济竞争、环境污染与高质量发展：234个地级市例证［J］．改革，2019（10）：119 - 129.

［168］詹新宇，苗真子．地方财政压力的经济发展质量效应——来自中国 282 个地级市面板数据的经验证据［J］．财政研究，2019（6）：57 - 71.

［169］张峰，刘曦苑，武立东，等．产品创新还是服务转型：经济政策不确定性与制造业创新选择［J］．中国工业经济，2019（7）：101 - 118.

［170］张虎，韩爱华．制造业与生产性服务业耦合能否促进空间协调——基于 285 个城市数据的检验［J］．统计研究，2019，36（1）：39 - 50.

［171］张建华，程文．服务业供给侧结构性改革与跨越中等收入陷阱［J］．中国社会科学，2019（3）：39 - 61.

［172］张杰．中国经济新旧动能转换中的新问题和新对策［J］．河北学刊，2019，39（5）：159 - 169.

［173］张军，樊海潮，许志伟，等．GDP 增速的结构性下调：官员考核机制的视角［J］．经济研究，2020，55（5）：31 - 48.

［174］张军，吴桂英，张吉鹏．中国省际物质资本存量估算：1952—2000［J］．经济研究，2004（10）：35 - 44.

［175］张军扩，侯永志，刘培林，等．高质量发展的目标要求和战略路径［J］．管理世界，2019（7）：1 - 7.

［176］张平，张自然，袁富华．高质量增长与增强经济韧性的国际比较和体制安排［J］．社会科学战线，2019（8）：77 - 85.

［177］张涛．高质量发展的理论阐释及测度方法研究［J］．数量经济技术经济研究，2020（5）：23 - 43.

［178］张婷婷，张所地．城市公共性不动产结构、人才集聚与经济高质量发展［J］．经济问题探索，2019（9）：91 - 99.

［179］张旭，袁旭梅，魏福丽．县域经济高质量发展内部耦合协

调水平评价与障碍因子诊断——以国家级创新型县（市）为例［J］.统计与信息论坛，2020，35（2）：59－67.

［180］张月友，董启昌，倪敏.服务业发展与"结构性减速"辨析——兼论建设高质量发展的现代化经济体系［J］.经济学动态，2018（2）：23－35.

［181］张震，刘雪梦.新时代我国15个副省级城市经济高质量发展评价体系构建与测度［J］.经济问题探索，2019（6）：20－31.

［182］张治河，郭星，易兰.经济高质量发展的创新驱动机制［J］.西安交通大学学报（社会科学版），2019，39（6）：39－46.

［183］赵剑波，史丹，邓洲.高质量发展的内涵研究［J］.经济与管理研究，2019，40（11）：15－31.

［184］赵涛，张智，梁上坤.数字经济、创业活跃度与高质量发展——来自中国城市的经验证据［J］.管理世界，2020，36（10）：65－76.

［185］赵洋.中国省级经济发展质量的动态评价及区域特征——基于"五位一体"的评价体系［J］.东北财经大学学报，2020（3）：51－60.

［186］中国社会科学院经济研究所.中国经济报告2020：大变局下的高质量发展［M］.北京：中国社会科学出版社，2020.

［187］周黎安，刘冲，厉行，等."层层加码"与官员激励［J］.世界经济文汇，2015（1）：1－15.

［188］周清香，何爱平.环境规制能否助推黄河流域高质量发展［J］.财经科学，2020（6）：89－104.

［189］周文，李思思.高质量发展的政治经济学阐释［J］.政治经济学评论，2019，10（4）：43－60.

［190］朱方明，贺立龙.经济增长质量：一个新的诠释及中国现实考量［J］.马克思主义研究，2014（1）：72－79.

［191］朱光顺，张莉，徐现祥.行政审批改革与经济发展质量［J］.经济学（季刊），2020，19（3）：1059－1080.

［192］朱兰.质量控制手册［M］.上海：上海科学技术出版社，1987.

［193］ Barro R J, Sala – i – Martin X. Convergence ［J］. *Journal of Political Economy*, 1992, 100 (2): 223 – 251.

［194］ Barro R J. Quantity and Quality of Economic Growth ［J］. *Working Papers Central Bank of Chile from Central Bank of Chile*, 2002.

［195］ Chen Z, Kahn M E, Liu Y, et al. The Consequences of Spatially Differentiated Water Pollution Regulation in China ［J］. *Journal of Environmental Economics and Management*, 2018, 88 (3): 468 – 485.

［196］ Dewatripont M, Jewitt I, Tirole J. The Economics of Career Concerns, Part II: Application to Missions and Accountability of Government Agencies ［J］. *The Review of Economic Studies*, 1999, 66 (1): 199 – 217.

［197］ Elhorst P, Piras G, Arbia G. Growth and Convergence in a Multiregional Model with Space – Time Dynamics ［J］. *Geographical Analysis*, 2010, 42 (3): 338 – 355.

［198］ Ertur C, Koch W. Growth, Technological Interdependence and Spatial Externalities: Theory and Evidence ［J］. *Journal of Applied Econometrics*, 2007, 22 (6): 1033 – 1062.

［199］ Gygli S, Haelg F, Potrafke N, et al. The KOF Globalisation Index-revisited ［J］. *Review of International Organizations*, 2019, 14 (3): 543 – 574.

［200］ Hall R E, Jones C I. Why Do Some Countries Produce So Much More Output Per Worker Than Others? ［J］. *Quarterly Journal of Economics*, 1999, 114 (1): 83 – 116.

［201］ Lewis W A. *Theory of Economic Growth* ［M］. Milton Park: Routledge, 1955.

［202］ Li X, Liu C, Weng X, et al. Target Setting in Tournaments: Theory and Evidence from China ［J］. *The Economic Journal*, 2019, 129 (623): 2888 – 2915.

［203］ Liang J, Langbein L. Performance Management, High – Powered Incentives, and Environmental Policies in China ［J］. *International Public Management Journal*, 2015, 18 (3): 346 – 385.

［204］ Locke E A，Latham G P. Building a Practically Useful Theory of Goal Setting and Task Motivation：A 35 – Year Odyssey. ［J］. *American Psychologist*，2002，57（9）：705 – 717.

［205］ Long X，Ji X. Economic Growth Quality，Environmental Sustainability，and Social Welfare in China—Provincial Assessment Based on Genuine Progress Indicator（GPI）［J］. *Ecological Economics*，2019，159：157 – 176.

［206］ Martinez M，Mlachila M. The Quality of The Recent High – Growth Episode in Sub – Saharan Africa ［J］. *International Monetary Fund*（*IMF*）*Working Paper*，2013.

［207］ Mlachila M，Tapsoba R，Tapsoba S J A. A Quality of Growth Index for Developing Countries：A Proposal ［J］. *Social Indicators Research*，2017，134（2）：675 – 710.

［208］ Sabatini F. Social Capital and The Quality of Economic Development ［J］. *Kyklos*，2008，61（3）：466 – 499.

［209］ Tapio P. Towards A Theory of Decoupling：Degrees of Decoupling in The EU and The Case of Road Traffic in Finland Between 1970 And 2001 ［J］. *Transport Policy*，2005，12（2）：137 – 151.

［210］ Theil H. *Economics and Information Theory* ［M］. Amsterdam：North – Holland Publishing Company，1967.

［211］ Thomas V，Dailimi M，Dhareshwar A，et al. *The Quality of Growth* ［M］. The World Bank，2000.

［212］ Tobler W R. A Computer Movie Simulating Urban Growth in The Detroit Region ［J］. *Economic Geography*，1970，46（supl）：234 – 240.

［213］ Xia F，Xu J. Green Total Factor Productivity：A Re – Examination of Quality of Growth for Provinces in China ［J］. *China Economic Review*，2020，62：101454.

［214］ Zhang P，Wu J. Impact of Mandatory Targets on PM2. 5 Concentration Control in Chinese Cities ［J］. *Journal of Cleaner Production*，2018，197：323 – 331.